Direito, Globalização e Governança

Direito, Globalização e Governança

UMA ABORDAGEM A PARTIR DA PERSPECTIVA SOCIOJURÍDICA DE ANDRÉ-JEAN ARNAUD

2023

Orlando Villas Bôas Filho

ALMEDINA

DIREITO, GLOBALIZAÇÃO E GOVERNANÇA
UMA ABORDAGEM A PARTIR DA PERSPECTIVA SOCIOJURÍDICA DE ANDRÉ-JEAN ARNAUD

AUTOR: Orlando Villas Bôas Filho

DIRETOR ALMEDINA BRASIL: Rodrigo Mentz
EDITORA JURÍDICA: Manuella Santos de Castro
EDITOR DE DESENVOLVIMENTO: Aurélio Cesar Nogueira
ASSISTENTES EDITORIAIS: Larissa Nogueira e Letícia Gabriella Batista
ESTAGIÁRIA DE PRODUÇÃO: Laura Roberti

DIAGRAMAÇÃO: Almedina
DESIGN DE CAPA: Roberta Bassanetto

ISBN: 9786556278216
Maio, 2023

Dados Internacionais de Catalogação na Publicação (CIP)
(Câmara Brasileira do Livro, SP, Brasil)

Bôas Filho, Orlando Villas
Direito, globalização e governança : uma abordagem a partir da perspectiva sociojurídica de André-Jean Arnaud / Orlando Villas Bôas Filho. – 1. ed. – São Paulo : Almedina, 2023.

Bibliografia.
ISBN 978-65-5627-821-6

1. Arnaud, André-Jean, 1936-2015 2. Ciências sociais 3. Direito –· Brasil 3. Globalização 4. Governança global 5. Sociologia jurídica I. Título.

23-146320 CDD-303.482

Índices para catálogo sistemático:

1. Globalização : Aspectos sociais : Sociologia 303.482

Aline Graziele Benitez – Bibliotecária – CRB-1/3129

Este livro segue as regras do novo Acordo Ortográfico da Língua Portuguesa (1990).

EDITORA: Almedina Brasil
Rua José Maria Lisboa, 860, Conj.131 e 132, Jardim Paulista | 01423-001 São Paulo | Brasil
editora@almedina.com.br
www.almedina.com.br

Para Lúcia, Luísa e Orlando

AGRADECIMENTOS

Este livro foi concebido e redigido durante o trágico período da pandemia da Covid-19. Sua escrita experimentou, portanto, todas as adversidades, incertezas e, por vezes, revezes acarretados pelo contexto em questão. Assim, em primeiro lugar, agradeço à minha esposa Lúcia cuja delicada presença, de um modo não apreensível pelo leitor, projeta-se nas entrelinhas deste trabalho.

Esta obra constitui a singela expressão de meu reconhecimento e admiração por André-Jean Arnaud. Além de sua extraordinária erudição, de seu rigor e de sua capacidade de análise, esse grande intelectual francês caracterizava-se pela sua generosidade e espírito livre. Daí a sua capacidade de agregar interlocutores para a construção dos estudos sociojurídicos, por ele concebidos como um campo de pesquisa interdisciplinar. Para todos aqueles que tiveram o privilégio de conhecê-lo, Arnaud *est toujours vivant*!

Inicialmente, agradeço aos Professores Ivan Capeller e Wanda Capeller que, conjuntamente, elaboraram o admirável prefácio desta obra. Sou também particularmente grato à Professora Wanda Capeller pela longa interlocução, pelos profícuos ensinamentos e pela supervisão do estágio pós-doutoral realizado na *Université de Paris* – X (*Nanterre*).

Aos Professores José Eduardo Faria e Celso Fernandes Campilongo, cujas pesquisas coincidem com a construção da Sociologia Jurídica no Brasil, e ao Professor José Reinaldo de Lima Lopes, cuja importância é análoga no campo da História do Direito, agradeço a oportunidade de interlocução e o incentivo que sempre deles recebi como aluno, como pesquisador e, atualmente, como integrante do corpo docente da Faculdade de Direito da Universidade de São Paulo.

Ao Professor Márcio Alves da Fonseca, atual Pró-Reitor de Pós-Graduação da Pontifícia Universidade Católica de São Paulo e meu principal interlocutor e amigo, agradeço o apoio e o constante incentivo às minhas pesquisas.

Ao Professor Jean-Paul Cabral Veiga da Rocha, com quem partilho as aulas da disciplina Sociologia Jurídica na Faculdade de Direito da Universidade de São Paulo, agradeço a interlocução, mesmo que, infelizmente, esporádica. No âmbito da Faculdade de Direito da Universidade Presbiteriana Mackenzie, agradeço, especialmente, aos meus colegas e amigos Fernando Rister de Sousa Lima, Felipe Chiarello de Souza Pinto e Gianpaolo Poggio Smanio.

Aos pesquisadores Lucas Mastellaro Baruzzi, Douglas Elmauer, Gustavo Angelelli, Walter José Celeste, Gabriel Franco da Rosa Lopes, Raphael da Rocha Rodrigues Ferreira, Emanuel Fonseca Lima, Carlos Eduardo Vieira Ramos, Julia Martins Tiveron Felipe Gretschischkin, Paulo Palma, Luiz Fernando Schaefer Andrade, Caio Ferrari de Castro Melo, Luca Giannotti, Cássio Santos de Ávila Ribeiro Junior, Mariana Piazentin Martinelli, Ricardo Lebbos Favoreto e Wildney Shmathz e Silva Junior agradeço pelo desenvolvimento, em períodos distintos, das atividades de monitoria no curso de Sociologia Jurídica que ministro para as turmas de Graduação na Faculdade de Direito da Universidade de São Paulo, de cujas aulas dedicadas ao pensamento de André-Jean Arnaud este livro, em parte, deriva.

À minha mãe, Marina, ao meu irmão, Noel, e aos meus filhos, Luísa e Orlando, agradeço por tudo o que me ocorre dizer (e pelo que não me ocorre). Por tais razões, também agradeço aos meus sogros Concepción Pintor Sánchez de Santiso e Jesus Santiso Ares, cujas trajetórias exprimem o que escreveu seu conterrâneo, Antonio Machado: "todo pasa y todo queda. Pero lo nuestro es pasar. Pasar haciendo caminos. Caminos sobre el mar".

Por fim, agradeço a atenção e a acolhida dada ao projeto deste livro pela Dra. Manuella Santos de Castro.

PREFÁCIO

Ciência e Arte na obra de André-Jean Arnaud: Um jurista do desassossego

> "Pasmo sempre quando acabo qualquer coisa. Pasmo e desolo-me. O meu instinto de perfeição deveria inibir-me de acabar; deveria inibir-me até de dar começo. Mas distraio-me e faço."
>
> Fernando Pessoa, *Livro do Desassossego*, Trecho 152.

É preciso ciência e arte para revisitar a irrequieta obra de André-Jean Arnaud. Com este livro, escrito com coração e mente, Orlando Villas Bôas Filho oferece ao leitor de língua portuguesa um notável panorama da obra do jurista-sociólogo francês, cuja atitude epistemológica foi percebida, nos meios jurídicos de seu país, como uma desaforada provocação. De grande atualidade, o pensamento iconoclasta desse autor incomoda juristas e sociólogos: alguns por terem uma visão estreita e dogmática que só vê o *direito em si;* outros por tomarem o direito como mero *objeto* das ciências sociais, tornando-se indiferentes às suas complexidades internas e externas. Difícil tarefa enfrentou Villas Bôas Filho ao abraçar a obra desse jurista do desassossego, cuja originalidade se deve, justamente, ao seu afastamento do *Stimmung* jurídico de seu tempo, que definia a *tonalidade*[1] impressa pelos meios jurídicos à compreensão do universo do direito, considerado relativamente autônomo.[2]

[1] LEVINAS, Emmanuel. *Quelques réflexions sur la philosophie de l'hitlérisme.* Paris: Rivages Poche, 2018. p. 41.

Desde o início de sua trajetória científica, Arnaud renova a teorização *do direito* e *sobre o direito*, nela incluindo paradigmas surpreendentes para a comunidade jurídica de então, tais como o estruturalismo, o marxismo, a linguística, a complexidade sistêmica etc. São essas transgressões epistemológicas que dão ao seu pensamento uma dimensão interdisciplinar, tão bem ressaltada neste livro por Orlando Villas Bôas Filho (Introdução e Capítulo 2). Assim, o autor francês rompe, sistematicamente, com as barreiras epistêmicas do direito, aventurando-se a apreender as transversalidades do fenômeno jurídico, no exame do qual integra a história (constituição do Código Civil francês), a filosofia (o direito traído pela filosofia),[3] a antropologia (estruturalismo aplicado ao direito), a matemática (elaboração da noção de "campo jurídico", em 1981, que precede a análise de Bourdieu de 1986), a linguística (análise do discurso jurídico), a sociologia (crítica da razão jurídica), e as ciências econômicas e políticas (globalização e novas formas de governação). Villas Bôas Filho ressalta esse pioneirismo de Arnaud, que elaborou a figura do *carrefour disciplinaire* – espaço epistemológico imaginário onde transitam, e se cruzam, os múltiplos saberes que constituem o *campo de estudos sociojurídicos*. A princípio, Arnaud nomeia esse campo de *droit et société*, mas percebe, posteriormente, que o "e" contido nessa designação estabelece uma linha divisória entre o direito e a sociedade, uma dualidade. Passa, então, a falar em termos de "direito ***na*** sociedade" (*droit **dans la** société, law **in** society*).

Não contente em virar o direito pelo avesso e subverter as bases epistêmicas bicéfalas da sociologia do direito, Arnaud, dotado de uma visão pragmática da pesquisa, investe na criação de estruturas, dispositivos e redes suscetíveis de desenvolver e visibilizar esse saber em âmbito internacional. Juntamente com seus companheiros de empreitada - Jacques Commaille, François Ost, Michel van de Kerchove, Jean-Guy Belley e Jean-François Perrin, entre outros – criou no espaço francófono a *mouvence droit et société*, que logo sobressaiu-se por suas importantes realiza-

2 Cf. Bourdieu, Pierre. La force du droit. Eléments pour une sociologie du champ juridique. *Actes de la Recherche en Sciences Sociale*, n. 64, p. 4, 1986.

3 Arnaud, André-Jean. *O direito traído pela filosofia*. Porto Alegre: Fabris, 1991. Tradução do original em francês por Wanda Capeller e Luciano Oliveira, realizada em Paris, na época de nossos respectivos doutoramentos.

ções: a criação da *Revue Droit et Société*, a elaboração coletiva de três Dicionários sobre temas da sociologia jurídica e da globalização, a instauração das Escolas Temáticas (Programa desenvolvido nos quadros da *Maison des sciences de l'homme* –MSH), e muitas outras atividades. As *Écoles thématiques* promovem núcleos de debate organizados no seio das faculdades de direito não somente em França, mas igualmente em vários países europeus e latino-americanos. O sucesso atual do *International Institute for the Sociology of Law* (IISL – Oñati) é um testemunho incontestável do sucesso de sua orientação "conhecimento-ação".

Saímos de Paris em dezembro de 1988 para viver em Oñati, um povoado incrustado nas belas montanhas do País Basco espanhol, onde, à época, havia apenas onze mil habitantes. Memória inesquecível a de entrar ao lado de André, que havia sido nomeado o primeiro diretor científico dessa entidade, no prédio da antiga Universidade de Oñati (século XVI), edifício histórico destinado, por acordo entre o governo basco e o *Research Committee on Sociology of Law*,[4] à criação do IISL. Esse lugar, subutilizado, estava praticamente vazio, não havendo sequer uma cadeira ou linha telefônica, menos ainda uma equipe para assessorar o recém-chegado diretor. Com o apoio dos membros do *Board* do RCSL, André construiu esse Instituto literalmente do zero! A partir de seu caderno pessoal de contatos, em somente quatro meses organizou a inauguração do IISL, em cerimônia que contou com a presença de 400 convidados, juristas-sociólogos e sociólogos do direito de todos os continentes, Europa, África, América Latina, Ásia etc.[5]

Sua experiência científica permitiu-lhe criar as condições de inteligibilidade do direito na transição do liberalismo ao neoliberalismo. Havia já examinado a funcionalidade do direito na construção da ordem liberal, notadamente em sua análise estrutural do Código Civil francês que estabeleceu *as regras do jogo na paz burguesa* (1973). Nesse aspecto, coincide com as teses de Foucault sobre o direito como elemento constitutivo dos

[4] RCSL, grupo de trabalho da *Law and Society Association*.

[5] Um Centro Documental André-Jean Arnaud está sendo criado no IISL para abrigar arquivos, fotos e demais material dessa época.

sistemas econômicos e políticos, retirando-o da superestrutura.[6] Com o advento do neoliberalismo, Arnaud passa a observar o impacto da globalização nos processos de desregulação jurídica e reorganização institucional em escalas globais, regionais e locais, notadamente na União Europeia (1991) e no Mercosul (2005).

Várias dimensões da obra de André-Jean Arnaud foram aqui abordadas com atenção, acuidade, pertinência e didática. Este livro, destinado aos jovens aprendizes do direito e da sociologia do direito, cumpre seus objetivos ao apresentar uma rigorosa síntese de suas reflexões. Organizado em seis capítulos, o livro pode ser lido a partir de dois eixos de análise: o primeiro, de conteúdo epistêmico, revisita os paradigmas fundamentais da sociologia jurídica francesa (Capítulo 1), a questão da interdisciplinaridade (Capítulo 2), e a teoria crítica da razão jurídica (Capítulo 3); o segundo, centrado nas relações Direito-Estado, mostra como o autor francês teoriza o pluralismo jurídico (Capítulo 4), os efeitos jurídicos da globalização (Capítulo 5) e as mutações que esta provocou nas democracias contemporâneas a partir de novas formas de governabilidade (Capítulo 6).

É com imensa honra que escrevemos este Prefácio, nosso filho Ivan Capeller e eu, em um exercício afetivo e concreto de transmissão geracional do pensamento de André. Nele gostaríamos de sublinhar aspectos de sua obra que, porventura, possam apoiar a excelente exposição teórica já realizada neste livro. Sem maiores pretensões, nosso contributo centrar-se-á nas questões da ciência e da arte desenvolvidas pelo autor, conforme o seguinte recorte analítico: *ciência,* as condições de possibilidade de teorização crítica *do* direito e *sobre* o direito; *arte,* as condições de possibilidade de diálogos do direito com a linguagem cinematográfica.

Ciência, as condições de possibilidade de teorização crítica do direito e sobre o direito.

Desde o primeiro número da *Revue Droit et Société* ("Préface", 1985), Arnaud afirma que o conhecimento do direito, como fenômeno histó-

[6] Cf. Foucault, Michel. *Naissance de la biopolitique, Cours au Collège de France, 1978-1979.* Paris: Gallimard/Seuil, 2004. p. 168.

rico, cultural e social, exige não somente sua "desbalcanização", mas, sobretudo, a compreensão de suas múltiplas racionalidades e impurezas. Para criar as condições de possibilidade de elaboração de uma crítica radical do direito, deve-se atacar suas raízes filosóficas e emancipá-lo da "ciência do direito", construção formal da razão jurídica positivista. Isso supõe liberar o direito de seu próprio "juridismo mistificador" e lutar contra a ideologia jurídica e o "senso comum teórico dos juristas", como apontou Warat.[7] A neutralidade axiológica do direito, baseada na permanência do modelo de racionalidade subjacente ao positivismo jurídico, dissocia a racionalidade jurídico-formal da racionalidade material; por isso o direito é muito útil como dispositivo de legitimação instrumental da ordem. A partir de sua reflexão crítica sobre a racionalidade formal do direito positivo – posto e imposto –, que caracteriza a "pureza do direito", o aventureiro francês parte em busca de suas "impurezas". Segundo ele, estas só podem ser pensadas a partir de paradigmas afastados do universo jurídico, a saber, o pluralismo, a pós-modernidade, a complexidade, lógicas portadoras de novas "razões do jurídico".

Sem cessar, Arnaud reafirma[8] as condições necessárias à promoção de uma sociologia crítica do direito que obriga a superar as dicotomias entre conhecimento prático e teórico do direito, estabelecer o diálogo entre os juristas-sociólogos e os sociólogos do direito,[9] não desdenhar as relações entre direito e poder, não esquecer que o direito está enraizado em diferentes culturas jurídicas e verificar se a produção em ciências sociais do direito e da justiça se traduz em políticas públicas.

Em *arrière fond*, encontram-se duas questões centrais: como apreender criticamente um objeto normativo? Como desvendar seus desvios e contaminações? Para tratar essas problemáticas, Arnaud introduz uma análise política do direito, que coincidirá com as teses de Jacques Commaille,

[7] Cf. Warat, Luiz Alberto. Saber crítico e senso comum teórico dos juristas. *Sequência Estudos Jurídicos Políticos*, v. 3, n. 5, p. 48-57, 1982.

[8] Cf. Discurso de despedida do cargo de direção do *International Institute for the Sociology of Law*, em 1991, Anexo.

[9] Ver os números da *Revue Droit et Société* consagrados aos métodos em sociologia do direito e da justiça (n. 69-70, 2008) e às relações das ciências sociais com o direito e a ciência jurídica (n. 75/2, 2010).

amigo de sempre e *compagnon de route*, cuja *sociologia política do direito* situa *o político* no centro dos mecanismos da produção normativa (Capítulo 1). Contudo, a desconstrução teórica do direito exige, simultaneamente, a construção de estruturas alternativas à academia tradicional; dedica-se, então, a criar plataformas de discussão para promover avanços no campo sociojurídico. Logo, em 1985, organiza em *Aix-en-Provence* o Congresso Anual do RCSL/LSA, evento científico que abriu portas à sociologia do direito francesa, marcada por seu "caráter hexagonal".[10]

Cruza fronteiras porque é um curioso do mundo. Difunde, em França, a produção filosófica e sociológica de colegas de outros países. Na década de 1970, encontra-se com Jacques Commaille na União Soviética, onde debate com os cientistas sociais russos. Andarilho da sociologia do direito, percorre a Europa, os Estados Unidos, o Canadá, o Japão, a América Latina, para conhecer a produção sociojurídica e consolidar laços científicos e fraternais em todos os lugares. No continente sul-americano, apropria-se de imediato das línguas e das linguagens, com vontade de intercambiar ideias e realizar projetos. Não cansa de andar por todo o lado a construir pontes e diálogos com a ciência e a arte.

Arte, as condições de possibilidade de diálogo do direito com a linguagem cinematográfica.

André-Jean Arnaud surge, muito provavelmente, como o primeiro jurista e pensador do direito em França que se debruçou sobre o cinema como um possível objeto de reflexão e pesquisa. Sua obra *Critique de la Raison Juridique* (1981) contém algumas observações bastante intuitivas acerca das relações do discurso jurídico com o discurso cinematográfico. Em nossos dias, essas considerações seriam vistas, certamente, como *naïves*, mas recolocadas no contexto da época, elas testemunham a grande audácia intelectual e inventividade conceitual, ao dizer, por exemplo, que "é tentador aproximar a linguagem do direito à do cinema, em função das relações que elas mantêm com a imagem. [...] Pode-se até imaginar um corpo de leis colocado na forma de uma sequência de ima-

[10] Referência ao desenho hexagonal da geografia francesa.

gens de um filme. Multiplicidade, movimento, nada faltaria. No entanto, a grande diferença está no fato de que o filme se dá pelo que é [...]. Não se dá o mesmo com o direito".[11]

Primeiro autor a incluir uma filmografia comentada em uma de suas principais obras teóricas, *La Règle du Jeu dans la Paix Bourgeoise* (1973), prestando assim uma homenagem explícita à obra-prima cinematográfica de Jean Renoir. Bem ciente não apenas dos inúmeros obstáculos conceituais, mas também das dificuldades que devem ser superadas quando tentamos aplicar, na prática, os postulados de um campo sobre o outro. Com efeito, a heterogeneidade "fechada" de um filme não é realmente comparável à heterogeneidade "aberta", em todos os sentidos da palavra, do mundo jurídico. Estranha contradição aquela que demonstra o caráter relativamente fechado do mundo das artes e do entretenimento quando comparado ao mundo aparentemente rígido e monolítico do estudo e aplicação de leis abstratas a homens e mulheres de carne e osso!

Como considerar, por um lado, o problema mais geral da relação do cinema com a linguagem e as formas de discurso e, por outro lado, a questão de suas relações específicas com dada realidade social, com suas formas particulares de narrativa? Inversamente, como pensar o problema geral da relação do direito com a linguagem e as formas de discurso e, mais ainda, suas relações específicas com determinada realidade social e com suas formas de aplicação da Lei? Como medir, na aplicação concreta de uma ordem legal, os desvios entre as exigências éticas da justiça e a enunciação jurídica do direito? Como examinar os desvios entre a articulação de um – ou mesmo vários -- níveis discursivos em um filme e a articulação de todos esses níveis na estruturação de uma narrativa coerente, admitida como plausível e justa por seu público?

É com esses tipos de contradições que a pesquisa de Arnaud sobre a relação entre cinema e direito deparou-se ao longo de sua trajetória,

[11] No original: "Il est tentant de rapprocher le langage du droit de celui du cinéma, en fonction des rapports qu'ils entretiennent avec l'image. [...] On peut même imaginer un corps de droit mis sous forme de bande-image d'un film. Multiplicité, mouvance, rien n'y manquerait. Mais la grande différence réside dans le fait que le film se donne pour ce qu'il est [...] Il n'en va pas de même pour le droit". Cf. ARNAUD, André-Jean. *Critique de la raison juridique*. Paris : LGDJ, 1981. p. 405-406.

buscando um modelo epistemológico adequado à leitura crítica de filmes. Dá-se conta de que a análise estrutural dos códigos jurídicos traça um caminho muito distante das pesquisas então correntes sobre a arte e a estética. Para superar essa distância, Arnaud lança as bases de uma sociologia do discurso jurídico suscetível de integrar os conceitos fundamentais da semiologia da comunicação, ciência recente à época. Assim, estabelece um vínculo entre os estudos sobre o caráter imaginário e ideológico do discurso jurídico e os da literatura e do cinema. Se, talvez, não tenha ultrapassado o quadro conceitual da metáfora das "regras do jogo" no campo da análise fílmica, lançou, sem dúvida, as bases para uma nova abordagem epistemológica das relações do direito com a semiologia e a sociologia do discurso.

Como demonstra Arnaud, pensar a relação do direito com o cinema e do cinema com o direito é um grande desafio conceitual. Com efeito, se considerarmos o cinema como um dispositivo audiovisual de tradução intersemiótica de signos, refletir sobre sua relação com o direito exige o desenvolvimento de uma teoria capaz de dar conta das múltiplas relações – tanto do cinema quanto do direito – com as formas de discurso e as reconfigurações narrativas dos relatos históricos. O cinema seria apenas uma máquina ideológica de produção industrial de sonhos, como quer um clichê tenaz? Ou, apesar de sua tendência à estetização narrativa de todos os assuntos, pode ser uma ferramenta útil para a compreensão do mundo, das pessoas e de sua história? Pode oferecer conceitos e procedimentos que pertencem ao mundo do crime, da punição e da lei?

A questão da relação entre cinema e direito é, por definição, interdisciplinar. Essa é uma questão levantada primeiramente por pesquisadores do campo do direito – como o próprio André-Jean Arnaud –, e não por pesquisadores do campo da teoria do cinema. Isso coloca grandes problemas epistêmicos e metodológicos para a pesquisa científica, porque as abordagens teóricas dos especialistas do direito mantêm uma relação limitada com as questões relacionadas às especificidades próprias da pesquisa nos campos da arte e da linguagem; a esses campos o cinema se vincula em razão, por uma parte, de sua origem técnica e, por outra, por sua vocação estética.

Duas tendências distintas foram identificadas no âmbito dos estudos jurídicos e cinematográficos: uma se refere aos estudos voltados para os aspectos jurídicos da atividade audiovisual; a outra diz respeito àquelas que mobilizam os filmes para ilustrar debates sobre os mais diversos problemas relacionados à teoria do direito. No primeiro caso, a pesquisa se distancia de uma perspectiva verdadeiramente interdisciplinar, permanecendo enraizada na ciência jurídica, que percebe o cinema como nada mais do que uma atividade que deve ser bem regulamentada. No segundo caso, a pesquisa deve enfrentar os desafios inerentes à abordagem interdisciplinar, pois, ao convocar filmes para subsidiar discussões jurídicas, corre-se o risco de utilizar o cinema como instrumento auxiliar, dotado de funções meramente ilustrativas. Como enfrentar tais desafios para avançar a pesquisa interdisciplinar para além de uma metodologia que, ao final, limita-se a querer verificar se a ficção cinematográfica está mais ou menos em conformidade com a realidade jurídica? Essa questão atravessa tanto a teoria do direito como a teoria do cinema.

Inspirados na obra de André-Jean Arnaud, sublinhamos a importância do cinema para o direito e as ciências humanas e sociais: vai longe o tempo em que o cinema poderia ser considerado apenas como um entretenimento de massa, incapaz de suscitar uma reflexão crítica. É por isso que certos trabalhos esbarram em inúmeros problemas metodológicos levantados pela abordagem interdisciplinar entre direito e cinema; apelam, então, a temas específicos que correspondem a interesses mútuos, alguns vindos do direito, outros do cinema. Do lado do direito, por exemplo, destacam-se temas relativos à censura, procedimentos judiciais e julgamentos; do lado do cinema, aparecem gêneros específicos como a ficção científica, ou obras de grandes diretores. Isso sem esquecer o apelo muitas vezes feito a temas delicados que perpassam ambos os campos, como é o caso do Holocausto.

* * *

Este despretensioso contributo ao importante livro de Orlando Villas Bôas Filho é, antes de tudo, um agradecimento. Obrigados estamos por sua comovente iniciativa e belo trabalho, que conta uma história às novas gerações de juristas e sociólogos do direito e deixa algumas lições: que os juristas devem alargar o olhar em direção a todas as formas de leitura e tradução das sociedades para perceberem suas angústias e anseios sociais e, sobretudo, desassossegarem-se quando o direito imposto é acrítico e cúmplice do poder. A transmissão está assegurada.

WANDA CAPELLER & IVAN CAPELLER
Toulouse, fevereiro de 2023

SUMÁRIO

INTRODUÇÃO

Em um extraordinário livro intitulado *L'ordre libertaire: la vie philosophique d'Albert Camus*, Michel Onfray, referindo-se à trajetória intelectual do pensador franco-argelino, afirma que ela teria constituído uma verdadeira "vida filosófica", caracterizada pela adequação entre obra e existência. Desse modo, contrasta duas linhagens de filósofos. A primeira, típica da Antiguidade, seria composta por aqueles que se caracterizam como tal em virtude da vida que levam, ou seja, pela construção de uma existência permeada pela reflexão que orienta a sua compreensão de mundo.[1] A segunda, fortemente marcada pelo academicismo, pela progressiva institucionalização universitária e, em alguns casos, pelo pedantismo, caracterizar-se-ia pela tentativa de decodificação da multiplicidade do mundo a partir de conceitos articulados em arquiteturas sistemáticas.[2] Para Onfray (2012), Camus estaria inscrito na primeira dessas linhagens.[3]

Essa distinção proposta por Onfray (2012) ajuda a compreender o percurso traçado por André-Jean Arnaud, pois, analogamente ao que se passa com Camus no âmbito da filosofia, seria possível afirmar que o

[1] A respeito, ver, especialmente, Hadot (2001).

[2] Nesse sentido, Onfray (2012, p. 27) afirma que "le professeur vit de la philosophie; le philosophe la vit".

[3] Partindo de uma comparação entre os pensamentos de Kierkegaard e Hegel, Onfray (2012) associa o primeiro deles a uma tradição que, em seu entendimento, exprime-se em uma linguagem clara e simples e o segundo, a uma perspectiva fundada em linguagem técnica e perpassada por neologismos. Segundo Onfray (2012), a primeira dessas tradições seria recorrente entre os autores franceses, de Michel de Montaigne a Gaston Bachelard e Albert Camus, e a segunda à plêiade de autores que, de Immanuel Kant a Jean-Paul Sartre, inspirados pelo idealismo alemão, desenvolveriam uma escrita hermética e pouco permeável aos não iniciados.

autor de *Critique de la raison juridique* teria desenvolvido uma verdadeira "vida sociológica". Fortemente refratário às ortodoxias e aos convencionalismos universitários, André-Jean Arnaud produziu uma obra de grande impacto para a compreensão do direito na sociedade contemporânea e o fez não apenas a partir de um esforço individual e ensimesmado, mas mediante a construção de uma rede de interlocutores que, progressivamente, constituiu-se como um "coletivo de pensamento", de forte acento interdisciplinar, com o propósito de utilizar a sociologia como ferramenta para a apreensão das mudanças sociais que impactam a regulação jurídica.[4]

Preliminarmente, vale ressaltar que André-Jean Arnaud desenvolveu uma prestigiosa carreira de ampla repercussão internacional, a qual, entretanto, delineou-se, em grande medida, à margem das Faculdades de Direito da França. Quanto a esse aspecto, é possível afirmar que o "olhar transgressor" a que se refere Capeller (1991) também se refletia em um "agir transgressor".[5] Seu espírito livre provavelmente não se conformaria bem à rotina acadêmica universitária. Consequentemente, a sua atividade intelectual e a sua intervenção no debate jurídico desenvolveram-se, especialmente, na qualidade de diretor de pesquisas no *Centre National de la Recherche Scientifique* (CNRS). Além disso, Arnaud teve uma enorme capacidade de empreender no âmbito da cooperação científica, particularmente no campo da sociologia jurídica.[6] A direção do *International Institute for the Sociology of Law* (*International Sociological Association*),

[4] A respeito, ver: Villas Bôas Filho (2017b) e Capeller (2019).

[5] Acerca do "olhar transgressor" de André-Jean Arnaud, ver: Capeller; Commaille e Ortiz (2019).

[6] Contudo, ainda que de forma não convencional, Arnaud também desenvolveu atividades de investigação e de docência em importantes instituições francesas – tais como as Faculdades de Direito das Universidades de Paris II (*Panthéon-Assas-Sorbonne*), Paris X (*Nanterre*) e Toulouse (*Institut d'Études Politiques*) – e, como docente convidado, em diversas universidades estrangeiras, tanto europeias como americanas, entre as quais se destacam as seguintes: Faculdades Universitárias Saint-Louis de Bruxelas; Universidade Católica de Bruxelas; Centro de Estudos Constitucionais de Madrid; Universidade Carlos III de Madrid; Universidade de Amsterdam; Universidade Autônoma de Lisboa; Universidade de Laval no Québec/Canadá; Universidade do México e Universidade Externado de Colômbia (Bogotá). No Brasil, concentrou sua atividade de docência e de pesquisa na Universidade Estadual do Rio de Janeiro (UERJ), na Universidade Federal do Rio de

em Oñati, Espanha, do qual foi fundador e, posteriormente, membro honorário vitalício; a direção do *Réseau Européen Droit et Société*; e a titularidade da Cátedra UNESCO *Human Rights, Violence: Public Policies and Governance* são exemplos dessa capacidade.[7]

Contudo, a "vida sociológica" de André-Jean Arnaud exprime-se não apenas em sua rejeição a um academicismo convencional.[8] Também é preciso considerar a sua grande capacidade de diagnosticar questões de impacto decisivo na regulação jurídica contemporânea. A esse respeito, vale notar que, desde o seu doutoramento em Direito na *Université de Strasbourg*, sob a orientação de Michel Villey, André-Jean Arnaud procurou estudar e desenvolver pesquisas que captassem os impactos experimentados pela regulação jurídica em virtude das mutações da sociedade contemporânea, especialmente no que se refere aos efeitos do fenômeno da globalização. Justamente por essa razão, não seria despropositado afirmar que sua empreitada teórica, ainda que a partir de outros pressupostos e visando objetivos distintos, seria semelhante à pretensão de Michel Foucault de desenvolver um "diagnóstico do presente".[9] Por conseguinte, poder-se-ia considerar que Arnaud, tal como Foucault, seria um "dignosticador do presente" (*diagnosticien d'aujourd'hui*).[10]

Outro aspecto que qualifica a obra e a trajetória intelectual de André-Jean Arnaud é a sua preocupação com a interdisciplinaridade.

Janeiro (UNIRIO), na Pontifícia Universidade Católica do Rio de Janeiro, na Pontifícia Universidade Católica do Paraná e na Universidade do Vale do Rio dos Sinos.

[7] A respeito, ver: Capeller (2019), Perrin (2019) e Guibentif (2019).

[8] Nesse aspecto, é possível indicar certo paralelo entre a postura de Arnaud e a crítica que Bourdieu (1994; 2001b; 2003 [1997]) dirige ao que designa como saber "escolástico".

[9] Assim, por exemplo, Arnaud (1991a), retomando vários aspectos de seu livro *Essai d'analyse structurale du Code civil français: la règle du jeu dans la paix bourgeoise*, enfoca a passagem do "jogo fechado" para o "jogo aberto", ou seja, a mudança na "regra do jogo" que permeia as relações jurídicas em uma sociedade "pós-moderna". A respeito, ver: Villas Bôas Filho (2017b).

[10] Essa questão transparece, por exemplo, no debate ocorrido entre Michel Foucault e Raymond Aron, em 1967. Ao ser indagado por Aron sobre onde situava-se seu pensamento, Foucault responde que "vous me demandez où je suis, je vous répondrai, tout simplement, aujourd'hui. Peut-être est-ce que le rôle du philosophe, le rôle du philosophe actuellement, c'est d'être non pas le théoricien de la totalité mais le diagnosticien, si vous me permettez ce mot, le diagnosticien d'aujourd'hui" (ARON; FOUCAULT, 2007, p. 22).

Como ressalta Ost (2016), a reflexão empreendida pelo autor de *Critique de la raison juridique* seria expressão acabada da pesquisa interdisciplinar que, aliás, ele sempre procurou promover.[11] Em sentido semelhante, Commaille (2016, p. 12) considera a sua obra como amplamente representativa de uma "pesquisa de complementaridades" (*recherche de complémentarités*). De fato, pode-se afirmar que a obra de André-Jean Arnaud constitui um grande esforço de alçar a sociologia jurídica ao patamar do que ele próprio denominou de um "cruzamento interdisciplinar" (*un carrefour interdisciplinaire*).[12] Quanto a esse aspecto, a erudição de Arnaud franqueava-lhe acesso às mais diversas perspectivas de abordagem da regulação jurídica, permitindo-o desenvolver, com rigor e elegância, uma análise de caráter interdisciplinar que conciliava, sem recair no ecletismo, as perspectivas sociológica, histórica, filosófica e antropológica. Desse modo, não seria descabido sustentar que, no âmbito do pensamento jurídico, ele teria contribuído intensamente para a promoção do que Braudel (1958) designou como "um mercado comum entre as ciências sociais".[13]

Vale assinalar ainda que André-Jean Arnaud elaborou conceitos e noções que receberam ampla difusão na sociologia do direito, seja a partir de sua obra ou pela de outros autores. Tal é o caso da noção de "campo jurídico" que, já no início da década de 1980, é amplamente desenvolvida em sua obra. Como se sabe, a partir de meados dessa década, a noção de "campo jurídico" recebeu grande difusão em virtude das análises de Bourdieu (1986a; 1986b; 1993; 2012). No entanto, conforme observa Capeller (2015), apesar de fortemente associada ao pensamento de

[11] Referindo-se a Arnaud, Ost (2016, p. 2) ressalta que "à tous ses titres, son œuvre restera un modèle d'interdisciplinarité et un exemple exceptionnellement réussi d'étude du droit en contexte".

[12] A respeito, ver, especialmente, Arnaud (1988; 1992 e 1998b). Para um exame das dificuldades ínsitas a essa empreitada, ver: Capeller (2015), García Villegas e Lejeune (2011) e Villas Bôas Filho (2018b; 2019c).

[13] Cf. Arnaud (1991c). A respeito, ver Villas Bôas Filho (2016d) e Capeller, Commaille e Ortiz (2019). Sobre esse ponto, vale notar que Braudel (1958, p. 726) preconizava que "Ainsi, malgré les réticences, les oppositions, les ignorances tranquilles, la mise en place d'un « marché commun » s'esquisse; elle vaudrait la peine d'être tentée au cours des années qui viennent, même si, plus tard, chaque science avait avantage, pour un temps, à reprendre une route plus étroitement personnelle".

Bourdieu, tal noção é inicialmente utilizada por Arnaud (1981).[14] Ademais, inscrevendo-se em uma perspectiva crítica ao positivismo jurídico, Arnaud foi um grande promotor da discussão relativa ao pluralismo jurídico.[15] Além disso, diversas temáticas fundamentais que se vocacionam a uma abordagem interdisciplinar foram objeto de sua atenção, como, por exemplo, a questão do multiculturalismo, que, segundo Arnaud e Cotterrell (2007), constituiria o horizonte para se pensar o direito. Por conseguinte, é possível afirmar que o autor de *Essai d'analyse structurale du Code Civil français* foi um importante "construtor" do campo dos estudos sociojurídicos.[16]

[14] Comparando as perspectivas de Arnaud e de Bourdieu, Capeller (2015, p. 18), ressalta que "a noção de campo jurídico foi inicialmente trabalhada por André-Jean Arnaud no livro *Critique de la raison juridique. Où va la sociologie du droit*, publicado em 1981. Mais tarde, no decorrer dessa década, Bourdieu realizou no *Collège de France* um Seminário dedicado ao tema do 'campo jurídico', a partir do qual publicou posteriormente os textos *La force du droit* e *La codification*, em 1986 [...]. Mesmo se Bourdieu refere-se ao trabalho de André-Jean Arnaud, este último não se havia inspirado da teoria bourdieusiana dos campos para elaborar suas teses, mas sim da teoria das formas matemáticas das análises estruturais (testemunho oral à autora). Portanto, as duas noções de 'campo jurídico' apresentam semelhanças. Para Arnaud, o campo do direito é delimitado por uma zona espacial onde forças de natureza antagônicas e concorrentes se confrontam, nos espaços do 'campo jurídico vulgar' do 'antes-do-dizer-do-direito', para 'dizer-o-direito' (Arnaud, 1981, p. 324 e ss.). Para Bourdieu, a teoria dos campos centra-se na análise dos interesses e das práticas dos agentes sociais que lutam no mesmo entorno social (campo), estabelecendo estratégias, no caso campo jurídico, para 'dizer-o-direito'".

[15] García Villegas e Lejeune (2011, p. 24) afirmam que Arnaud teria desenvolvido "une sociologie de la production des normes qui implique la reconnaissance de la pluralité de niveaux de juridicité et de sources normatives [...]. La distinction qu'il opère entre système légal – entendu comme conçu, vécu – et le droit – imposé – est une manifestation importante de la thèse du pluralisme juridique. Ces recherches publiées pendent les années nonante sur la théorie des systèmes juridiques [...] et sur la définition du droit comme « jeu ouvert » dans la société postmoderne présupposent aussi l'existence du pluralisme juridique [...]. Plus récemment, Arnaud a essayé de montrer la complexité de la réalité du droit contemporain et la pluralité de sources normatives. Ces travaux actuels sur la globalisation, le droit européen et la « nouvelle raison juridique » du droit post-moderne vont également dans ce sens".

[16] Nesse sentido, Capeller, Commaille e Ortiz (2019, p. 11) também lhe conferem o que chamam de "um olhar-ação de construtor" (*un regard-action de bâtisseur*).

Por fim, como observam Capeller, Commaille e Ortiz (2019), o pensamento de André-Jean Arnaud não se circunscrevia aos domínios disciplinares convencionais, nem mesmo ao seu horizonte intelectual e acadêmico de origem.[17] Nesse particular, pode-se afirmar que o seu "olhar transgressor" levava-o a subverter não apenas as fronteiras disciplinares, mas também as geográficas e as culturais. O "espírito de abertura" que o conduzia a se interessar por outros contextos intelectuais, hegemônicos e subalternos, embasa, nesse sentido, o caráter fortemente cosmopolita de sua reflexão. Tendo percorrido "territórios desconhecidos", o grande autor francês deixou trilhas que merecem ser seguidas.[18] Consequentemente, em virtude de sua erudição refratária ao convencionalismo e ao dogmatismo, de sua capacidade de decodificação da realidade contemporânea, de seu esforço por implementar uma pesquisa interdisciplinar mobilizando uma ampla rede de interlocutores que soube montar e nutrir, André-Jean Arnaud foi, seguramente, um dos intelectuais franceses de maior impacto na discussão jurídica brasileira contemporânea.

É bem conhecida a repercussão do pensamento de Arnaud no debate jurídico brasileiro, especialmente no campo da sociologia do direito.[19] A sua obra obteve expressiva ressonância no delineamento de diversas temáticas que receberam atenção detida de teóricos brasileiros, tais como o impacto da globalização e da governança na regulação jurídica, o pluralismo jurídico etc.[20] Contudo, de modo geral, os textos clássicos que se voltam ao desenvolvimento da sociologia jurídica no Brasil não dão maior destaque à sua influência. Souto e Souto (2003), por exemplo, ao desenvolverem uma "história crítica da sociologia do direito", salientam a importância de André-Jean Arnaud no horizonte da tradição francesa

[17] Capeller, Commaille e Ortiz (2019, p. 12) atribuem a Arnaud "um olhar para além das fronteiras" (*un regard au-delà des fronteires*).

[18] Capeller, Commaille e Ortiz (2019, p. 12) sustentam que "André-Jean Arnaud a marché sur des terres inconnues. Il y a laissé des traces".

[19] A respeito, ver, por exemplo: Schwartz e Costa (2016), Schwartz (2019), Vieira, Alvim e Fragale Filho (2019) e Villas Bôas Filho (2016a; 2016c; 2016d; 2017b; 2018c; 2019b; 2019e; 2021b).

[20] Faria (2011), cuja importância na sociologia jurídica brasileira é incontestável, elenca Arnaud como um de seus "mestres".

contemporânea.[21] Entretanto, ao tratarem dos "anos de desbravamento" e "dos anos de início e de consolidação" da disciplina no Brasil, na medida em que se concentram nos autores nacionais, não aludem especificamente à sua influência entre nós. Junqueira (1993), no âmbito de sua reconstrução das "perspectivas críticas aos paradigmas jurídicos tradicionais", concentra sua atenção em autores como Antoine Jeammaud e Michel Miaille, não realçando a obra de Arnaud.[22] Analogamente, Oliveira (2015), ao aludir às reverberações do movimento *Critique du Droit* no Brasil, dá particular relevo ao pensamento de Michel Miaille e, ao enfocar o debate relativo ao pluralismo jurídico, sublinha a ascendência sobre ele exercida por Boaventura de Sousa Santos. No entanto, não menciona a contribuição de André-Jean Arnaud.[23]

Mais recentemente, Schwartz e Costa (2016), procurando mapear o expressivo impacto da obra de André-Jean Arnaud no desenvolvimento da sociologia do direito no Brasil, realizaram uma análise que, metodologicamente, fundou-se em quatro instrumentos: a) o elenco de suas publicações em português e em edições brasileiras; b) o seu fator de impacto como pesquisador na produção científica do Brasil; c) os projetos científicos por ele desenvolvidos com pesquisadores e/ou instituições brasileiras; d) o exame de um questionário enviado a acadêmicos ligados à sociologia do direito no País. Vieira, Alvim e Fragale Filho (2019) também enfocam a recepção do pensamento do autor de *Critique de la raison juridique* no Brasil.[24] Contudo, apesar de sua reconhecida importância na discussão sociojurídica de nosso país, a obra de André-Jean Arnaud ainda não foi objeto de uma publicação que a utilize como referencial para a análise de questões fundamentais por ela tratadas, tais como o pluralismo jurídico, o impacto do processo de globalização sobre o direito e a

[21] Sabadell (2013) alude apenas lateralmente à obra de André-Jean Arnaud e María José Fariñas Dulce quando trata do que designa como "teorias modernas do pluralismo jurídico". Guerra Filho e Carnio (2016), tal como Oliveira (2015), não citam a obra de Arnaud.

[22] Faria e Campilongo (1991) também não dão maior ênfase aos aportes de Arnaud para o desenvolvimento da sociologia jurídica no Brasil, muito embora não desconsiderem sua relevância. Isso, entretanto, justifica-se, pois, no momento em que veicularam a sua análise, não existiam textos do autor francês traduzidos para o português.

[23] Aliás, cumpre notar que Arnaud (1992) demarca sua posição da de Michel Miaille.

[24] A respeito, ver também: Villas Bôas Filho (2017b) e Schwartz (2019).

importância assumida pelo fenômeno da governança como instrumento de participação na construção de decisões. Tal é justamente o propósito aqui consignado.

Entretanto, é preciso notar que este livro não tem a pretensão de realizar uma introdução geral à obra de André-Jean Arnaud. Trata-se, antes, de apontar, em caráter ilustrativo, a sua potencialidade para a compreensão sociológica de questões fundamentais da regulação jurídica na sociedade contemporânea. Nesse sentido, a abordagem aqui consignada enfocará, fundamentalmente, as relações entre direito, globalização e governança, concentrando-se, para tanto, em um conjunto de obras publicadas pelo autor entre 1980 e 2015. Essa observação faz-se importante, pois há toda uma expressiva dimensão da produção intelectual de André-Jean Arnaud – de caráter filosófico e, sobretudo, histórico – que não será abarcada por este estudo.[25]

Partindo dessas considerações, este livro, visando situar o pensamento de André-Jean Arnaud, realiza, no primeiro capítulo, uma reconstrução dos principais "paradigmas" da sociologia do direito na França. Como se verá, o autor considera-se inserto no âmbito do que designa como "paradigma do pluralismo jurídico". O segundo capítulo enfoca o esforço empreendido por André-Jean Arnaud para a construção de um "mercado comum entre as ciências sociais", ou seja, para a constituição dos estudos sociojurídicos entendidos como um campo de pesquisa interdisciplinar. O terceiro capítulo pretende explicitar as bases da modelização sistêmica proposta pelo autor para a análise sociológica do direito e, para tanto, visando revelar as suas características fundamentais, contrasta-a com a teoria dos sistemas de Niklas Luhmann. O quarto capítulo, tendo por base o modelo sistêmico, aborda a "teoria da polissistemia simultânea" elaborada pelo Arnaud como base para uma abordagem sociológica do

[25] As obras de caráter histórico mais expressivas de André-Jean Arnaud são as seguintes: *Les origines doctrinales du Code Civil français*; *Essai d'analyse structurale du Code Civil français: la règle du jeu dans la paix bourgeoise*; e *Les juristes face à la Société. Du XIXe à nos jours*, publicadas, respectivamente, em 1969, 1973 e 1975. No que tange à filosofia, a principal referência é *O direito traído pela filosofia*, traduzido para o português por Wanda Capeller e Luciano Oliveira. Acerca da dimensão filosófica da obra de André-Jean Arnaud, ver, por exemplo: Troper (2019). No que concerne à dimensão histórica, ver: Halpérin (2019).

pluralismo jurídico. O quinto capítulo examina o impacto do fenômeno da globalização sobre a regulação jurídica. Por fim, o sexto capítulo procura reconstruir os elementos centrais da complexa investigação feita pelo autor acerca do fenômeno da governança.

CAPÍTULO 1
"PARADIGMAS" DA SOCIOLOGIA JURÍDICA NA TRADIÇÃO INTELECTUAL FRANCESA CONTEMPORÂNEA

1. "Paradigmas" da sociologia jurídica francesa contemporânea

Conforme Arnaud (1998b), apesar de ostentar uma origem prestigiosa a partir de autores como Émile Durkheim e Gabriel Tarde, a sociologia jurídica francesa teria se desenvolvido a partir de uma progressão descontínua.[26] Conforme o autor, a "escola durkheimiana" teria ocupado uma posição hegemônica no contexto acadêmico francês até o advento da Segunda Guerra. Contudo, em seguida, teria progressivamente cedido espaço para outros modelos. Assim, muito embora Durkheim e seus sucessores tenham contribuído para o reconhecimento institucional da sociologia jurídica francesa, o seu desenvolvimento teria se dado de maneira relativamente errática, ou seja, sem referência a uma tendência teórica dominante. De um lado, diversos autores expressivos, de Georges Gurvitch e Henri Lévy-Bruhl a Jean Carbonnier, e, de outro, instituições relevantes como o *Laboratoire de Sociologie Juridique*, o *Cercle de Sociologie et Nomologie Juridiques*, o *Centre de Recherches Interdisciplinaire de Vaucresson* e o *Réseau Européen Droit et Société*, teriam contribuído, cada um à sua maneira, para esse desenvolvimento.

Partindo dessas considerações, Arnaud (1998b) elenca oito perspectivas paradigmáticas que, em seu entendimento, aglutinariam a maio-

[26] A respeito, Arnaud (1981) também salienta que a sociologia francesa teria o seu desenvolvimento marcado pela consciência de suas origens prestigiosas, mas na inconsciência de suas carências, de modo a ignorar debates internacionais expressivos. Para uma elucidativa síntese da sociologia jurídica na França após a Segunda Guerra, ver: Soubiran-Paillet (2000).

ria dos sociólogos e juristas de seu país, quais sejam:[27] a) a "sociologia legislativa" (*sociologie législative*); b) "o direito como quadro de ação" (*le droit comme cadre d'action*); c) a "abordagem neorracionalista" (*l'approche néo-rationaliste*); d) a "sociologia do campo jurídico" (*sociologie du champ juridique*); e) a "análise sociopolítica do direito" (*l'analyse socio-politique du droit*); f) a "sociologia do poder e do controle" (*sociologie du pouvoir et du controle*); g) a "sociologia do pluralismo jurídico" (*sociologie du pluralisme juridique*); h) "o direito como fonte e objeto de socialização" (*le droit comme source et objet de socialisation*). Com o propósito de situar a perspectiva do autor, será feita, a seguir, uma breve alusão às características gerais de cada um desses "paradigmas".[28]

1.1. A "sociologia legislativa" ou "legística"

De acordo com Arnaud (1998b), a "sociologia legislativa" ou "legística" constitui a mais antiga abordagem sociológica jurídica francesa contemporânea. Desenvolvendo-se a partir da contribuição seminal de Jean Car-

[27] Para uma versão em inglês dessa mesma análise, ver: Arnaud e Noreau (1998). A respeito, ver também: García Villegas (2015) e García Villegas e Lejeune (2011).

[28] Arnaud e Fariñas Dulce (1998, p. 27), baseando-se na clássica definição de Thomas Kuhn, entendem por "paradigma" um "feixe de conceitos" reconhecidos em uma época determinada e que fornece mecanismos de problematização e de solução, durante algum tempo, a uma comunidade de pesquisadores. Arnaud (2012; 2014) também utiliza, com esse sentido, a noção de "paradigma". Vale notar que Arnaud (2003) conjuga as definições de "paradigma" propostas por Thomas Kuhn e por Jean-Michel Berthelot. Entretanto, a transposição da noção de "paradigma" para campo das ciências sociais não deixa de ser problemática. Autores como Eberhard (2010) contestam a possibilidade de unificação paradigmática no campo das ciências sociais. A respeito, Souto e Souto (2003, p. 101) enfatizam que "os paradigmas teóricos em ciências sociais têm sido apenas modelos parcialmente compartilhados, quase nunca de natureza causal-determinística, sem o altíssimo consenso de que gozam modelos teóricos da Física (como os de Newton e Einstein), em virtude de serem rigorosamente apresentado e rigorosamente testados ou testáveis". Por esse motivo, a expressão "paradigma" sempre será mencionada aqui entre aspas. Quanto a esse respeito, vale notar que a noção de matriz, proposta por Martuccelli (1999), afigura-se mais adequada para a análise das ciências sociais. Conforme Martuccelli (1999, p. 20), as matrizes são menos do que um "paradigma", mais do que uma ideia de base e algo diferente de uma escola. Nessa perspectiva, segundo Martuccelli (1999), a "matriz" não chega a ser um "paradigma", pois, entre outros aspectos, ela não adquire a consistência lógica e a capacidade de estabelecer quadros epistemológicos de explicação.

bonnier e congregando figuras expressivas do cenário intelectual francês, como François Terré, Michel Germain e Marie-Annee Frison-Roche, a "sociologia legislativa" caracteriza-se, fundamentalmente, por considerar a sociologia um instrumento de harmonização entre a legislação e as relações sociais.[29] Assim, como observa Serverin (2000), a "sociologia legislativa" ou "legística" pretendeu dotar a sociologia jurídica de um programa empírico consistente essencialmente no estudo das reações do meio social às regras do direito positivo.[30] Com esse propósito, diversas pesquisas, sob a coordenação de Carbonnier, foram realizadas por ocasião da reforma do Código Civil francês, especialmente no que tange ao direito de família.[31]

Com o objetivo de contextualizar a "sociologia política do direito", inclusive para dimensionar a sua importância, García Villegas e Lejeune (2011) ressaltam que, no início da V.ª República (1958), as Faculdades de Direito francesas teriam passado a experimentar um relativo descrédito. Desse modo, asseveram que, apesar dos esforços de expressivos autores como Henri Lévy-Bruhl, o conhecimento nelas produzido começava a ser considerado arcaico e distanciado da realidade social.[32] Por outro lado, a própria tradição durkheimiana – que, segundo Soubiran-Paillet (2000), tendia a figurar como horizonte teórico mais direto dos professo-

[29] Acerca da "sociologia legislativa", ver, especialmente: Andrini e Arnaud (1995), Arnaud (1998b; 2012) Arnaud e Noreau (1998), Commaille (2007a; 2013), García Villegas (2015), García Villegas e Lejeune (2011), Perrin (2007; 2013), Serverin (2000), Soubiran-Paillet (2000), Verdier (2007; 2012) e Villas Bôas Filho (2019d; 2021a).

[30] Segundo Capeller (2015, p. 12), seria possível afirmar que "a sociologia do direito constitui uma disciplina à 'part entière', que delimita um território disciplinar próprio destinado a estudar as normas jurídicas e as regras institucionais que regem os comportamentos dos atores sociais. Para analisar categorias jurídicas específicas, essa disciplina empresta da sociologia os conceitos e os métodos, e serve-se das técnicas de pesquisa das ciências sociais".

[31] Cf. Capeller (2015), Commaille (2007a; 2013), Serverin (2000) e Villas Bôas Filho (2021a).

[32] Cf. Lévy-Bruhl (1950). Para análises, em português, da "jurística" de Henri Lévy-Bruhl, ver: Villas Bôas Filho (2019d; 2020b).

res de direito interessados pela sociologia – também começava a se tornar objeto de intensas críticas que minavam o seu prestígio de outrora.[33]

Foi nesse contexto que o Ministério da Justiça da França, com o intuito de proporcionar maior visibilidade às Faculdades de Direito e a seus professores, deu início a um ambicioso projeto de reforma da legislação vigente fundado em resultados pautados por pesquisas de campo com o propósito de adquirir, com base nelas, maior aderência entre os textos legais e a realidade social.[34] Segundo Arnaud (1998b), esse projeto foi confiado a Jean Carbonnier que, a partir dele, desenvolveu as bases de sua "sociologia legislativa", consistente, fundamentalmente, em utilizar aportes da pesquisa sociológica para promover uma adequação da legislação ao efetivo estado das relações sociais.[35] Assim, conforme enfatizam García Villegas e Lejeune (2011), a "sociologia legislativa" exprimir-se-ia na forma de um saber destinado ao aprimoramento da produção e da aplicação da lei.

Nesse sentido, a "sociologia legislativa" propugnada por Jean Carbonnier consistiria, em última instância, em uma espécie de instrumentalização da pesquisa sociológica para fins práticos de modo a lhe imprimir o estatuto de uma "ciência auxiliar" que teria por finalidade fornecer "subsídios" a contratantes, juízes e legisladores.[36] De acordo com Arnaud (2012), Carbonnier teria concebido a sociologia jurídica, em primeiro lugar, como uma espécie de "método" apropriado à ampliação da base documental dos juristas, tanto no que tange ao direito, tal como ele é concebido dogmaticamente, quanto no que concerne à diversidade de

[33] Soubiran-Paillet (2000) destaca as figuras de Jean Gaudemet, Jean Carbonnier e François Terré na geração que sucedeu a Henri Lévy-Bruhl. Por sua vez, Commaille (1988) aponta o nexo de continuidade entre as obras de Duguit e Henri Lévy-Bruhl e a de Carbonnier.

[34] Arnaud (2012) observa que Jean Carbonnier jamais teria dissociado a sua atividade prática de uma fundamentação teórica. Assim, em sua trajetória, observar-se-ia a capacidade de conciliação do "civilista que se tornou legislador" com o "teórico das ciências sociais". Sobre as pesquisas empíricas realizadas por Carbonnier, ver, especialmente: Serverin (2000) e Soubiran-Paillet (2000).

[35] A respeito, ver também: Arnaud e Noreau (1998), García Villegas (2015), García Villegas e Lejeune (2011) e Soubiran-Paillet (2000).

[36] García Villegas (2015) e García Villegas e Lejeune (2011) realizam um elucidativo paralelo entre o projeto de Jean Carbonnier e o de Roscoe Pound.

suas fontes, em consonância com a discussão do pluralismo jurídico. Em segundo lugar, a sociologia jurídica consignaria uma função normativa consistente em apontar o enraizamento social das normas, âmbito em que se fazem evidentes os reflexos do pensamento de Durkheim.[37] Por fim, Arnaud (2012; 1981) ressalta que, no tocante aos meios de ação atribuídos à sociologia jurídica, Carbonnier teria considerado esta última, especialmente em sua dimensão prática, como expressão de pesquisas destinadas a fundamentar projetos de leis e a verificar a sua eficácia.

Como observa Commaille (1988), apesar de figuras centrais da sociologia jurídica francesa, como Émile Durkheim e Henri Lévy-Bruhl, terem enfocado, com maior ou menor nível de profundidade, a potencial contribuição da reflexão sociológica para o processo de produção das normas jurídicas, a investigação sistemática a esse respeito seria relativamente recente e remontaria, fundamentalmente, à "sociologia legislativa" de Carbonnier. Contudo, ao assumir a condição de uma espécie de "serva" (*maidservant*) do direito, a sociologia acabaria, segundo Commaille (1988), García Villegas e Lejeune (2011), por experimentar um comprometimento de sua autonomia e de seu potencial crítico. Desse modo, apoiando-se em Jean-Guy Belley, García Villegas (2015) afirma que, na perspectiva de Carbonnier, a sociologia jurídica tornar-se-ia empírica e auxiliar de um direito pós-liberal. Por esse motivo, aliás, o autor credita a expressiva acolhida da "sociologia legislativa" no seio das Faculdades de Direito francesas a um contexto caracterizado pelo "espírito conservador".[38]

1.2. O direito como "quadro de ação"

Para Arnaud (1998b), trata-se de uma perspectiva derivada, em sua maior parte, do movimento designado *Critique du Droit* e que é desenvolvida, especialmente, pelos pesquisadores do *Centre de Recherches Critiques sur*

[37] Para uma análise acerca da influência do pensamento de Durkheim sobre o de Carbonnier, ver: Villas Bôas Filho (2019d; 2021a).

[38] Essa questão se torna tanto mais importante se se considera que, como ressalta Arnaud (2012), Jean Carbonnier teria proporcionado uma contribuição decisiva para a institucionalização da sociologia jurídica na França.

le Droit (CERCRID) da Universidade Jean Monet.[39] No plano teórico, os seus integrantes, entre os quais figuram Évelyne Serverin, Françoise Vennin e Antoine Jeammaud, concebem o direito como uma espécie de "quadro da ação" (*cadre d'action*).[40] Nesse sentido, tais autores partem da premissa de que deveria ocorrer uma reintrodução da regra jurídica e da intervenção judicial como objetos legítimos da sociologia, muito embora admitam que a aplicação das normas jurídicas pode experimentar variação, uma vez que o direito é por eles considerado apenas uma referência entre outras.

Assim, como sustenta Arnaud (1998b), os autores inscritos nesse "paradigma" da sociologia jurídica francesa enfatizam a necessidade de uma compreensão interna dos mecanismos institucionais e postulam que esse "quadro de ação" determinaria a atividade jurisdicional. Consequentemente, criticam de modo bastante aguerrido as abordagens que procuram apreender a atividade jurídica e judiciária a partir de um ponto de vista externo, pois avaliam que tais posturas, ao desconsiderarem frequentemente os efeitos reais produzidos pelo direito sobre a atividade dos jurisdicionados, redundariam em uma "construção ideológica", em um "monopólio profissional" ou, no limite, em uma mera "mistificação".

Conforme Arnaud (1998b), ao realçar o papel desempenhado pelas normas jurídicas na constituição de "situações de ação", essa perspectiva assumiria uma concepção mais instrumental do que normativa e tenderia a definir o direito como uma espécie de "sistema de coerção" (*système de contrainte*) que, justamente por essa razão, enquadraria as ações. Ademais, sustentando que redefinição jurídica da realidade seria um fato sociologicamente observável e mensurável, os autores que integram o "paradigma" em questão tenderiam a atribuir especial atenção à pesquisa empírica e, por conseguinte, a fazer uso intenso de estatísticas em suas pesquisas que, por esse motivo, assumiriam um caráter frequentemente mais descritivo do que analítico.

[39] Para uma descrição sintética dessa perspectiva, ver: Arnaud (1998b) e Arnaud e Noreau (1998). Sobre o movimento "crítica do direito" e suas reverberações, ver: Kaluszynski (2010).

[40] Arnaud e Noreau (1998) denominam essa perspectiva, em inglês, de "Law as a frame of action".

1.3. "Abordagem neorracionalista do direito"

Referindo-se ao "paradigma neorracionalista do direito", Arnaud (1998b) enfatiza que ele ostentaria uma discreta inspiração teórica na sociologia weberiana. Assim, a sua influência mais direta e decisiva seria advinda da "sociologia das organizações" que, no contexto francês, encontraria nos trabalhos de Michel Crozier uma referência inelutável. Essa observação preliminar mostra-se fundamental para a compreensão do perfil das análises realizadas no âmbito desse "paradigma", pois estas, em consonância com o pensamento de Crozier, distanciar-se-iam de uma concepção funcionalista das organizações, de modo a atribuir significativa atenção aos atores implicados nos arranjos organizacionais.[41]

Arnaud (1998b) também sublinha que o "paradigma neorracionalista" teria se desenvolvido, especialmente, no âmbito das pesquisas realizadas pelos integrantes do *Centre de sociologie des organisations* (CSO) e encontraria em autores como Benoît Bastard, Christian Mouhanna e Werner Ackermann os seus representantes mais influentes.[42] De modo geral, tais autores tenderiam a abordar a Justiça como uma organização, concentrando o seu interesse nos modos de gestão, nos dispositivos de tratamento e nas relações entre atores que dispõem de liberdade de ação e de decisão. Contudo, apesar de serem influenciados pela obra de Crozier, eles tenderiam a atribuir mais importância aos processos de racionalização, de modernização e de profissionalização do que ao princípio de racionalidade estratégica dos atores inscritos no âmbito organizacional.

De acordo com Arnaud (1998b), as pesquisas desenvolvidas no seio desse "paradigma", congregando diversos trabalhos empíricos, estariam amplamente direcionadas à administração da justiça e, mais precisamente, à gestão dos tribunais. Assim, enfocam também as mutações experimentadas pelas práticas organizacionais em virtude do desenvolvimento de novos campos de atividade judiciária. Arnaud (1998b) também assevera que a maior parte dos trabalhos insertos nesse "paradigma" teria por base dados qualitativos provenientes de entrevistas ou de registros realizados nas Cortes da Justiça. Em meio a eles destaca, especialmente, os trabalhos de Benoît Bastard a respeito da mediação na gestão dos liti-

[41] A respeito, ver: Arnaud (1998b) e Arnaud e Noreau (1998).

[42] A respeito, ver: Arnaud e Noreau (1998).

gios matrimoniais e os de Werner Ackermann acerca das inovações nas instituições judiciárias e sobre o funcionamento e organização da justiça penal.

1.4. "Sociologia do campo jurídico"

A "sociologia do campo jurídico" é fortemente ancorada no pensamento de Pierre Bourdieu que, como se sabe, dedicou-lhe análises que se tornaram clássicas e que se disseminaram amplamente no meio intelectual francês e também no debate internacional.[43] Como se verá, trata-se de um modelo sociológico que inscreve a análise do direito no âmbito de uma sofisticada teoria da sociedade. Contudo, apesar de encontrar a sua referência fundamental nos trabalhos do grande sociólogo francês, esse "paradigma", evidentemente, não se reduz a eles, de modo a congregar estudos de autores expressivos, em meio aos quais Arnaud (1998b) destaca, em caráter ilustrativo, os seguintes: Yves Dezalay, Anne Boigeol; Lucien Karpic; Frédéric Ocqueteau e Francine Soubiran-Paillet.[44]

Ao enfocar o modelo proposto por Bourdieu para nele situar o "paradigma" que dele é caudatário, Arnaud (1998b), com razão, atribui centralidade à noção de "campo". De fato, apoiando-se, de modo original e criativo, nos pensamentos de Karl Marx, de Émile Durkheim e de Max Weber,[45] o autor de *La distinction* desenvolveu uma complexa teoria social em meio à qual é dada particular atenção aos mecanismos de dominação e de reprodução social e que, como se sabe, articula-se, fundamentalmente, ao redor das noções de "campo", de "capital" e de *habitus*[46] para, a partir delas, propor uma descrição da sociedade moderna que a concebe como estruturalmente diferenciada em diversos campos, enten-

[43] Como exemplo incontornável dessa perspectiva, ver: Bourdieu (1986a; 1986b).

[44] Para comentários dessa perspectiva sociológica, no que tange ao direito, ver: Arnaud (1998b), Arnaud e Noreau (1998), Capeller (2015), García Villegas (2004; 2015), Guibentif (2010), Sckell (2016) e Villas Bôas Filho (2021c).

[45] Quanto à influência de Durkheim, Marx e Weber sobre a obra de Bourdieu, ver, por exemplo, Berthelot (2008), Corcuff (2007), Fabiani (2016), Jourdain e Naulin (2011) e Mounier (2001). No que tange especificamente à influência de Marx, ver: Mauger (2012). Quanto à de Weber, ver: Lenoir (2012a). No que concerne à de Durkheim, ver: Pinto (2012).

[46] A respeito, ver, especialmente, Bourdieu (2015; 2016).

didos como espaços sociais que constituem uma espécie de "mercado" para capitais específicos, em meio aos quais agentes, ocupando posições assimétricas, estão em disputa.[47]

Como observa Corcuff (2007), na perspectiva de Bourdieu, cada campo seria caracterizado por mecanismos específicos de "capitalização" dos recursos legítimos que lhe são próprios. Consequentemente, a concepção unidimensional de capital, que o reduz apenas à sua dimensão econômica, é substituída por outra que o desdobra em diversas dimensões (cultural, política, simbólica etc.). Como decorrência, ocorreria a substituição de uma representação unidimensional do espaço social por outra que o concebe como pluridimensional, ou seja, como constituído por diversos "microcosmos" que se diferenciam uns dos outros pelas "legalidades específicas" que regem a interação dos agentes que por eles transitam.[48]

Por outro lado, como enfatiza Bourdieu (2003 [1997]), cada campo consiste na institucionalização de um ponto de vista nas "coisas" e nos *habitus*, entendidos como "sistemas de disposições duráveis e transponíveis" que constituem "princípios geradores e organizadores" de práticas e de representações que podem ser objetivamente adaptadas aos seus fins sem que isso implique supor a necessária tomada de consciência por parte do agente.[49] Assim, como ressalta Bourdieu (1986a), o *habitus*, como um sistema de disposições para prática, constitui uma base objetiva de conduta regular, predispondo os agentes que dele são dotados a se comportarem de determinada maneira em certas circunstâncias.[50] Por esse motivo, opondo-se à suposição de um cálculo consciente como princípio gerador de ações, Bourdieu (1994) sublinha a relação de "cum-

[47] Para uma caracterização mais bem alinhavada da noção de campo, ver, especialmente, Bourdieu (2002 [1984]; 2003 [1997]; 2015; 2022).

[48] Bourdieu (2003 [1997], p. 143) sublinha a necessidade de consideração da "legalidade específica" de cada campo, entendido como microcosmo social, para que se possa compreender o princípio de visão e de divisão e o modo de conhecimento nele correntes. Para uma análise dos campos sociais como "microcosmos", ver, especialmente: Bourdieu (2022).

[49] A respeito, ver, especialmente, Bourdieu (1980).

[50] Quanto a esse aspecto, Corcuff (2007) observa que, na perspectiva de Bourdieu, o encontro entre *habitus* e campo constituiria o principal mecanismo de produção do mundo social.

plicidade ontológica" entre *habitus* e campo, expressa justamente nesse acordo pré-reflexivo entre agente e mundo social.[51]

Bourdieu (1994; 2003 [1997]) sustenta, ademais, que a emergência dessa configuração, caracterizada pela existência de "campos autônomos" que, em seu entendimento, seria própria da modernidade, decorreria de um progressivo processo de diferenciação do mundo social. Por esse motivo, Martuccelli (1999) inscreve a obra de Bourdieu no âmbito da "matriz da diferenciação social" que, desdobrando-se por autores como Émile Durkheim, Talcott Parsons e Niklas Luhmann, propugna uma interpretação sociológica da configuração social moderna que enfatiza a passagem do simples ao complexo, do homogêneo ao heterogêneo, mantendo "afinidades eletivas" com uma concepção funcionalista.[52]

Por conseguinte, como observa Martuccelli (1999), a problemática central que permeia a obra de Bourdieu consiste na articulação entre os diversos processos de diferenciação, descritos a partir da existência de múltiplos campos sociais, e a capacidade de adaptação dos agentes, por meio dos seus *habitus*.[53] Para os propósitos limitados da reconstrução aqui realizada, importa sublinhar, fundamentalmente, a transformação experimentada pelo modo de exercício da dominação na passagem para modernidade. Trata-se da progressiva substituição de um capital simbó-

[51] Bourdieu (1994, p. 154) enfatiza que, em lugar da ideia de um "cálculo consciente", ele parte da relação de "cumplicidade ontológica" entre *habitus* e campo. Seria, segundo ele, uma relação de cumplicidade "infraconsciente" e "infralinguística".

[52] Martuccelli (1999, p. 109-110) assevera que, na obra de Bourdieu, é fácil apreender uma "distinção essencial" entre sociedades pouco diferenciadas e sociedades altamente diferenciadas. Trata-se de uma compreensão da modernidade que é caudatária da matriz da "diferenciação social". Para um amplo estudo das diversas matrizes sociológicas acerca da modernidade, ver Martuccelli (1999). Para abordagens concisas da classificação proposta por Martuccelli, ver: Villas Bôas Filho (2009; 2010b; 2019d) e Gonçalves e Villas Bôas Filho (2013).

[53] Todavia, como destaca Martuccelli (1999, p. 33), apesar de Bourdieu insistir na "íntima imbricação" existente entre agente e campo, organizada a partir da noção de *habitus*, a sua obra não cessaria de fornecer a prova empírica de seus múltiplos desacordos no âmago da modernidade.

lico difuso, fundado apenas no reconhecimento coletivo, por um capital simbólico objetificado, codificado, delegado e garantido pelo Estado.[54]

Assim, segundo Bourdieu (1994), as sociedades modernas, estruturadas pela diferenciação em campos autônomos, caracterizar-se-iam por uma intensa concentração do capital simbólico no Estado que, por esse motivo, impor-se-ia progressivamente como instância detentora de um poder de nominação e, enquanto tal, como uma espécie de "banco do capital simbólico" que garante os atos de autoridade que, sem sua chancela, remanesceriam arbitrários e desconhecidos.[55] Isso ocorre porque, como sustenta Bourdieu (1994), a nominação pertence a uma classe de atos ou de discursos oficiais que são simbolicamente eficientes, porquanto realizados em situações de autoridade por personagens "oficiais" que agem *ex officio*, na qualidade de detentores de um *officium (publicum)*, ou seja, de uma função atribuída pelo Estado.[56]

Desse modo, como enfatiza Bourdieu (1993), resultando de um processo de concentração de diversos tipos de capital, o Estado passa a ser detentor de uma espécie de "metacapital" que o habilita a exercer poder sobre outras espécies de capital e seus respectivos detentores.[57] Justamente por esse motivo, Bourdieu (1994; 2003 [1997]) sustenta que, nas sociedades modernas, o Estado seria o principal responsável pela construção das categorias oficiais a partir das quais estruturam-se as populações e os "espíritos". É no âmbito dessa teoria da sociedade que Bourdieu (1986b) situa a sua análise do "campo jurídico", cujos aspectos fundamentais serão concisamente mencionados a seguir.

[54] Referindo-se a esse processo, Bourdieu (1994, p. 121) sublinha a passagem de um "capital simbólico difuso", fundado no reconhecimento coletivo, a um "capital simbólico objetivo", codificado, delegado e garantido pelo Estado e, como tal, burocratizado.

[55] Referindo-se ao poder de nominação, Bourdieu (1994, p. 122) enfatiza que a "nominação" seria um ato definitivamente misterioso que obedece a uma lógica próxima da magia, tal como descrita por Marcel Mauss.

[56] Bourdieu (1994) exemplifica esses atos aludindo aos veredictos de um juiz ou de um professor, aos procedimentos notariais etc.

[57] A gênese do Estado, como processo de concentração de diversas espécies de capital, é amplamente analisada por Bourdieu (1993; 1994; 2012). Não há, entretanto, como examinar essa questão aqui. Basta apenas sublinhar que, segundo Bourdieu (1993; 1994; 2012), o Estado é ponto culminante de um processo de concentração dos diferentes tipos de capital.

Bourdieu (1986b) inicia a sua análise do "campo jurídico" opondo, no âmbito do que designa "debate científico" acerca do direito, duas posturas antagônicas: a) o formalismo, por ele associado a autores como Hans Kelsen e Niklas Luhmann; b) o instrumentalismo, ilustrado, por exemplo, pelas obras de Louis Althusser e Edward P. Thompson.[58] Não cabe aqui aprofundar a análise de sua densa abordagem acerca do "campo jurídico"; importa notar que, para Bourdieu (1986b), o "campo jurídico", tal como todos os demais, seria um espaço social estruturado segundo certas regras, no qual os agentes nele insertos ocupam posições assimétricas e concorrem entre si pelo "monopólio do direito de dizer o direito" (BOURDIEU, 1986b, p. 4).

1.5. "Análise sociopolítica do direito"

A "análise sociopolítica do direito" procura desenvolver uma perspectiva interdisciplinar cujo intuito é articular a abordagem sociológica com a jurídica e com a da ciência política.[59] Segundo Arnaud (1998b), vários dos integrantes desse "paradigma" estiveram, durante algum tempo, associados aos trabalhos desenvolvidos por Jean Carbonnier no Ministério de Justiça na França. De todo modo, vale ressaltar que, embora congregue diversos autores, tais como Patrice Duran, Jean-François Perrin, Laurence Dumoulin, Cécile Robert, Liora Israël, Martine Kaluszynski, Mauricio García Villegas, Irène Théry e Jacqueline Costa-Lascoux, a "análise sociopolítica do direito" encontra em Jacques Commaille o seu mais significativo representante.

A proposta de uma "sociologia política do direito" foi introduzida por Jacques Commaille a partir de uma análise original e minuciosa da legislação de família na França, que se consubstancia no livro *L'esprit sociologique des lois. Essai de sociologie politique du droit*, publicado em 1994. Aludindo

[58] Para um contraste entre as perspectivas de Althusser e Bourdieu, especialmente no que tange ao Estado, ver: Pallotta (2015).

[59] Nesse particular, ver, especialmente: Commaille (1994; 2013; 2015; 2016). Para uma análise da "judiciarização" e da "juridicização" na "sociologia política" de Jacques Commaille, ver: Villas Bôas Filho (2015a). Para aplicações desses conceitos, a partir do modo como Jacques Commaille os concebe, a questões atinentes à realidade brasileira, ver: Villas Bôas Filho (2016b; 2020a).

a autores clássicos da sociologia jurídica – especialmente Renato Treves e Jean Carbonnier –, Corten (1998) enfatiza que o interesse pela política não seria novo no âmbito da sociologia jurídica. Entretanto, segundo ele, apesar desse interesse, até o final dos anos 1990 não teria sido formulada, no contexto intelectual francês, uma definição efetiva do que poderia ser entendido por uma "sociologia política do direito".[60] Commaille (1994) procura delinear as suas balizas e, posteriormente, defini-la em termos mais precisos.[61]

Commaille (2010a; 2013) busca inscrever a análise da regulação jurídica no âmbito dos processos mais gerais que advêm do campo político.[62] Nessa perspectiva, o direito deixa de ser enfocado como fenômeno específico e passa a ser entendido como portador de um forte potencial heurístico para a compreensão do funcionamento do âmbito político do qual se torna um "revelador privilegiado".[63] Commaille (2013), apoiando-se em autores como Paul Amselek, ressalta que o direito não pode ser con-

[60] Corten (1998) considera que nem mesmo o livro *L'esprit sociologique des lois. Essai de sociologie politique du droit*, publicado em 1994, conteria uma definição explícita da disciplina e inclusive as características que fixariam sua especificidade com relação a outras abordagens que tomam o direito por objeto. Analogamente, Caillosse (2011), aludindo aos dois volumes da revista *L'Année Sociologique*, publicados em 2009, sob a coordenação de Jacques Commaille e Patrice Duran, também observa a ausência de uma definição da "sociologia política do direito". De todo modo, é possível afirmar que, a despeito de não consignar uma definição mais precisa, Commaille (1994) já fixa as balizas de sua proposta teórica. Além disso, Commaille e Duran (2009) propõem sim uma definição da "sociologia política do direito". É possível discutir se ela é satisfatória. Contudo, não é adequado afirmar que ela não exista.

[61] Para definição da "sociologia política do direito" como "o estudo do político sob o prisma de uma sociologia do direito solidamente ancorada em uma sociologia geral e de uma ciência política que essa sociologia do Direito entende proficuamente retroalimentar", ver: Commaille e Duran (2009, p. 13) e Commaille (2013, p. 930).

[62] Para uma definição de "regulação jurídica", ver, por exemplo: Arnaud (1997; 1998a; 2004; 2014), Chevallier (2001; 2008) e Commaille (2019b).

[63] A respeito, Commaille (2010a, p. 38) assevera que a "sociologia política do direito" dedica-se à análise da "economia das relações" entre o âmbito jurídico e o político, preocupando-se em elucidar o lugar do direito na construção da política e o papel desempenhado pelo direito como "revelador" do que se passa na política, mediante uma análise que procura conciliar o trabalho empírico e formulação teórica. A respeito, ver também: Commaille (1994; 2000; 2009; 2010b; 2013; 2015; 2016; 2019a) e Commaille e Dumoulin

cebido independente do exercício do poder público e de todo o contexto específico de atos e relações sociais de autoridade no qual ele se insere e que lhe fornecem seu verdadeiro relevo. A "sociologia política do direito" assume, portanto, a pretensão de promover uma interlocução estruturada com as demais ciências sociais.[64]

Aliás, conforme enfatiza Commaille (2013, p. 930), a partir de uma abordagem sociopolítica, o direito é "reinstituído naquilo que ele foi para as grandes figuras fundadoras da sociologia: um elemento central na construção de teorias gerais das sociedades e de suas transformações".[65] Com base em tais premissas, Commaille (2013, p. 930), rejeitando a inscrição de sua perspectiva teórica no horizonte de uma "sociologia dos campos", define a "sociologia política do direito" como "o estudo do âmbito político sob o prisma de uma sociologia do direito solidamente ancorada em uma sociologia geral e de uma ciência política que essa sociologia do direito entende proficuamente retroalimentar".[66]

Commaille (2015; 2016) sublinha, ademais, que essa ampliação de perspectiva permitiria relacionar o estudo do direito às grandes mutações que ocorrem atualmente nas sociedades ocidentais e, simultaneamente, inscrever as análises produzidas sobre as relações entre direito e política em uma corrente de pesquisa internacional atualmente em curso.[67] Nesse sentido, a "sociologia política do direito" procuraria estar atenta às metamorfoses da regulação política. Como realça Commaille (2013, p. 931), essas mudanças ensejariam novas orientações de pesquisa, com forte acento interdisciplinar, para que se possa apreender adequada-

(2009). Para comentários a esse aspecto do pensamento de Jacques Commaille, ver: García Villegas (2015) e Villas Bôas Filho (2015a; 2019d; 2020a).

[64] Sobre esse aspecto, ver, especialmente, Commaille (2010a; 2015; 2016).

[65] Isso é particularmente evidente quando se considera a obra de Durkheim. A esse respeito, ver: Durkheim (2007 [1893]). Para uma análise que, ao contrastar Durkheim e Weber, sublinha as principais teses do primeiro acerca do direito, ver: Schluchter (2006). Sobre essa questão, ver também: Villas Bôas Filho (2017c; 2019d).

[66] A respeito, ver também: Commaille e Duran (2009). Por sua vez, Commaille (1991; 1994; 2015; 2016) aponta a relação da "sociologia política do direito" com a "sociologia geral".

[67] Sobre essa questão, ver também: Commaille e Jobert (1998).

mente a "nova economia da legalidade em relação ao âmbito político".[68] Assim, segundo Commaille (2013; 2015; 2016), a "sociologia política do direito" teria ampliado consideravelmente seus horizontes de observação e de análise, notadamente no que concerne às mudanças de estatuto assumidas pelo direito quando este passa a ser visto como um expediente suscetível de utilização em novos repertórios de ação coletiva implementados por alguns movimentos sociais ou, ainda, como um recurso instrumentalizado pela ação política.[69]

Commaille (2013) aponta, ainda, a afinidade da "sociologia política do direito" com perspectivas que enfocam o direito como constitutivo da realidade social e, portanto, não mais como um instrumento de regulação emanado de aparelhos institucionais destinados a intervir nessa realidade social. Assim, alinhando-se a perspectivas como as de Susan Silbey e de Patricia Ewick (*Legal Consciousness Studies*),[70] à corrente internacional do *cause lawyering*[71] e à dos *activists lawyers*,[72] Commaille (2013; 2015) pretende delinear uma nova representação do direito capaz de captar a redefinição das relações dos cidadãos com as normas jurídicas e a importância particular assumida pelos profissionais do direito como atores do jogo político na medida em que dispõem da competência consistente em dominar o uso do recurso jurídico.[73]

[68] Quanto a esse ponto, ver, especialmente: Commaille e Duran (2009) e Commaille (2015).

[69] Commaille (2015, p. 336) afirma que o que chama de "le droit de *référence*" constituiria um efetivo instrumento de ação.

[70] Cf. Ewick e Silbey (1998). A respeito, ver: Commaille (2006). Sobre as reverberações dos *Legal Consciousness Studies* na discussão francesa, ver, por exemplo: Commaille (2015; 2018), Commaille e Duran (2009), Commaille e Lacour (2018), Israël e Pélisse (2004), Pélisse (2005) e Kourilsky-Augeven (2009) e Villas Bôas Filho (2019a).

[71] Como referências fundamentais a esse respeito, ver: Sarat e Scheingold (2005), Commaille (2013; 2015; 2016), Commaille e Duran (2009) e Israël (2001; 2010).

[72] Commaille (2010e) realiza um excelente contraste das perspectivas de Stuart Scheingold, Liora Israël, Alain Supiot e de Terence C. Halliday, Lucien Karpik e Malcolm M. Feeley. A respeito, ver: Commaille (2013; 2015).

[73] Referindo-se a análises precedentes, especialmente as que compõem o livro *L'esprit sociologique des lois. Essai de sociologie politique du droit*, Commaille (2015, p. 143) ressalta que elas ilustrariam de modo eloquente o quanto o domínio do direito como "recurso" (*ressource*)

Além disso, Commaille (2013; 2015) ressalta que uma "sociologia política do direito" não pode desconsiderar as transformações engendradas pelo processo de globalização no estatuto do direito e as novas funções assumidas pelo Poder Judiciário, especialmente com referência à esfera política. Aliás, Commaille (2007b; 2013; 2015) enfatiza que, no bojo desse processo, as instâncias formais de administração da justiça, inscrevendo-se em contextos supranacionais, procuram redefinir as suas funções no contexto das novas escalas territoriais que passam a abranger.[74] Assim, para ilustrar as ligações por ele sustentadas entre os âmbitos jurídico e político, Commaille (2007b; 2010d) alude especialmente aos fenômenos da "juridicização" e da "judiciarização".[75]

Nessa perspectiva, retomando e aprofundando análises desenvolvidas em trabalhos anteriores, Commaille (2015; 2016), em estreita consonância com o pensamento de Durkheim, procura mostrar que o direito constituiria um extraordinário "revelador" das transformações dos modos de regulação social e política.[76] Assim, pretendendo inscrever-se na tradição dos fundadores da sociologia, o autor sustenta que o direito poderia ser enfocado como um "paradigma" para a compreensão das mutações sociais e políticas contemporâneas.[77] Nesse sentido, visando assumir uma abordagem resolutamente interdisciplinar, propõe uma redefinição da relação entre a ciência jurídica e as ciências sociais de modo a superar a tendência de desqualificação recíproca que se construiu entre esses âmbitos.[78]

seria suscetível de conferir eficácia política às estratégias desenvolvidas pelos profissionais do direito. Sobre essa questão, ainda que sob outra perspectiva, ver: Bourdieu (1986b).

[74] A respeito, ver, especialmente, Arnaud (2003; 2004), Faria (2002a; 200b; 2010; 2011) e Santos (1988; 2002). A respeito, ver também: Commaille (2010c; 2015; 2019a).

[75] A respeito, ver, especialmente, Commaille e Duran (2009).

[76] Evidentemente que não se pode desconsiderar a importância atribuída ao pensamento weberiano por Jacques Commaille. A respeito da "sociologia política do direito", Commaille e Duran (2009, p. 17) afirmam que a constituição de uma sociologia do direito dificilmente poderia pensar suas relações com a política sem um retorno resoluto à obra de Max Weber.

[77] Cf. Commaille (2015; 2016).

[78] Commaille (2016, p. 2) enfatiza que as relações entre a sociologia, a ciência política e o direito seriam caracterizadas, originalmente, por mútua rejeição.

Portanto, sublinhando que as incertezas relativas ao porvir da regulação jurídica seriam indissociáveis das que perpassam as da organização política, Commaille (2015) reafirma sua tese de que o direito não seria apenas um instrumento de regulação social. Segundo ele, para além dessa dimensão regulatória, o direito "revelaria", de modo excepcional, as finalidades sociais e políticas que o atravessam e, por esse motivo, as formas de regulação que se organizam nessas duas esferas, tal como as tendências de reconfiguração que lhes são ínsitas.[79] Vale notar que toda essa complexa análise empreendida por Commaille (2015; 2016) - em meio à qual o direito se afigura como um "revelador" das transformações sociais e políticas - tem por horizonte uma clara inspiração durkheimiana, explicitamente assumida pela "sociologia política do direito" por ele propugnada.[80]

1.6. "Sociologia do poder e do controle"

Inspirada em autores como Michel Foucault e Max Weber, a "sociologia do poder e do controle", em meio à qual Arnaud (1998b) atribui especial destaque às obras de Pierre Lascoumes e de Wanda Capeller, veicula uma concepção de direito que o caracteriza como um "espaço de poder" e como um "mecanismo de controle". Assim, aproximando-se das análises desenvolvidas no campo da ciência política, esse "paradigma" se preocupa com a definição e a implementação do direito, dando especial ênfase à questão do poder. Logo, Arnaud (1998b) enfatiza que os pesquisadores que o integram abordariam o direito como uma "modalidade de governo" ou um "procedimento de controle" de populações e também como um espaço interacional entre sujeitos ativos que estabelecem rela-

[79] Segundo Commaille (2015, p. 381), o direito seria indissociável das sociedades nas quais ele atua. Assim, ele teria não apenas uma vocação a regular as sociedades. Ele funcionaria, além disso, como um excepcional instrumento de desvelamento do que se passa na sociedade e na política.

[80] Commaille e Dumoulin (2009, p. 66) afirmam que a "judiciarização" (*judiciarisation*) e os modos pelo quais ela é definida constituiriam um "revelador privilegiado" (*révélateur privilégié*) do lugar ocupado pela legalidade no âmbito da regulação política. A respeito, ver, especialmente: García Villegas (2015) e Villas Bôas Filho (2015a; 2019d).

ções de força entre si e que experimentam um acesso desigual ao direito, entendido como um recurso de ação.[81]

Para a caracterização desse "paradigma", Arnaud (1998b) alude, em primeiro lugar, ao pensamento de Pierre Lascoumes, enfatizando a ascendência que os pensamentos de Max Weber e de Michel Foucault exercem sobre ele. Segundo Arnaud e Noreau (1998), observar-se-ia nos trabalhos de Lascoumes uma concepção de direito que prioriza mais as práticas do que as normas. Ademais, os estudos por ele desenvolvidos estariam voltados, fundamentalmente, à coabitação, geralmente conflituosa, entre "formas jurídicas dominantes" e "formas jurídicas subalternas".[82] Por conseguinte, a perspectiva de Lascoumes expressaria uma abertura ao debate do pluralismo jurídico.

Arnaud (1998b) também ressalta que, em um primeiro momento, Pierre Lascoumes teria se dedicado à análise geral do direito penal, com especial ênfase na distinção entre este e a regulação administrativa. Contudo, mais recentemente, ele teria concentrado a sua atenção nas estratégias dos atores implicados na definição de normas e de políticas públicas e na ação dos agentes administrativos e econômicos associados à aplicação da legislação penal no âmbito da atividade governamental. Segundo Arnaud (1998b), os trabalhos de Lascoumes permitiriam a apreensão, de um lado, da fragmentação das fontes normativas em múltiplos espaços jurídicos especializados e, de outro, da multiplicação das formas de normatividade que se colocariam à margem da legislação e dos modos convencionais de administração da justiça. Nessa perspectiva, o direito seria apresentado como fruto de uma interação constante.

Contudo, de acordo com Arnaud (1998b), em resposta a essa "sociologia do poder jurídico" proposta por Pierre Lascoumes observar-se-ia o desenvolvimento de uma "sociologia do controle penal", que encon-

[81] A propósito, ver: Arnaud (1998b) e Arnaud e Noreau (1998).

[82] Vale notar que, referindo-se a essas segundas formas, Arnaud (1998b, p. 39) adota a expressão "formas dominadas" (*formes dominées*), ao passo que Arnaud e Noreau (1998, p. 272) usam a expressão "formas sociais" (*social forms*). Por esse motivo, com o propósito de exprimir de modo mais preciso a relação de coabitação conflituosa aludida pelo autor, optou-se aqui pela utilização da expressão "formas jurídicas subalternas", apesar de esta não corresponder literalmente ao que consta nos dois textos mencionados.

tra sua expressão mais consequente na obra de Wanda Capeller, cujo impacto transcende a discussão francesa e projeta-se, especialmente, no Brasil. Nesse sentido, Arnaud (1998b) assinala, com razão, o caráter não eurocêntrico da concepção de direito propugnada pela autora. Com efeito, baseando suas pesquisas em sociedades que, como a brasileira, são historicamente permeadas pelo autoritarismo, Wanda Capeller é capaz de descentrar-se do quadro de referência que convencionalmente baliza as análises realizadas por autores europeus.

Como ressalta Arnaud (1998b), Wanda Capeller, tal como Pierre Lascoumes, sublinha a possibilidade de uso instrumental do direito criminal. Contudo, a autora sustenta que esse uso assume feições distintas em sociedades nas quais o direito deixa de ser um lugar de interação e passa a constituir um mecanismo de controle. Assim, sua obra, cuja importância se mostra particularmente notória no contexto brasileiro atual, dá particular destaque ao enfraquecimento do Poder Legislativo, inclusive em virtude de cooptação de seus membros, diante do Executivo. Segundo Capeller (1995), essa situação conduz à constituição de um sistema de repressão paralelo, baseado especialmente na doutrina e na retórica da segurança nacional, que busca controlar a oposição política.

Arnaud (1998b) também sublinha que os trabalhos de Wanda Capeller abordam amplamente as relações que se constroem entre marginalidade, criminalidade e técnicas repressivas, o desenvolvimento dos direitos humanos e a questão do pluralismo jurídico.[83] Nessa perspectiva, as pesquisas realizadas por Wanda Capeller proporcionam, entre outras coisas, uma contribuição substantiva para a compreensão do fenômeno da transnacionalização do crime e do direito penal.[84] Quanto a esse aspecto, vale notar que, apoiando-se em autores como Boaventura de Sousa Santos, Anthony Giddens e Mireille Delmas-Marty e em suas próprias pesquisas, Capeller (2020a) analisa os mecanismos que, em razão das "ameaças globais", permitem a estruturação de um "campo penal global" e a "desconstrução do direito penal moderno em escalas locais". Conforme a autora, esses processos simultâneos teriam as suas respectivas lógicas,

[83] Vale sublinhar também a contribuição de Capeller (2011) para a difusão do pensamento de Anthony Giddens no debate sociojurídico francês.

[84] Cf. Capeller (1997).

predominantemente repressivas, assentadas nos nexos de solidariedade que, segundo ela, tecem-se entre as democracias neoliberais e os regimes totalitários.[85]

1.7. "O direito como fonte e objeto de socialização"

Segundo Arnaud (1998b), o "paradigma" designado como "direito como fonte e objeto de socialização" estaria fundado, especialmente, na obra de Chantal Kourilsky-Augeven e mobilizaria amplamente a noção de "socialização jurídica" para, a partir dela, analisar, entre outros, o tema da "construção identitária do sujeito".[86] A partir de uma perspectiva interdisciplinar que congrega, especialmente, aportes da antropologia, da sociologia e da psicologia, os trabalhos de Kourilsky-Augeven mobilizam uma acepção larga do conceito de "socialização" para dele derivar a ideia de "socialização jurídica", entendida como algo que abrange, de um lado, o reconhecimento, o respeito e a conformidade relativamente às leis e, de outro, o processo de apropriação do direito pelos sujeitos.

Assim, como enfatiza Arnaud (1998b), Chantal Kourilsky-Augeven enfoca com particular cuidado o processo de progressiva assimilação das regras pelos sujeitos e o modo pelo qual, a partir daí, estes reorganizam, no âmbito de suas representações e de seus saberes, os elementos do sistema jurídico que rege as relações em suas sociedades: normas, instituições etc. Nessa perspectiva, a "socialização jurídica" é considerada um aspecto fundamental na construção identitária dos sujeitos postos em interação. Por conseguinte, as pesquisas empíricas realizadas pela autora concentram-se, sobretudo, em crianças e adolescentes, pois é justamente nesse período que os indivíduos constituiriam as "imagens" do direito e que tenderão a nortear as suas atitudes e disposições duráveis. Decorre daí, aliás, a afinidade das pesquisas de Chantal Kourilsky-Augeven com as que Susan Silbey e Patricia Ewick desenvolvem no quadro dos *Legal Consciousness Studies*.[87]

[85] Sobre essa questão, ver, especialmente, Capeller (2020b; 2021).

[86] Cf. Arnaud e Noreau (1998).

[87] Kourilsky-Augeven (1998; 2009).

Arnaud (1998b) assevera também que, como decorrência de suas premissas, os estudos de Chantal Kourilsky-Augeven concentrar-se-iam nas "imagens" e nos "pontos de vista" que os indivíduos constroem acerca do direito. Logo, a autora desenvolveria, essencialmente, pesquisas de tipo qualitativo que exploram técnicas de associação de ideias a partir de listas de palavras que compreendem, simultaneamente, referências ao direito e conceitos associados ao universo das representações jurídicas, tais como: liberdade, igualdade, culpa, responsabilidade etc. Vale notar, por fim, que, assumindo uma perspectiva comparativa, Chantal Kourilsky-Augeven contrasta, principalmente, França, Polônia e Rússia.

1.8. "Sociologia do pluralismo jurídico"

Por fim, Arnaud (1998b) enfoca o que designa como "sociologia do pluralismo jurídico", ressaltando que, diferentemente do que se passa no contexto intelectual e acadêmico anglo-saxão, a sua difusão teria sido relativamente acanhada na França, onde, segundo ele, observar-se-ia o protagonismo dos antropólogos, e não dos sociólogos, no desenvolvimento dessa discussão. Esse "paradigma", cuja gênese, em sua configuração francesa, remonta ao pensamento de Georges Gurvitch, é particularmente importante para a presente discussão, pois é nele que a obra de André-Jean Arnaud se inscreve. Por esse motivo, ele será retomado adiante, a partir do modo como concretamente se exprime nas análises do autor de *Critique de la raison juridique*.

Espraiando-se por diversos domínios disciplinares – da antropologia à sociológica, passando pela teoria do direito e mesmo pela história –, o debate acerca do pluralismo jurídico é monumental, tanto em sua extensão quanto em sua complexidade. Trata-se, ademais, de uma perspectiva fortemente heterogênea que dificilmente pode ser sintetizada em uma formulação que seja capaz de contemplar satisfatoriamente todos os matizes e dissidências que lhe são constitutivos. No âmbito da antropologia, em que, segundo Arnaud (1998b), situar-se-ia a produção francófona mais expressiva sobre esse tema, autores como Vanderlinden (2013) e Eberhard (2003; 2009a; 2009b; 2010; 2013a; 2013b) preferem, inclusive, utilizar a expressão "pluralismos jurídicos" justamente com o propósito de evidenciar as dissensões que lhe são características e que se exprimem em tendências díspares que podem ser qualificadas como "moderadas" e "radicais".[88] Por outro lado, nessa mesma seara, Le Roy (1998; 1999; 2017) propõe a "hipótese do multijuridismo" que, a despeito de suas afinidades com o debate do pluralismo jurídico, com ele não se confunde.

Alinhando-se a esse "paradigma", Arnaud (2003) enfatiza que o direito estatal não constituiria mais a única forma de regulação jurídica da sociedade. Assim, segundo o autor, a perspectiva que tradicionalmente sustenta e celebra a soberania do "Estado monocentrista" como única fonte legítima de produção do direito estaria sendo, progressivamente, infirmada pela realidade, na medida em que, cada vez mais, numerosos centros de decisão, localizados abaixo, acima e para além do Estado, teriam passado a produzir regulações jurídicas que manteriam uma relação complexa e, por vezes, conflituosa entre si.[89] De acordo com Arnaud (2003), o termo "policentricidade" teria sido forjado justamente para, conceitualmente, exprimir esse combate a uma representação "monocentrista" que reduz a regulação jurídica à sua forma estatal de expressão.[90] Aliás, a complexidade assumida pela dinâmica regulatória contemporânea, decorrente do reconhecimento da pluralidade de suas fontes, tem suscitado a preocupação com a amortização dos potenciais conflitos decorrentes da diversidade de seus planos de emanação. Nessa perspectiva, Delmas-Marty (2006; 2010), por exemplo, propõe a hipótese de um "pluralismo ordenado" que, procurando evitar uma abordagem simplista e irrealista que projeta relações hierárquicas e lineares entre as formas de

[88] Tanto os autores do "pluralismo jurídico moderado" como os do "pluralismo jurídico radical" rejeitam a redução da regulação jurídica à sua forma estatal de expressão. Contudo, os primeiros consideram que embora o Estado não seja a única fonte do direito, a normatividade que ele emana seria central. Já os segundos consideram que o direito estatal seria apenas uma forma de regulação ao lado de outras. Cf. Rouland (2003), Vanderlinden (2013), Le Roy (2003), MacDonald (2006), Macdonald e Kleinhans (1997).

[89] Acerca das relações de cooperação, concorrência e conflito entre regulações no contexto do pluralismo jurídico, ver: Rouland (1988; 1995; 2003).

[90] Vale notar que Arnaud (2003) indica a existência de três tipos de policentricidade: a) a que está ligada à distinção entre Estado e sociedade civil; b) a que se exprime como consequência da lógica do terceiro excluído e da unidade da razão jurídica universal; c) a que decorre de uma concepção normativista do Estado e do direito.

regulação produzidas nos planos nacional, regional e mundial, reconhece o jogo complexo e instável entre os diversos "conjuntos normativos".[91]

Trata-se, portanto, de um "paradigma" complexo e de forte acento interdisciplinar. Procurando exprimi-lo em uma definição concisa, porém, evidentemente, não peremptória, Arnaud (1998b) sublinha que os autores que nele se inserem rejeitam a redução da regulação jurídica apenas à sua forma estatal de expressão, criticando, por conseguinte, a representação do Estado como a única fonte legítima da normatividade jurídica.[92] Vale notar, por fim, que, em sua concisa análise do "paradigma do pluralismo jurídico", tal como este se desenvolve no contexto francês, Arnaud (1998b) enfoca, especialmente, as contribuições de Norbert Rouland, Louis Assier-Andrieu, Étienne Le Roy e Jean-Pierre Bonafé-Schmitt, para, a partir delas, introduzir a sua teoria da "polissistemia simultânea", cujos aspectos fundamentais serão analisados no Capítulo 4 deste livro.[93]

[91] Sobre essa questão, inclusive com alusão à perspectiva de Delmas-Marty (2006), ver: Chevallier (2008).

[92] Vale notar que Rouland (1995, p. 90), em consonância com o entendimento de Arnaud, afirma que "toutes les théories du pluralisme juridique ont en commun de relativiser la place de l'Etat par rapport à la société, et d'affirmer qu'il existe des droits non étatiques engendres par les groupes sociaux constitutifs de toute société". A respeito, em meio à monumental literatura dedicada ao tema, ver, especialmente: Arnaud (1998b; 2003; 2004), Arnaud e Noreau (1998), Ost (2021), Rouland (1988; 1995), Santos (2002).

[93] Cf. Arnaud e Noreau (1998), García Villegas e Lejeune (2011), e Villas Bôas Filho (2019e).

CAPÍTULO 2
POR UM "MERCADO COMUM" ENTRE AS CIÊNCIAS SOCIAIS: A INTERDISCIPLINARIDADE COMO PROJETO

2.1. Complexidade social e interdisciplinaridade

A complexidade da sociedade contemporânea demanda, cada vez mais, abordagens pautadas pela interdisciplinaridade, uma vez que estas, ao promoverem um entrecruzamento rico e variado de perspectivas, estariam mais aptas à compreensão adequada das questões intrincadas com que se defrontam.[94] Como enfatiza Ost (2021), a prática da interdisciplinaridade constituiria um significativo recurso de "vigilância metodológica" que, por suas virtudes, seria suscetível de promover um distanciamento profícuo relativamente às "evidências" da dogmática jurídica.[95] Assim, o desenvolvimento dos estudos sociojurídicos, entendidos como um campo de pesquisa interdisciplinar, ao permitir um entrecruzamento frutífero de perspectivas díspares, afigura-se como fundamental para uma apreensão adequada da complexidade ínsita à regulação jurídica.[96] Aliás, é possível afirmar que, no campo dos estudos sociojurídicos, as "ciências sociais" seriam importantes instrumentos de "vigilância epistemológica",

[94] Nesse particular, é fundamental, desde logo, diferenciar interdisciplinaridade, pluridisciplinaridade, multidisciplinaridade e transdisciplinaridade. Contrastando essas perspectivas, Ost e Kerchove (1991, p. 77-78) ressaltam que, entre elas, apenas a interdisciplinaridade seria efetivamente consequente para o tratamento de questões complexas de modo a evitar, de um lado, a mera justaposição de perspectivas (algo que ocorreria com a pluridisciplinaridade e com a multidisciplinaridade) e, de outro, a constante subversão dos pontos de vista de cada disciplina com o propósito de produção de um "saber autônomo" (situação à qual conduz a pesquisa transdisciplinar).

[95] A respeito, ver também: Villas Bôas Filho (2018a; 2018b; 2019c).

[96] Sobre os estudos sociojurídicos como campo de pesquisa interdisciplinar, ver, especialmente: Arnaud (1988, 1992, 1994; 1998b), Arnaud e Fariñas Dulce (1998).

no sentido em que Bourdieu, Chamboredon e Passeron (2005 [1968]) a concebem.[97] Por conseguinte, elas proporcionariam, nessa seara, um contributo crítico muito significativo para evitar "as puras teorizações" e o "dogmatismo estéril" na abordagem dos juristas.[98]

Entretanto, apesar de suas evidentes virtudes, a pesquisa interdisciplinar ainda é, *grosso modo*, bastante limitada e, quando existente, marcada por certo ecletismo e por dificuldades de implementação, especialmente em contextos acadêmicos em que interesses corporativos, muitas vezes sem efetiva qualidade epistemológica, engendram barreiras inexpugnáveis a uma troca estruturada de conhecimentos.[99] É comum que os juristas, ciosos de suas taxinomias e classificações dogmáticas, tendam a ser refratários a esse intercurso frutífero que a interdisciplinaridade pode ensejar. Por outro lado, os cientistas sociais, não poucas vezes, ao serem corrosivamente críticos e desqualificarem as formulações conceituais dos juristas, não apenas obstaculizam a construção de um "campo comum" para a discussão de temas complexos, como, inclusive, em alguns casos, acabam por comprometer o alcance de suas próprias análises na medida em que delas excluem um horizonte prático e conceitual que, com todos os problemas que possa ter, é essencial à compreensão da regulação jurídica.[100] Partindo dessas considerações, é preciso ter em conta que a interdisciplinaridade não deve ser confundida com a abertura indiscriminada de campos disciplinares diversos e com a "hibridação temerária de métodos".[101]

[97] Cf. Villas Bôas Filho (2019c).

[98] Arnaud (1992, p. 18) considera os "estudos sociojurídicos" como uma alternativa ao que designa como "pura teorização" e de "dogmatismo estéril".

[99] Referindo-se às fronteiras disciplinares ainda vigentes no âmbito das ciências sociais, Commaille (2010a), ressalta que elas estariam fundadas mais interesses corporativos e institucionais do que em razões epistemológicas. Ou seja, poder-se-ia acrescentar, em paroquialismo acadêmico. Sobre essa questão, ver também: Commaille (1994; 2021).

[100] A respeito, ver, por exemplo: Lopes e Freitas Filho (2014) e Villas Bôas Filho (2017a; 2018b; 2019c).

[101] Étienne Le Roy (2013, p. 194), referindo-se a Jacques Caillosse, alude às cautelas necessárias para que sejam evitadas as "hibridações metodológicas temerárias" (*hybridations méthodologiques hasardeuses*). A respeito, ver também: Villas Bôas Filho (2017a; 2018b; 2019c).

Ao realçar os expressivos esforços realizados pelas diversas disciplinas envolvidas na empreitada interdisciplinar, Arnaud (1992, p. 25-26) identificou muito precocemente uma situação de "cacofonia" no âmbito dos "estudos sociojurídicos".[102] Cabe notar que, embora tenha sido grande entusiasta e incansável promotor da pesquisa interdisciplinar, Arnaud (1992) sempre foi refratário às soluções artificialmente unificadoras e aos sincretismos teóricos. Ao contrário, sustentava que o desenvolvimento desse tipo de pesquisa demandaria, entre outras coisas, novos fundamentos epistemológicos, cujos traços, aliás, procurava obter mediante a mobilização de autores como Gaston Bachelard, Jean Piaget, Karl Popper, Thomas Kuhn, Jürgen Habermas, Michel Foucault, Pierre Bourdieu, Boaventura de Sousa Santos e, até mesmo, Georges Canguilhem.[103] Analogamente, Commaille (2010a), inspirado em Immanuel Wallerstein, alude à necessidade de promoção de uma "cultura da ciência social" em lugar das divisões disciplinares convencionais.[104]

De todo modo, apesar de todas as dificuldades ínsitas à realização da pesquisa jurídica interdisciplinar, não é possível desconsiderar os expressivos esforços que se desenvolvem nesse sentido e os instigantes resultados que deles derivam. Logo, desde que tomadas as precauções para se evitar um "ecumenismo ingênuo", a promoção de uma "pesquisa de complementaridades", nos termos em que Commaille (2015; 2016) a define, afigura-se muito frutífera. Aliás, alguns temas, em virtude de sua complexidade, fazem com que uma abordagem desse tipo, em que a interação entre diversos campos disciplinares permite o enriquecimento da análise, torne-se indispensável.[105] Hardt e Negri (2000), por exemplo, em

[102] A respeito, ver: Villas Bôas Filho (2018b).

[103] Arnaud (1992) analisa em profundidade essa questão.

[104] Quanto a essa questão, ver, especialmente, Wallerstein (1999).

[105] Nesse particular, à guisa de exemplo, poder-se-ia indagar acerca da possibilidade de enfocar adequadamente temas como o "pluralismo jurídico", os direitos humanos, as relações entre direito e política, as "formas alternativas de resolução de conflito", o impacto da globalização sobre a regulação jurídica ou a "governança", sem conjugar aportes das análises antropológica, sociológica, política e histórica. No que tange a esses temas, trabalhos de maior sofisticação sugerem justamente a necessidade da interdisciplinaridade. A respeito, em caráter meramente ilustrativo, ver: Arnaud (1997; 1998a; 2003; 2004; 2014), Commaille (2015), Delmas-Marty (2006; 2010), Doise (2001), Eberhard (2001; 2002;

uma expressiva obra conjunta, ao realçarem a complexidade do assunto de que tratam – o império –, sustentam a necessidade de assunção de uma perspectiva interdisciplinar, salientando, inclusive, a tendência de desmoronamento das compartimentalizações disciplinares.[106]

Nessa perspectiva, Arnaud e Fariñas Dulce (1998, p. 109) salientam que o desenvolvimento de um projeto científico interdisciplinar teria a capacidade de conduzir à promoção de uma "tolerância mútua", de uma "compreensão" mais efetiva e de uma "superação" (*dépassement*) da cultura jurídica formalista, legalista e estatista que remanesce tributária da "racionalidade" própria a uma concepção criticável de modernidade. Desse modo, sustentam que o consórcio entre pesquisadores das mais diversas áreas das ciências sociais permitiria a construção de um projeto de pesquisa comum capaz de superar desgastadas polêmicas que vicejam relativamente ao direito.

2.2. Os desafios da pesquisa interdisciplinar: a superação da cacofonia e da caricatura

Como mencionado, Arnaud (1992) empreende uma expressiva análise das dificuldades enfrentadas pela pesquisa interdisciplinar. Para ele, o problema fundamental nessa seara consiste no fato de os pesquisadores de disciplinas distintas tenderem a constituir o objeto de análise segundo o cânon de suas respectivas áreas de proveniência. Nesse sentido, Arnaud (1992) diagnostica, com muita acuidade, uma situação de verdadeira "cacofonia" no âmbito dos "estudos sociojurídicos".[107] Analogamente,

2004; 2010), Hespanha (2007; 2012), Le Roy (1998; 1999; 2007; 2017), Moore (2014), Rouland (1988; 1995; 2003), Santos (2003), Vanderlinden (2013). Para uma abordagem dessas questões, no Brasil, mediante a mobilização desses autores, ver: Villas Bôas Filho (2014; 2015a; 2015b; 2016a; 2016b; 2017a; 2018a; 2018b; 2019c; 2020a; 2020c; 2021b).

[106] Hardt e Negri (2000, p. xvi) afirmam que "in writing this book we have tried to the best of our abilities to employ a broadly interdisciplinary approach. Our argument aims to be equally philosophical and historical, cultural and economic, political and anthropological. In part, our object of study demands this broad interdisciplinarity, since in Empire the boundaries that might previously have justified narrow disciplinary approaches are increasingly breaking down".

[107] Diagnosticando a situação de "cacofonia" no âmbito dos "estudos sociojurídicos", Arnaud (1992) ressalta que o principal obstáculo para a implementação da pesquisa inter-

Campilongo (2000a, p. 18), aludindo, aliás, à perspectiva de André-Jean Arnaud, também assevera, e com razão, que "o trabalho de colaboração interdisciplinar nas pesquisas jurídicas constantemente revela um 'sentimento de impotência de como controlar a complexidade de um fenômeno ou de uma realidade que cada um aborda com uma linguagem diferente'". Em uma situação como essa, é possível sustentar que, em vez de diálogo, geralmente observa-se o entrechoque de monólogos, ou seja, ruído.[108]

Por outro lado, ao se tentar elidir essa situação de cacofonia, é preciso também evitar que a pesquisa interdisciplinar redunde em uma "hibridação temerária de métodos" da qual deriva o "ecumenismo ingênuo" criticado por Commaille (2016), uma vez que isso resultaria em uma caricatura das disciplinas em interação. A respeito, Caillosse (2011) alerta para o risco da mistura indiscriminada de gêneros de análise, mediante a celebração acrítica da hibridação metodológica. Para esse autor, não obstante as fronteiras disciplinares possam, comumente, parecer esclerosadas e contraproducentes, o fato é que a vontade ingênua de as abolir seria insensata na medida em que poderia produzir um território intelectual totalmente desestruturado e desprovido de consistência.[109] Logo, apesar de seu caráter profícuo, a interdisciplinaridade não deve ensejar a desconsideração da especificidade das perspectivas postas em interação.

disciplinar estaria na impossibilidade de consenso na apreensão do objeto (direito) por parte de analistas oriundos de campos disciplinares diversos que, naturalmente, constituí-lo-iam segundo os cânones de suas respectivas formações disciplinares. Assim, Arnaud (1992, p. 25) afirma que "la pierre sur laquelle achoppa et achoppe encore l'interdisciplinarité consiste dans l'impossibilité qu'on les tenants des diverses disciplines, de s'entendre sur l'objet – Droit. Chacun le constitue selon les canons propres à sa formation disciplinaire. Pour l'instant, c'est encore la cacofonie".

108 Cf. Villas Bôas Filho (2019c).

109 Segundo Caillosse (2011, p. 204), "il n'a nullement été question de mélanger les genres ou de célébrer, pour elles-mêmes, les vertus de l'hybridation méthodologique! Autant les cloisonnements disciplinaires apparaissent souvent sclérosants et contre-productifs, autant la volonté naïve de les abolir serait proprement insensée: elle laisserait voir un territoire intellectuel déstructuré et dépourvu de toute consistance. L'essentiel ne doit surtout pas être oublié: il appartient à chaque discipline scientifique de déterminer son objet, du seul point de vue des questions qu'elle se pose et des méthodes qu'elle privilégie pour les mettre à jour".

Todavia, não se pode desconsiderar que a possibilidade de a pesquisa interdisciplinar redundar em cacofonia ou caricatura decorre das dificuldades inerentes a essa empreitada.[110] Preliminarmente, como ressaltam Bailleux e Ost (2013), a prática interdisciplinar sempre pode se desvirtuar quando uma das disciplinas em interação assume posição central e instrumentaliza as demais.[111] A propósito, justamente por esse motivo, Arnaud e Fariñas Dulce (1998, p. 162), ao conceberem os "estudos sociojurídicos" como um campo de pesquisa interdisciplinar, afirmam que "quem diz colaboração diz equilíbrio" (*qui dit collaboration dit equilibre*). Além disso, é importante considerar o fato de que a apropriação que os juristas realizam de aportes provenientes de outras áreas não deve fazer com que eles percam de vista a especificidade de sua própria perspectiva. Assim, como notam Dumont e Bailleux (2010), por mais que o jurista se torne apto a explorar e se apropriar de estudos provenientes das ciências sociais, isso não implica que ele reproduza o tipo de pesquisa desenvolvido nessas respectivas áreas.[112]

Essa última questão conduz à necessidade de considerar a especificidade assumida pelos aportes provenientes das ciências sociais no âmbito

[110] Como observam Ost e Kerchove (1991, p. 78), a interdisciplinaridade, apesar de suas vantagens (especialmente quando comparada com a multidisciplinaridade/pluridisciplinaridade ou com a transdisciplinaridade), é "relativamente instável". Sobre essa questão, ver: Villas Bôas Filho (2018b; 2019c).

[111] Segundo Bailleux e Ost (2013, p. 43), a "prática interdisciplinar" sempre corre o risco e ser instrumentalizada a serviço de uma única disciplina que, assumindo uma posição de centralidade, remete as demais a uma posição "ancilar".

[112] Dumont e Bailleux (2010, p. p. 286) asseveram, com razão, que "la construction d'une science du droit interdisciplinaire et critique aussi ambitieuse appelle la collaboration notamment des juristes, des politologues, des sociologues et des philosophes. Pour mener à bien une approche scientifique du droit réellement externe, tout étant avertie du point de vue interne, il faut être un théoricien du droit professionnel capable de jongler aussi bien avec la doctrine juridique qu'avec au moins certains des paradigmes de la sociologie, de la science politique et de la philosophie. Le juriste auquel nous nous adressons et que nous sommes nous-mêmes ne présente pas ce profil. Il ne peut donc prétendre contribuer à la construction de cette science du droit que par des ouvertures limitées vers les sciences sociales, au départ de son approche qui sera d'abord et principalement d'ordre juridique, c'est-à-dire menée du point de vue interne à celui-ci". A respeito, ver: Villas Bôas Filho (2018b; 2019c).

da pesquisa jurídica. Nesse particular, é fundamental ter clareza de que, ao mobilizarem distintos enfoques, os juristas (que não costumam ter formação interdisciplinar) os ressignificam diante do manejo que deles fazem. É por esse motivo que Dumont e Bailleux (2010) sustentam a ideia de "aberturas limitadas" por intermédio das quais a perspectiva jurídica seja capaz de se beneficiar de teorias, métodos e conceitos das ciências sociais, sem que isso, entretanto, implique a desconsideração do perfil das pesquisas postas em interação.[113] Por conseguinte, não cabe ao jurista efetuar um simples exercício de mimetismo estéril relativamente ao que se desenvolve em outras áreas, pois isso o conduziria a descambar para uma banalização caricata daquilo que nelas se realiza. Ao contrário, para ser sólida, a construção de um campo de estudo interdisciplinar que tenha por objeto a regulação jurídica precisa ter em conta o terreno pantanoso em que deita seus alicerces.[114]

2.3. Premissas ao desenvolvimento da pesquisa interdisciplinar consistente: a superação dos "modelos ingênuos" mediante a assunção de uma perspectiva construtivista

Em uma análise que abrange relevantes aspectos epistemológicos concernentes ao conhecimento do direito, Bailleux e Ost (2013) criticam as perspectivas teóricas que, presas a pressupostos ontológicos, concebem a realidade como composta por domínios previamente estabelecidos e dotados de suposta essencialidade. Assim, para tais perspectivas, o direito é compreendido como um dado natural a ser apreendido e descrito a partir de suas qualidades intrínsecas. Entretanto, sublinhando que cada disciplina constrói o real de acordo com o seu ponto de vista, os autores rejeitam essas concepções essencialistas. Para tanto, contrastam o que designam como "modelo ingênuo de monodisciplinaridade" (*modèle naïf de la monodisciplinarité*) e "modelo ingênuo de interdiscipli-

[113] Dumont e Bailleux (2010, p. 286-287) destacam que "ces ouvertures, à condition qu'elles soient rigoureuses et articulées avec l'approche doctrinale sans confusion des genres, n'en devraient pas moins être très précieuses aussi bien pour l'enrichissement qu'elles procurent au travail doctrinal que pour les ponts qu'elles bâtissent avec les sciences sociales dans la perspective de cette science du droit-carrefour interdisciplinaire".

[114] Cf. Villas Bôas Filho (2018b; 2019c).

naridade" (*modèle naïf de la interdisciplinarité*) com o que denominam de "modelo crítico de monodisciplinaridade" (*modèle critique de monodisciplinarité*) e "modelo crítico de interdisciplinaridade" (*modèle critique de l'interdisciplinarité*).[115] É possível afirmar que, subjacente a esse contraste, está a seguinte questão formulada por Arnaud (1988, 1992 e 1998b): seria o direito estruturado *ab initio* ou sua estruturação decorreria de uma "razão estruturante"?

Conforme Bailleux e Ost (2013), a característica fundamental dos "modelos ingênuos" – tanto monodisciplinar como interdisciplinar – é a pressuposição do objeto de análise como um dado natural estabelecido *a priori*. Nessa perspectiva, tanto "direito" como "sociedade" seriam considerados imanentes à realidade e, por isso, dotados de certa essencialidade a ser apreendida pelas abordagens científicas, motivo pelo qual ao objeto "direito", já previamente dado, corresponderia uma "ciência do direito" e à "sociedade", também concebida como dotada de uma substancialidade natural, corresponderiam as "ciências sociais". Arnaud (1992, p. 21) designa essa tendência de assunção de pressupostos ontológicos, por parte dos analistas, de "epistemologia positivista" e enfatiza a dificuldade de, a partir dela, implementar-se uma efetiva articulação interdisciplinar.[116]

[115] Bailleux e Ost (2013), referindo-se a autores como Niklas Luhmann, Gunther Teubner e Julien Pieret, ressaltam que cada disciplina se vocaciona a enfocar as coisas a partir do seu ponto de vista, motivo pelo qual não existe um "objeto em si", mas apenas um objeto "direito", construído pelas ciências jurídicas ou pelas ciências econômicas, pela antropologia etc. Assim, Bailleux e Ost (2013, p. 37) asseveram que "chaque discipline a vocation à parler de tout de son point de vue, de sorte qu'il n'y pas d'objet en soi, mais seulement un objet 'droit' construit par les sciences juridiques, ou par les sciences économiques, ou par les sciences anthropologiques". Acerca dos autores citados por Bailleux e Ost (2013), ver, por exemplo: Luhmann (1990b; 2001; 2004 [1993]; 2014 [1972]), Pieret (2013), Teubner (1989a; 1989b). No que concerne às perspectivas de François Ost, Antoine Bailleux e Hugues Dumont relativamente à questão da interdisciplinaridade, ver: Villas Bôas Filho (2018b; 2019c).

[116] A respeito, Arnaud (1992, p. 21) ressalta que "l'épistémologie positiviste est fondée sur quelques axiomes qui ne permettent pas de franchir le fossé qui existe entre le Droit et les sciences sociales. Ontologiquement, l'épistémologie positiviste postule à la fois la dualité de l'objet et du sujet, et la réalité du réel. Le but de la science consiste ainsi à découvrir la vérité en décrivant la réalité conçue comme expérience sensible. [...] Selon le

Em lugar desses "modelos ingênuos", Bailleux e Ost (2013) propõem o que chamam de "modelos críticos" de monodisciplinaridade e de interdisciplinaridade. Na visão desses autores, o que fundamentalmente diferencia os modelos "ingênuos" dos "críticos" é o construtivismo radical que caracteriza estes últimos. Assim, os "modelos críticos" partem da premissa de que cada ciência não apenas cria o seu objeto, mas também a imagem do que o envolve, ou seja, de seu contexto.[117] Nessa perspectiva, segundo Bailleux e Ost (2013, p. 39), a inocência dos "modelos ingênuos" seria superada em virtude de dois aspectos fundamentais e reciprocamente relacionados: a) o fato de cada disciplina tomar consciência de que ela é inevitavelmente conduzida a afirmar algo acerca do contexto de seu objeto de análise, uma vez que este não é concebido como um dado natural fixado *a priori*; b) o caráter convencional (e, portanto, inexoravelmente situado) do que cada disciplina pode dizer acerca do contexto do objeto por ela enfocado.

Não cabe aqui discutir a integralidade da proposta de Bailleux e Ost (2013), mas apenas o que, na visão deles, configuraria um modelo consequente de interdisciplinaridade, caracterizado, como visto, pela assunção de uma perspectiva construtivista que renuncia a postulados ontológicos. Uma análise consequente dessa questão demandaria a tematização dos fundamentos epistemológicos necessários à passagem dos modelos "ingênuos" aos "críticos", o que, entretanto, exigiria digressões incompatíveis com os limites e os propósitos aqui consignados. À guisa de mera referência, vale notar que, ao contrastar o que designa como "epistemologia positivista" e "epistemologia constitutiva", Arnaud (1992) sintetiza magistralmente o que está implicado em tal passagem, destacando, especialmente, os seguintes aspectos: a) o pressuposto de Gaston Bachelard de que nada é dado, e sim construído; b) a representatividade da expe-

postulat déterministe, qui est également au fondement de l'épistémologie positiviste, le réel est susceptible de connaissance, l'univers fonctionnant selon des lois qu'il convient seulement de découvrir pour parvenir à la science parfaite".

[117] Referindo-se a esses "modelos críticos", Bailleux e Ost (2013, p. 39) afirmam que neles cada ciência cria não apenas o seu objeto, mas também uma imagem do que o envolve, ou seja, o seu "contexto". A respeito, ver, especialmente: Arnaud (2013) e Commaille (2013).

riência no lugar do "postulado da realidade da realidade"; c) a substituição do princípio da objetividade pelo da projetividade.

2.4. A interdisciplinaridade como abertura dos juristas aos aportes das "ciências sociais"

Dumont e Bailleux (2010), enfatizando os aportes indispensáveis das ciências sociais para a compreensão do fenômeno jurídico, propõem o que denominam de "esboço de uma teoria das aberturas interdisciplinares acessíveis aos juristas". Ao enfocarem a possibilidade de uma abertura interdisciplinar realista, os autores realçam a importância de os juristas se servirem de estudos desenvolvidos na antropologia, na filosofia, na história, na ciência política e na sociologia para o enriquecimento de suas próprias análises. Entretanto, Dumont e Bailleux (2010) ressaltam que essa apropriação não deve conduzir à suposição de que os juristas tornar-se-iam capazes de realizar, por si mesmos, estudos de maior relevância no âmbito das diversas disciplinas das quais se valem.[118] Explorar aportes de outras áreas não implica converter-se em antropólogo, economista, filósofo, historiador, cientista político ou sociólogo, mas desenvolver uma abordagem que, beneficiada pela interdisciplinaridade, seja capaz de enfocar a regulação jurídica de forma mais consistente.

Nesse sentido, pretendendo esboçar uma "ciência interdisciplinar e crítica do direito", Dumont e Bailleux (2010, p. 277) procuram distinguir três "círculos concêntricos": direito, como objeto de estudo; doutrina jurídica; e ciência do direito. Não se trata aqui de reconstruir a proposta dos autores, mas apenas de sublinhar o quanto a "ciência do direito", por eles proposta como expressão do terceiro "círculo concêntrico", que aos dois primeiros abrange, é tributária de uma perspectiva interdisciplinar. Dumont e Bailleux (2010) são, aliás, taxativos em salientar que, em opo-

[118] Nesse particular, Dumont e Bailleux (2010) enfatizam que o jurista deve ter em conta que a incursão que ele faz pelos estudos sociológicos, políticos, históricos ou filosóficos não o habilita a supor que esteja em condições de, por si próprio, realizar um trabalho de maior relevo em cada um desses domínios disciplinares. Desse modo, Dumont e Bailleux (2010, p. 276-277) ressaltam que cabe ao jurista "comprendre et exploiter des études sociologiques, politologiques, historiques ou philosophiques, sans pour autant supposer qu'il serait capable de faire lui-même en première ligne un travail relevant de ces disciplines".

sição a uma visão que qualificam de "positivista" – e, como tal, portadora de uma tematização monodisciplinar do direito –, a "ciência do direito" por eles propugnada deveria assumir uma metodologia crítica e interdisciplinar.[119] Tratar-se-ia, assim, de uma abordagem que, para os autores, consignaria um "ponto de vista externo" que, apesar de se ligar a uma finalidade essencialmente cognitiva e não prática, levaria em consideração seriamente o "ponto de vista interno" da doutrina (segundo "círculo concêntrico").[120] Tal empreitada, entretanto, demandaria, como destacam Dumont e Bailleux (2010), a colaboração entre juristas, filósofos, politólogos, sociólogos etc.[121] É nesse sentido que, inspirados pela obra de André-Jean Arnaud, Dumont e Bailleux (2010, p. 287) aludem à ideia de uma "ciência do direito como encruzilhada interdisciplinar" (*science du droit-carrefour interdisciplinaire*).

2.5. Os "estudos sociojurídicos" como campo interdisciplinar

Arnaud (1988; 1992; 1998b) propõe a construção de um "carrefour interdisciplinaire" para o estudo do direito com a pretensão de promover a pesquisa interdisciplinar mediante a constituição de uma linguagem

[119] A respeito, Ost e Kerchove (1991, p. 78) consideram que, no bojo de uma "ciência interdisciplinar do direito" (*science interdisciplinaire du droit*), a teoria do direito seria chamada a desempenhar um papel determinante que consiste em operar uma aproximação ou mesmo tradução de dois "jogos de linguagem" em interação: de um lado, o da dogmática e, de outro, o das ciências sociais. Apesar de partir de outros pressupostos, Luhmann (2004 [1993]) propõe algo semelhante. Para uma análise introdutória da relação entre sociologia jurídica, teoria do direito e dogmática jurídica no pensamento de Niklas Luhmann, ver: Gonçalves e Villas Bôas Filho (2013).

[120] Para uma análise que, no âmbito da discussão francesa, porém com forte influência do pensamento de Herbert L. A. Hart, contrasta "doutrina jurídica" e "ciência jurídica", ver: Chevallier (2002). A respeito, ver também: Arnaud (1986) e Ost e Kerchove (1991).

[121] Para Dumont e Bailleux (2010, p. 286), a construção de uma "ciência do direito interdisciplinar e crítica" demanda a colaboração de juristas, politólogos, sociólogos e filósofos. Segundo eles, para a implementação de uma abordagem científica do direito realmente externa que, entretanto, não desconsidere o "ponto de vista interno", é necessário ser um teórico do direito capaz de "equilibrar" a "doutrina jurídica" e os aportes provenientes de certas concepções paradigmáticas da sociologia, da ciência política e da filosofia.

comum, sobre um mesmo objeto e com um propósito também comum.[122] Aliás, é possível afirmar que a sua obra se afigura como um "modelo de interdisciplinaridade", tal como sublinha Ost (2016), ou como expressão paradigmática do que Commaille (2016) denomina "pesquisa de complementaridades".[123] Por conseguinte, a empreitada do autor de *Critique de la raison juridique* na construção de um campo de pesquisa interdisciplinar encontra nos "estudos sociojurídicos" seu âmbito próprio de desenvolvimento. De acordo com Arnaud (1991b; 1992; 1998b), além de representar o campo privilegiado para a pesquisa interdisciplinar, a "sociologia jurídica" ou "estudos sociojurídicos" possibilitariam a elaboração de uma investigação distinta da pura teorização e do dogmatismo estéril.[124]

Assim, com o objetivo de conceber os "estudos sociojurídicos" como um campo de pesquisa interdisciplinar, Arnaud e Fariñas Dulce (1998, p. 161) mobilizam três hipóteses. Em primeiro lugar, ressaltam que esse campo constituiria um âmbito que congrega as investigações de pesqui-

[122] Referindo-se a esse projeto, Arnaud (1988, p. 7; 1998b, p. 77) sustenta que se trata da elaboração das "linhas gerais" de uma "teoria do direito e da sociedade" que permita aos juristas e aos pesquisadores das ciências sociais trabalharem com uma "linguagem comum" sobre um "objeto comum" e visando um "objetivo comum". Vale notar que Arnaud (1991b) procurou introduzir essa questão na discussão brasileira mediante sua incorporação a uma coletânea de artigos que publicou em português. Condé (2015) e Villas Bôas Filho (2019a) procuram indicar essa empreitada como orientação central do projeto editorial da revista *Droit et Société*.

[123] A respeito, Commaille (2015, p. 24), referindo-se à sua própria trajetória, declara-se militante de uma pesquisa "pluridisciplinar" ou mesmo "interdisciplinar". Propõe, assim, o que nomeia como "pesquisa de complementaridade" (*recherche de complémentarité*) (COMMAILLE, 2016, p. 12). Trata-se de uma especificidade que aproxima a sua perspectiva da de Luhmann, que também sustenta a importância da interdisciplinaridade. Aliás, as parcas referências que Luhmann (2004 [1993]) faz a Arnaud em sua obra concernem justamente a esse ponto.

[124] Segundo Arnaud (1992, p. 18), a disciplina a partir da qual os pesquisadores podem vir a escapar tanto da "pura teorização" como do "dogmatismo estéril" estaria localizada nos confins da política, da psicologia, da sociologia e da ciência jurídica, e designar-se-ia, conforme o contexto acadêmico, como "sociologia do direito", "sociologia jurídica", "estudos sociojurídicos", *Socio-legal studies, Law and Society studies* ou *Law in context.* No mesmo sentido, ver: Arnaud e Fariñas Dulce (1998) e Arnaud (1994; 2013). Israël (2008) aponta posicionamento análogo em Roger Cotterrell.

sadores provenientes de distintas formações disciplinares. Em segundo lugar, sustentam que a "descoberta" do "território" recoberto por esses estudos é balizada pela perspectiva do pesquisador, tendo em conta o local em que este, como observador, situa-se. Por fim, asseveram a possibilidade de que esse "território" possa ser considerado cientificamente como um "campo" (*champ*) no sentido em que as ciências sociais o definem.[125] Assumindo essas hipóteses como premissas na configuração desse gênero de estudos, Arnaud e Fariñas Dulce (1998) salientam a interdisciplinaridade como sua característica fundamental.

Nesse sentido, Arnaud (1992; 1994) sustenta que a expressão "estudos sociojurídicos" englobaria, genericamente, o conjunto dos pesquisadores interessados em uma "abordagem social do direito". Logo, os "estudos sociojurídicos" constituiriam um tipo de sociologia jurídica renovada, na qual as dimensões econômica e política seriam adicionadas às reivindicações realistas dos primeiros sociólogos jurídicos.[126] Entretanto, segundo o autor, essa "abordagem social do direito" demandaria uma "ruptura epistemológica", no sentido em que Gaston Bachelard a concebe.[127] Para explicitar o que nela está implicado, Arnaud (1992) contrapõe o que denomina de "epistemologia positivista" (consistente na atitude de técnicos a serviço de estratégias cujos propósitos lhes escapam) e de "epistemologia constitutiva" (que, em seu entendimento, seria suscetível de franquear acesso à realidade social com a qual os juristas se confrontam). Não cabe aqui enveredar pelo exame que Arnaud (1992) faz desses dois tipos de epistemologia. Para os objetivos aqui consigna-

[125] No que tange a essa última hipótese, é evidente a influência do pensamento de Pierre Bourdieu sobre Arnaud e Fariñas Dulce (1998, p. 165) que, aliás, a ele se referem ao qualificarem os "estudos sociojurídicos" como um "campo aberto" (*champ ouvert*). Acerca da noção de campo, tal como a concebe o autor de *La distinction*, ver, especialmente: Bourdieu (2002 [1984]; 2022).

[126] Nesse particular, a alusão à "jurística" de Henri Lévy-Bruhl é muito elucidativa. A respeito, ver: Lévy-Bruhl (1950). Para uma análise, em português, da "jurística" que, enfocando a sua preocupação com a interdisciplinaridade, explora suas afinidades com a perspectiva de André-Jean Arnaud, ver: Villas Bôas Filho (2019d; 2020b).

[127] Vale notar que Arnaud (1992), referindo-se à ideia de "ruptura epistemológica", também alude a Michel Miaille, Louis Althusser, Étienne Balibar, Nicos Poulantzas, Thomas Kuhn, Karl Popper e Georges Canguilhem.

dos, cumpre apenas notar que, para Arnaud (1992), somente o segundo deles, dado o seu caráter construtivista, propiciaria o desenvolvimento de uma pesquisa verdadeiramente interdisciplinar.[128]

No entanto, conforme Arnaud (1992), a interdisciplinaridade não é algo simples de desenvolver. Ao contrário, a sua efetiva implementação enfrenta reptos muito significativos. Segundo Arnaud (1992), o maior entrave à realização de uma perspectiva efetivamente interdisciplinar consistiria na dificuldade que os pesquisadores, egressos de campos disciplinares distintos, teriam para chegar a um acordo acerca do que é o "direito" como objeto, uma vez que cada um tende a apreendê-lo a partir dos cânones próprios à sua formação disciplinar. Decorre daí, aliás, o seu diagnóstico nada alentador de que, no contexto atual, mais do que interdisciplinaridade, observar-se-ia uma espécie de "cacofonia". Essa situação, explicitada por Arnaud (1992), tendo por referência o contexto europeu de há mais de um quarto de século, infelizmente grassa no Brasil de hoje, onde, quando existente, o que se observa é, geralmente, o que pode ser designado como "interdisciplinaridade de pacotilha".[129]

Assim, visando incentivar o desenvolvimento dos "estudos sociojurídicos" como um "campo de pesquisa interdisciplinar", Arnaud e Fariñas Dulce (1998) renunciam à estruturação de uma disciplina como local de fundação da pesquisa interdisciplinar, preferindo referir-se a um "campo de estudos" no qual poderiam interagir perspectivas múltiplas de tema-

[128] De acordo com Arnaud (1992, p. 26), para além das divisões disciplinares, seria urgente encontrar novos fundamentos epistemológicos para uma "ciência" cujo objeto não poderia ser determinado com precisão a partir dos dados de uma "epistemologia positivista". Como visto, o autor procura mapear o delineamento desses novos fundamentos epistemológicos em autores como Gaston Bachelard, Jean Piaget, Karl Popper e Thomas Kuhn, Jürgen Habermas, Michel Foucault e Pierre Bourdieu. A respeito, Lugan (2012, p. 104), baseando-se fundamentalmente em Gaston Bachelard, ressalta que para uma "epistemologia positivista" tudo é dado pela "realidade dos objetos estudados". Nessa perspectiva, o "positivo" é igual ao "real". Por outro lado, para a "epistemologia construtivista", o conhecimento é construído pelo "modelizador". Logo, nada é pressuposto, ou seja, nada é dado. Tudo é construído (*rien ne va de soi. Rien n'est donné, tout est construit*). A respeito, ver também: Teubner (1989a).

[129] Sobre essa questão, ver: Villas Bôas Filho (2018b; 2019c). Aliás, vale notar que Rouland (2018), a partir de uma abordagem franco-brasileira, tem razão ao afirmar que a interdisciplinaridade se afigura, nesses contextos, frequentemente como um mero *slogan*.

tização da regulação jurídica.[130] Por conseguinte, tornar-se-ia possível a conjugação estruturada dos mais diversos ângulos de abordagem da regulação jurídica, tais como os da história, da sociologia, da ciência política, da psicologia, da economia, da antropologia, da psicologia social etc. Despiciendo ressaltar que a interação equilibrada dessas diversas perspectivas permitiria, como decorrência, tornar mais sofisticada a análise sociojurídica.[131] Portanto, os "estudos sociojurídicos" poderiam ser caracterizados como uma espécie de "mercado comum entre as ciências sociais", tal como concebido por Braudel (1958, p. 726).

Cumpre notar, ainda, que a caracterização dos "estudos sociojurídicos" como um campo, no sentido em que o concebem autores como Kurt Lewin e Pierre Bourdieu,[132] além de incentivar a pesquisa interdisciplinar, permite expandir a juridicidade para além do horizonte fixado pelos juristas positivistas. É nesse sentido que Arnaud e Fariñas Dulce (1998) salientam que o campo recoberto pelos "estudos sociojurídicos" não estaria restrito apenas ao "direito" (*droit*), tal como definido pelos juristas, de modo a abarcar também os "sistemas jurídicos" (*systèmes juridiques*), que,

[130] Referindo-se à possibilidade de desenvolvimento de pesquisas interdisciplinares, Arnaud e Fariñas Dulce (1998, p. 162-163) propõem deixar de lado a elaboração de uma "disciplina" e, em lugar disso, sustentam que seria mais adequado falar de um "campo de estudos" no qual interviriam "olhares cruzados" (*des regards croisés*). Contudo, como visto, segundo Bailleux e Ost (2013, p. 43), a "prática interdisciplinar" está sempre ameaçada de instrumentalização por uma disciplina que se coloca impõe hegemonicamente às demais, relegando-as a uma posição ancilar. Daí a necessidade de equilíbrio enfatizada por Arnaud e Fariñas Dulce (1998, p. 162). A respeito, ver também: Dumont e Bailleux (2010), Ost e Kerchove (1991), Commaille (1988) e Campilongo (2000a).

[131] No contexto francês, essa empreitada é muito bem ilustrada pelas obras de André-Jean Arnaud e de Jacques Commaille, cofundadores do *Réseau Droit et Société*. A respeito, ver, especialmente: Arnaud (1969; 1973; 1975; 1981; 1991b; 2003; 2004) e Commaille (1994; 2015). No Brasil, ver, especialmente: Faria (1988; 2002a; 2002b; 2010; 2018) e Campilongo (2000a; 2000b; 2002; 2011; 2012).

[132] Arnaud e Fariñas Dulce (1998), ao caracterizarem a evolução do conceito de campo nas ciências sociais, aludem aos pensamentos de Jean Carbonnier, Kurt Lewin e, especialmente, ao de Pierre Bourdieu. No que tange ao "campo jurídico", ver: Bourdieu (1986a; 1986b; 1991; 1993; 2012; 2022). Acerca do "campo jurídico" no pensamento de Pierre Bourdieu, ver, especialmente: Arnaud (1998b), García Villegas (2004; 2015), Gubentif (2010), Lascoumes e Le Bourhis (1996), Lenoir (2004), Sckell (2016). No que tange ao Estado, ver: Lenoir (2012b), Villas Bôas Filho (2021c).

segundo eles, consistiriam em modos de regulação e de resolução de conflitos, com qualidade jurídica, que, entretanto, não seriam propriamente o "direito", entendido como um "sistema jurídico" especial, uma vez que posto e imposto por uma autoridade legítima.[133] Aliás, a assunção da distinção entre "direito" e "sistemas jurídicos" – assim como a pressuposição de que estes estão em interação, muitas vezes conflitiva e concorrencial, em um "campo jurídico vulgar" (*champ juridique vulgaire*) – faz com que o âmbito de abrangência dos "estudos sociojurídicos" seja bem mais amplo do que aquele englobado pela pesquisa jurídica convencional.[134]

Arnaud (2013) também sustenta que os "estudos sociojurídicos", justamente por não estarem adstritos à análise do direito positivo, preocupam-se com o contexto no qual a regulação jurídica se inscreve. Por conseguinte, Arnaud (2013) ressalta que as relações mantidas pelo direito, entendido como um sistema "posto e imposto" por uma autoridade legítima, com as "forças de mudança social" também passam a ser objeto de consideração. Nessa perspectiva, torna-se particularmente relevante discutir se o direito se afigura como "fonte", "afluente", "aluvião" ou "desembocadura" das "mudanças sociais".[135] Segundo Arnaud (2013), o direito se apresenta como "fonte" de tais mudanças quando modificações no seu arcabouço regulatório ensejam transformações sociais. Contudo, ele também pode ser a "desembocadura" de reivindicações que, uma vez positivadas, passam a integrá-lo. Além disso, em uma figura de linguagem muito expressiva, Arnaud (2013) sustenta que o direito também poderia ser visto como um "afluente", ou seja, um curso d'água que, sendo levado rio abaixo, desaguaria em outros córregos mais amplos que, no jargão das ciências sociais e jurídicas, são comumente chamados de "regulações".

133 A respeito, ver, sobretudo: Arnaud (1981; 1989; 1993a) e Arnaud e Fariñas Dulce (1998).

134 Arnaud (1993a, p. 160), em termos sintéticos, afirma que o "campo jurídico vulgar" (*champ juridique vulgaire*) pode ser definido como o das transformações pacíficas de elementos de um imaginário em elementos jurídicos. A respeito, ver também: Arnaud (1989). Para um sucinto contraste entre Arnaud e Bourdieu acerca dessa noção, ver: Capeller (2015) e Villas Bôas Filho (2019e).

135 Como ressalta Arnaud (2013, p. 50), "il s'agit alors de se demander quels rapports le droit doit entretenir avec les forces de changement social. Selon l'opportunité, ou tout à la fois, le droit se trouve être « source », « affluent », « alluvion », aussi bien qu'un « aboutissement » des changements sociaux".

Nessa hipótese, ele depositaria "aluviões", depósitos que se sedimentam e passam a formar camadas que não podem ser ignoradas pelos juristas e, principalmente, pelos legisladores em eventuais reformas legislativas futuras.

2.6. A obra de André-Jean Arnaud, um exemplo de interdisciplinaridade

Como visto, a pesquisa interdisciplinar se afigura como um imperativo diante da complexidade da sociedade contemporânea, uma vez que, ao promover um entrecruzamento rico e variado de perspectivas, enseja uma compreensão mais adequada de questões intrincadas que não seriam devidamente apreendidas a partir de abordagens convencionais, atreladas aos cânones de um único domínio disciplinar. Nessa perspectiva, o campo dos estudos sociojurídicos, tal como Arnaud e Fariñas Dulce (1998) o definem, constituiria a seara adequada para o tratamento de regulação jurídica em sua complexa conformação atual. Nesse sentido, mobilizando-se, especialmente, a análise de Ost e Bailleux (2013), procurou-se ressaltar que a superação dos "modelos ingênuos", fundados em pressupostos ontológicos, mediante a assunção de uma perspectiva construtivista que conduz à elaboração de "modelos críticos", é fundamental ao desenvolvimento dessa empreitada.

No entanto, com o intuito de destacar os limites da pesquisa interdisciplinar, foi feita uma breve alusão à proposta de Dumont e Bailleux (2010) de esboçar "uma teoria das aberturas interdisciplinares acessíveis aos juristas" em que os autores procuram delinear o que seria uma "abertura interdisciplinar realista". Apesar de enfatizarem a importância de os juristas se valerem de estudos desenvolvidos nas mais variadas áreas das ciências sociais para o enriquecimento de suas próprias análises, Dumont e Bailleux (2010) salientam que essa apropriação não implica supor que eles (juristas) possam desconsiderar a especificidade de sua perspectiva e imaginar que desenvolverão, por si mesmos, estudos de maior relevância no âmbito das diversas disciplinas pelas quais transitam. Sem reconstruir mais pormenorizadamente a proposta de uma "ciência interdisciplinar e crítica do direito", procurou-se explicitar que tais autores inspiram-se especialmente em Arnaud (1988; 1992).

Feitas essas considerações, evidencia-se a relevância da perspectiva de Arnaud e Fariñas Dulce (1998) para o desenvolvimento de análises críticas mais sofisticadas da regulação jurídica. Isso ocorre porque a caracterização dos "estudos sociojurídicos" como um campo interdisciplinar em que contribuições provenientes das mais diversificadas áreas das ciências sociais podem ser apropriadas pelos juristas, além de estimular a prática da interdisciplinaridade, permite expandir a juridicidade para além do horizonte fixado pelos juristas positivistas, de modo a incentivar a explicitação de seu enraizamento social.[136] Nesse particular, a obra de André-Jean Arnaud, articulando aportes provenientes dos mais diversos domínios disciplinares, constitui um exemplo inspirador.[137]

Como ressalta Caroccia (2019), uma das características centrais do pensamento de André-Jean Arnaud consiste em sua notável inclinação à interdisciplinaridade.[138] De fato, trata-se de um autor de grande versatilidade que articula, com desenvoltura, aportes provenientes de distintas abordagens do direito. Em suas análises, a perspectiva sociológica aparece entremeada com a filosófica, com a histórica e, inclusive, com a antropológica de modo a proporcionar um enfoque sofisticado da regulação jurídica. Decorre daí a expressão modelar da pesquisa interdisciplinar que sempre procurou promover, conforme ressalta Ost (2016), em sua homenagem póstuma a Arnaud.[139] Em sentido semelhante, Commaille (2016) considera sua obra como expressão acabada do que designa como

[136] Nesse particular, Delpeuch, Dumoulin e Galembert (2014, p. 10), aludindo à perspectiva de Baudouin Dupret, asseveram que "selon une formule célèbre d'A. Sarat, 'the law is all over'". Segundo os autores, a compreensão da ubiquidade social do direito implica a abordagem interdisciplinar dos estudos sociojurídicos, que conjuga aportes da antropologia, da história, da economia, da linguística, da psicologia, da sociologia e da filosofia.

[137] Vale notar que André-Jean Arnaud soube articular, com muita consistência, *expertise* técnica e acuidade crítica. Trata-se de uma característica importante de sua obra, pois, como enfatiza Martuccelli (2004), no âmbito da sociologia, a *expertise* sem crítica não tem alma e a crítica sem *expertise* é carente de substância.

[138] No mesmo sentido, ver: Villas Bôas Filho (2018b; 2019c).

[139] Referindo-se a Arnaud, o Ost (2016, p. 2) ressalta que "à tous ses titres, son œuvre restera un modèle d'interdisciplinarité et un exemple exceptionnellement réussi d'étude du droit en contexte".

"recherche de complémentarités".[140] De fato, sua obra representa um grande esforço de alçar a sociologia jurídica ao patamar do que ele próprio denominou de *"un carrefour interdisciplinaire"*.[141] Além disso, conforme mencionado, em virtude da importância de suas ideias e da ampla rede de interlocutores que soube montar e nutrir, Arnaud foi, seguramente, um dos intelectuais franceses de maior impacto na discussão jurídica brasileira contemporânea.

É possível afirmar que, desde suas primeiras obras, marcadas pelo primado da dimensão histórica, tais como *Les origines doctrinales du Code Civil français, Essai d'analyse structurale du Code Civil français. La règle du jeu dans la paix bourgeoise* e *Les juristes face à la Société. Du XIX à nos jours*, publicadas, respectivamente, em 1969, 1973 e 1975, André-Jean Arnaud firmou-se como portador de "um olhar transgressor" (CAPELLER, 1991, p. 7-8). Essa característica, que fascinava e ao mesmo tempo desconcertava seus interlocutores, perpassa toda a sua produção, refletindo-se também em seus textos de caráter mais sociológico, publicados a partir da década de 1980, tais como *Critique de la raison juridique 1. Où va la sociologie juridique?* (1981), *Critique de la raison juridique 2. Gouvernants sans frontières. Entre mondialisation et post-mondialisation* (2003), *Entre modernité et mondialisation. Leçons d'histoire de la philosophie du droit et de l'État* (1998) e *Introduction à l'analyse sociologique des systèmes juridiques* (1998), escrito em colaboração com María José Fariñas Dulce, ou mesmo em sua última obra, intitulada *La gouvernance. Un outil de participation* (2014).

Crítico às análises dogmáticas e positivistas, André-Jean Arnaud desenvolveu uma obra de grande envergadura. Em meio a ela, outros textos, que tiveram recepção mais mitigada no Brasil, também consignam esse importante potencial crítico. Tal é, por exemplo, o caso dos livros: *La justice* (1977), *Pour une pensée juridique européenne* (1991), *Jean*

[140] A respeito, Commaille (2016, p. 12) salienta que "je rends ici hommage à mon ami André-Jean Arnaud qui, grâce à son exceptionnelle compétence en théorie, histoire et sociologie du droit, a tenté depuis longtemps cette recherche de complémentarités. C'est ce dont témoigne en particulier son dernier ouvrage". Ver também: Commaille (1988). Acerca da "sociologia política do direito" de Jacques Commaille, ver: Villas Bôas Filho (2015a; 2016b; 2019d; 2020a).

[141] A respeito, ver, especialmente, Arnaud (1988; 1992). Para um exame das dificuldades ínsitas a essa empreitada, ver: Capeller (2015) e García Villegas e Lejeune (2011).

Carbonnier, Renato Treves et la sociologie du droit. Archéologie d'une discipline (1995), *Le droit trahi par la sociologie* (1998) e *Jean Carbonnier. Un juriste dans la cité* (2012). Essa crítica caminhava em paralelo com sua preocupação com o rigor conceitual que transparece claramente em duas significativas empreitadas editoriais por ele dirigidas: o *Dictionnaire encyclopédique de théorie et de sociologie du droit* (1993) e o *Dictionnaire de la globalisation* (2010). Nesse particular, cumpre notar que André-Jean Arnaud, além do rigor analítico, tinha um apurado senso estético. A sofisticada tessitura de seus textos, expressa na atenção dispensada ao emprego das palavras e à estilística das frases, decorria não apenas do cuidado com a precisão da análise, mas da pretensão de explorar a riqueza de seu idioma.

No campo da sociologia jurídica, Arnaud (2003; 2004; 2014) dedicou-se ao exame das profundas mutações experimentadas pela regulação jurídica hodierna sob o impacto da globalização, por ele reputada, conceitualmente, um "paradigma" de enorme valor heurístico para a discussão sociológica do direito na atualidade.[142] Com o intuito de desvelar essas mutações, enfocou questões extremamente intrincadas que não podem ser desconsideradas pelo pensamento jurídico e sociológico coetâneo.[143] Sua postura crítica ao dogmatismo de viés monista, presente no "senso comum" dos juristas, expressa-se na recusa em conceber o direito como um plexo normativo emanado exclusivamente do Estado.[144] Por outro lado, suas primorosas análises acerca do impacto da globalização

[142] Conforme Arnaud (2012, p. 134), "la sociologie juridique dispose, dans l'arsenal des concepts qui la spécifient en tant que champ de savoir, d'un certain nombre de paradigmes dont la valeur heuristique pourrait bien s'imposer aux juristes éclairés. On en compte actuellement trois majeurs: celui de la 'globalisation', celui 'd'alternative' et celui de 'complexité'".

[143] Vale notar que Arnaud (1991c, p. 33), com muita acuidade e em estreita consonância com autores da antropologia jurídica, enfatiza que "le concept de pensée juridique n'a pas un caractère universel. On ne connaît pas d'équivalent dans les sociétés musulmanes, dans celles de l'aire pacifique, ni en Afrique : c'est un concept occidental, au sens où les juristes des sociétés énumérées ci-dessus nous regardent en nous qualifiant d'occidentaux".

[144] Arnaud era bastante crítico com relação ao ensino convencional do direito. Em uma de suas principais obras, observa que "dans les Facultés de droit, on continue cependant imperturbablement à former, sinon à déformer les étudiants dans l'idée que le droit est l'émanation d'un pouvoir souverain unique, absolu, entier, exclusif: l'État" (ARNAUD, 2004, p. 18).

na regulação jurídica e do potencial da governança como instrumento de promoção de participação na tomada de decisões públicas são exemplos concretos da potencialidade de seu pensamento.[145]

[145] A respeito, ver, especialmente, Arnaud (1997; 1998a; 2003; 2004; 2005; 2012; 2014) e Arnaud e Simoulin (2010).

CAPÍTULO 3
A "CRÍTICA DA RAZÃO JURÍDICA": BASES DO MODELO SOCIOLÓGICO DE ANDRÉ-JEAN ARNAUD

3.1. Reflexos da obra de André-Jean Arnaud no Brasil: uma recepção expressiva, porém parcial

O pensamento de André-Jean Arnaud experimentou significativa ressonância no debate jurídico brasileiro, sobretudo no campo da sociologia do direito.[146] Nessa seara, sua obra teve grande relevância, inclusive no delineamento de diversas temáticas que receberam atenção detida de teóricos brasileiros, especialmente no que tange ao impacto da globalização sobre a regulação jurídica.[147] Apesar disso, suas análises de perfil epistemológico repercutiram pouco em nossa discussão. Por conseguinte, considerando a importância dessa dimensão do pensamento de André-Jean Arnaud para a abordagem das questões que serão enfocadas nos próximos capítulos deste livro, torna-se indispensável reconstruir, ainda que laconicamente, os fundamentos que embasam a sua proposta

[146] Embora a obra de Arnaud tenha reverberado mais no âmbito de nossa sociologia jurídica, cumpre notar que ele foi também um grande promotor da pesquisa interdisciplinar que conciliava, sem recair no ecletismo, as perspectivas sociológica, histórica, filosófica e antropológica. Commaille (2007a, p. 281-282), por exemplo, ressalta que Arnaud "issu de l'histoire et de la philosophie du droit, s'oriente vers des théories comme le structuralisme ou l'approche systémique pour réaliser une sorte de synthèse entre savoirs juridiques et savoirs de sciences sociales, synthèse finalement constitutive d'une théorisation particulièrement originale qui sera exceptionnellement propre à la sociologie du droit". A respeito, ver também: Capeller (1991) e Villas Bôas Filho (2016c; 2016d; 2017b; 2018c; 2019a; 2019e; 2020b). Para excelentes sínteses da sociologia jurídica brasileira, ver, por exemplo: Lopes e Freitas Filho (2014) e García Villegas (2015).

[147] Cf. Vieira, Alvim e Fragale Filho (2019). No que concerne à sua influência relativamente ao tema da governança, ver: Villas Bôas Filho (2016d; 2018c; 2019b).

para, a partir daí, empreender uma utilização adequada de sua obra para o tratamento dos temas do direito, da globalização e da governança.

A relevância e a influência do pensamento de André-Jean Arnaud no Brasil são inquestionáveis. Seus vínculos pessoais e institucionais reverberaram amplamente na pesquisa sociojurídica nacional. Vieira, Alvim e Fragale Filho (2019), por exemplo, mediante um exame das relações havidas entre André-Jean Arnaud e o movimento francês *Critique du droit*, indicam a relevância de seus trabalhos na constituição de um "campo crítico do direito" em nosso país, com especial ênfase nas pesquisas realizadas na Universidade Estadual do Rio de Janeiro.[148] No que concerne à Universidade de São Paulo, é notória a influência de Arnaud sobre destacados sociólogos do direito, como Celso Fernandes Campilongo e José Eduardo Faria.[149] Aliás, em 2017, o Departamento de Filosofia e Teoria Geral do Direito a Faculdade de Direito da Universidade de São Paulo promoveu o evento internacional intitulado "André-Jean Arnaud – uma obra de transgressão e seus reflexos no Brasil", cujo escopo consistiu em discutir a sua contribuição para a construção de uma abordagem crítica sobre o direito em nosso país.[150]

Além disso, várias obras de André-Jean Arnaud, ao serem traduzidas para o nosso idioma, tornaram-se referências incontornáveis para os "estudos sociojurídicos" aqui realizados.[151] Schwartz e Costa (2016),

[148] Vieira, Alvim e Fragale Filho (2019) enfocam, em primeiro lugar, a relação de Arnaud com o movimento *Critique do droit*, dando, como naturalmente deveria ser, particular destaque às obras de Antoine Jeammaud e Michel Miaille. Em seguida, evidenciam a influência do pensamento de Arnaud na constituição do que chamam de "campo crítico do direito" no Brasil.

[149] Faria (2011), por exemplo, reconhece a importância da obra de Arnaud para as suas pesquisas.

[150] O evento, organizado por José Reinaldo de Lima Lopes, Orlando Villas Bôas Filho e Fernando Rister de Sousa Lima, contou com a participação de Wanda Capeller, Alberto Febbrajo, Celso Fernandes Campilongo, Deisy Ventura, Fernando Rister de Souza Lima, Germano Schwartz, Jean-Paul Cabral Veiga da Rocha, José Reinaldo de Lima Lopes, Orlando Villas Bôas Filho, Rafael Diniz Pucci, Samuel Rodrigues Barbosa e Willis Santiago Guerra Filho.

[151] Livros como *O direito traído pela filosofia*, *O direito entre modernidade e globalização*, *Governar sem fronteiras* e o *Dicionário enciclopédico de teoria e de sociologia do direito* exemplificam essa assertiva.

procurando mapear a importância de Arnaud para o desenvolvimento da sociologia jurídica brasileira, empreenderam uma investigação apoiada, metodologicamente, nos seguintes aspectos: a) na enumeração de suas publicações em português e em edições brasileiras; b) em seu fator de impacto, como pesquisador, em nossa produção científica; c) nos projetos científicos por ele elaborados com pesquisadores e/ou instituições brasileiras; d) na análise de um questionário enviado a acadêmicos ligados à sociologia do direito no País.[152]

Desse modo, Schwartz e Costa (2016) assinalam quatro razões que, em seu entendimento, explicariam a significativa disseminação da obra de André-Jean Arnaud no Brasil.[153] Para eles, em primeiro lugar, sua teoria, por estar ligada a uma pluralidade de atores e de fontes jurídicas, especialmente quando dedicada aos estudos da globalização e do direito, teria influenciado intensamente os pesquisadores brasileiros, empenhados na construção de um Estado Democrático de Direito, antes e após a promulgação da Constituição Federal de 1988.[154] Em segundo lugar, a atenção dispensada ao Brasil, refletida em diversos projetos e publicações, teria proporcionado um contato singular do autor com nossos acadêmicos. Em terceiro lugar, a preocupação em promover intercâmbios com pesquisadores brasileiros propiciou o acesso destes a um amplo e variado espectro de universidades, publicações e projetos de pesquisa nos quais a presença de Arnaud se fez marcante. Por fim, a preocupação do autor em publicar sua obra em português e a partir de editoras brasileiras também teria contribuído para uma difusão mais ampla de suas ideias em nosso meio intelectual.[155]

[152] A respeito, ver também: Schwartz (2019) e Villas Bôas Filho (2016d; 2017b; 2018c).

[153] Cabe notar que a essas quatro razões agregam-se outras que não podem ser desconsideradas para a compreensão adequada da influência do pensamento de Arnaud no Brasil. Nesse particular, vale destacar, especialmente, a sua capacidade de diagnosticar questões de impacto decisivo na regulação jurídica contemporânea. Sobre essa questão, ver: Villas Bôas Filho (2017b).

[154] Nesse particular, ver, especialmente: Faria (2002a; 2002b; 2010).

[155] A quantidade de obras do autor traduzidas para nosso idioma permite evidenciar o quanto seu pensamento é valorizado no contexto lusófono, especialmente no Brasil. Seus livros passaram a constituir referência incontornável aos estudos sociológicos relativos a questões como o impacto da globalização na regulação jurídica; o pluralismo jurídico;

Como observa Capeller (1991), a recepção do pensamento de André-Jean Arnaud na América Latina ocorreu a partir do final da década de 1970, momento em que as pesquisas históricas, que já o haviam tornado célebre, cedem espaço, no bojo de sua produção teórica, para os estudos de sociologia jurídica. Mediante uma revisão da literatura do autor traduzida para o português, verifica-se que nela impera, indubitavelmente, o tema da globalização.[156] Entretanto, como constata Serverin (2000), a abordagem dessa questão, feita por Arnaud, está fundada em uma reflexão de caráter epistemológico que lhe delineia e, ademais, engata-a a temas como o do pluralismo jurídico, para cujo tratamento o autor elabora a sua "teoria da polissistemia simultânea".[157] Trata-se, todavia, de uma proposta que, a despeito de seus méritos, ainda não foi objeto de efetiva atenção no âmbito de nossa pesquisa sociojurídica.

Por conseguinte, é possível identificar uma lacuna na recepção da obra de André-Jean Arnaud no Brasil, uma vez que esta, apesar de sua expressiva reverberação em nossa discussão, ainda não obteve maior ressonância, entre nós, no que tange aos aspectos epistemológicos que a sustentam.[158] Estes, porém, são fundamentais para a compreensão de seu exame

a governança; a democracia etc. Contudo, cabe notar que a sua contribuição se espraia também para o campo da História do Direito, da Filosofia Jurídica e da Teoria Geral do Direito. O cuidado do autor para com o rigor conceitual também inspirou fortemente as pesquisas jurídicas. Seu *Dicionário enciclopédico de teoria e de sociologia do direito* é, provavelmente, a referência geral mais influente no campo teórico-sociológico do direito no Brasil. A respeito, ver: Capeller (1991; 1992), Schwartz (2019) e Villas Bôas Filho (2016d; 2017b).

156 Não se pretende fazer aqui uma revisão da literatura do autor vertida para o português. Contudo, é possível afirmar que a tradução de livros como *O direito entre modernidade e globalização*; *Governar sem fronteiras: entre globalização e pós-globalização*; *Dicionário da globalização: direito – ciência política* e os diversos Anuários do GEDIM (Globalização Econômica e Direitos no Mercosul) exemplificam a centralidade assumida pelo tema da globalização no bojo da recepção de suas ideias no Brasil.

157 Cf. Villas Bôas Filho (2018d; 2019e).

158 É possível afirmar que isso se deve, em parte, ao fato de o autor não ter promovido a tradução de seu livro *Critique de la raison juridique 1. Où va la sociologie du droit?*, publicado na França, em 1981, para o português. Essa, porém, não é uma explicação suficiente, uma vez que, por outras vias, especialmente a partir da tradução do livro *Introduction à l'analyse sociologique des systèmes juridiques*, o essencial de sua proposta de modelização sistêmica encontrou um canal de difusão em nosso país. Desse modo, a razão que talvez melhor

do pluralismo jurídico, motivo pelo qual não podem ser menosprezados, especialmente se são levadas em consideração a centralidade que esse tema assume em sua obra e a repercussão que esta, direcionando-se a ele, experimentou no Brasil. Por esse motivo, será feita, a seguir, uma breve apresentação, sem pretensão de distanciamento crítico, dos pressupostos epistemológicos que sustentam a compreensão do autor de *Critique de la raison juridique* acerca do direito.

3.2. Pressupostos epistemológicos da análise de André-Jean Arnaud: uma proposta de modelização sistêmica para a compreensão da regulação jurídica

A obra de André-Jean Arnaud consigna uma sofisticada proposta de modelização sistêmica para a investigação crítica da regulação jurídica.[159] A respeito, cumpre notar, em primeiro lugar, que, desde sua *Critique de la raison juridique*, o autor francês assume a modelização sistêmica como forma de abordagem da regulação jurídica. Em seguida, especialmente em artigos publicados entre o final da década de 1980 e o início da de 1990, ele mobiliza essa perspectiva, destacando a sua potencialidade

elucide essa escassa ressonância das teses de Arnaud seja a crescente repercussão que, especialmente por sua iniciativa, a teoria dos sistemas de Niklas Luhmann começou a experimentar, tanto na França como no Brasil. As diversas referências de Arnaud à obra de Luhmann, mesmo que críticas, sublinham a sua importância. Assim, pode-se dizer que Arnaud, ao difundir a proposta de modelização sistêmica do direito de Luhmann, talvez tenha sido o principal responsável pelo embotamento de sua proposta teórica.

[159] Nesse particular, cabe notar que, apesar de se exprimir a partir de outras premissas e visar outros objetivos, a posição de Arnaud assume um viés normativo, tornando-se semelhante à de autores como Fischer-Lescano (2010) que, partindo da teoria dos sistemas de Luhmann, procuram desenvolver uma "teoria crítica dos sistemas", ou seja, uma abordagem que, transcendendo a mera descrição das estruturas sociais, direciona-se a uma crítica atenta à "liberação dos potenciais sociais normativos" para a socialização das instituições e que, por esse motivo, apresenta-se como uma concepção com pretensões normativas. Note-se que Arnaud assevera que a sociologia jurídica teria por função contribuir para a mudança da realidade jurídica. Por conseguinte, afirma que "la sociologie juridique a pour fonction, par une analyse critique permanente, d'œuvrer au changement de la réalité juridique en participant au travail dialectique de la transformation sociale" (ARNAUD, 1981, p. 430).

explicativa.[160] A modelização sistêmica também é amplamente mobilizada, por exemplo, no livro *Pour une pensée juridique européenne*, no qual Arnaud (1991c) nela se baseia para, entre outras coisas, analisar a conceitualização do que considera ser o "sistema complexo de produção da norma jurídica europeia".[161] Contudo, é principalmente no livro *Introduction à l'analyse sociologique des systèmes juridiques*, publicado em 1998, em coautoria com María José Fariñas Dulce, que a relevância da modelização sistêmica do fenômeno jurídico é particularmente enfatizada. Nessa obra, após salientarem que a "análise sociológica dos sistemas jurídicos" constituiria uma tentativa de "modelização científica" dessa regulação, Arnaud e Fariñas Dulce (1998, p. 27) sublinham as vantagens, em seu âmbito, do que designam como "abordagem sistêmica" (*l'approche systémique*).[162]

Inspirados na noção de paradigma de Thomas Kuhn, Arnaud e Fariñas Dulce (1998) estruturam a sua abordagem na distinção entre o que chamam de "paradigmas fundadores" e "paradigmas emergentes"[163] para, a partir dela, mapearem as bases de uma nova "ciência sociojurídica" que, inscrita no horizonte dos "paradigmas emergentes", seja capaz de apreender e descrever a crescente complexidade dos sistemas jurídicos e da dinâmica social que lhes é subjacente. Segundo os autores, a "modeli-

[160] A respeito, ver, especialmente: Arnaud (1989; 1993a).

[161] Assim, Arnaud (1991c, p. 283) afirma que "la modélisation à laquelle on va se prêter à présent montre bien le dynamisme de cette pensée juridique européenne en faveur de laquelle on a entrepris de plaider".

[162] Arnaud e Fariñas Dulce (1998, p. 27) sustentam que "l'analyse sociologique des systèmes juridiques constitue, au sens strict, une manière particulière d'aborder les études socio-juridiques. Elle consiste spécifiquement dans une tentative de modélisation scientifique des approches de ce type". Mais adiante, referindo-se aos sistemas jurídicos, Arnaud e Fariñas Dulce (1998, p. 29) afirmam que "la modélisation systémique rend possible leur compréhension. L'approche systémique s'insèrera naturellement dans ce cadre, pour prendre le pas progressivement, à titre de choix d'auteur".

[163] Não há como reconstruir neste livro a análise que Arnaud e Fariñas Dulce (1998) realizam acerca desses dois "paradigmas". Para os propósitos aqui mencionados, basta notar que, por "paradigmas fundadores", os autores entendem o plexo de conceitos, teorias e métodos que, historicamente, constituíram a sociologia jurídica. Quanto aos "paradigmas emergentes", afirmam que neles estariam consignados novos conceitos, proposições metodológicas inovadoras e, por conseguinte, novos problemas e distintas maneiras de enfocar os antigos.

zação sistêmica" seria particularmente adequada para a consecução dessa empreitada. Vale notar que, referindo-se a uma "abordagem em termos de sistemas" (*approche en termes de systèmes*), Arnaud e Fariñas Dulce (1998) sublinham a importância assumida pela "teoria dos sistemas" de Niklas Luhmann. Contudo, apesar disso, enfatizam que a "teoria dos sistemas" formulada pelo sociólogo alemão constituiria apenas uma dentre as diversas possibilidades de abordagem dos "sistemas jurídicos".[164]

Assim, com o intuito de recuperar concisamente alguns traços da proposta de modelização sistêmica que perpassa o projeto da *Critique de la raison juridique* e que se desenvolve em textos posteriores até a obra *Introduction à l'analyse sociologique des systèmes juridiques*, será feita a seguir, em primeiro lugar, uma breve análise da assunção, por parte de André-Jean Arnaud, da "abordagem sistêmica" que, em seu entendimento, seria uma forma particularmente apropriada de apreensão do direito e da justiça diante da complexidade que caracteriza a sociedade contemporânea. Em seguida, com o propósito de esclarecer os aspectos centrais da perspectiva do autor francês e introduzir os fundamentos que sustentarão a sua "teoria da polissistemia simultânea", será realizado um sucinto contraste entre o seu modelo e o desenvolvido pelo sociólogo alemão Niklas Luhmann.[165]

3.2.1. André-Jean Arnaud e a assunção de uma "abordagem sistêmica" como forma de compreensão da regulação jurídica

Como visto, partindo da distinção entre "paradigmas fundadores" e "paradigmas emergentes", Arnaud e Fariñas Dulce (1998) afirmam que a "modelização sistêmica" seria uma forma particularmente adequada de compreensão, pelo ângulo sociológico, dos sistemas jurídicos e de sua

[164] Referindo-se à "análise sistêmica" do direito, Arnaud e Fariñas Dulce (1998, p. 246) ressaltam que "il y a, bien sûr, l'imposante silhouette de Niklas Luhmann, qui traite exactement de cette question. [...] Mais sa théorie ne représente, comme on a pu s'en rendre compte en traitant du fonctionnalisme, qu'une manière parmi d'autres d'aborder la question du système juridique".

[165] Para um contraste mais amplo da perspectiva desses dois autores, ver: Villas Bôas Filho (2018d).

dinâmica social.[166] Assim, sem excluir outros "paradigmas", optam pela "abordagem sistêmica".[167] Em seguida, aludindo a autores como Heinz von Foerster, Douglas Hofstadter, Francisco Varela, Herbert A. Simon e, sobretudo, Niklas Luhmann – Arnaud e Fariñas Dulce (1998) contrastam conceitualmente o que designam como "systémique" e "systémisme" para, a partir daí, sustentarem que a "abordagem sistêmica" (*l'approche systémique*) constituiria o modo de representação mais apropriado para a cognição do fenômeno jurídico em sua complexidade.[168]

Segundo Arnaud e Fariñas Dulce (1998, p. 247), a "sistêmica" (*la systémique*), entendida como uma "ciência geral dos sistemas" (*General System Science*, entre os anglófonos), teria se delineado, por volta da década de 1950, a partir de autores como Ludwig von Bertalanffy,[169] e progressivamente se afirmado como uma perspectiva científica dirigida à representação dos sistemas autônomos e dos fenômenos complexos. Daí decorreria, inclusive, a sua proximidade relativamente às ciências da cognição e da inteligência artificial. Consequentemente, a "sistêmica", como "disciplina científica autônoma", teria a pretensão de desenvolver métodos de modelização para a compreensão dos fenômenos complexos que, enquanto tal, caracterizar-se-iam por ostentarem uma "imprevisibilidade essencial".[170] Segundo Arnaud e Fariñas Dulce (1998, p. 247), a "sistêmica" se oporia às abordagens analíticas convencionais que procurariam reduzir a complexidade para simplificar a representação. Como

[166] Cumpre notar que a noção de paradigma mobilizada aqui é a proposta Thomas Kuhn em *The Structure of Scientific Revolutions*. O autor, aliás, utiliza-a em diversos outros textos. No bojo de sua produção mais recente, ver, por exemplo: Arnaud (2012; 2014) e Arnaud e Fariñas Dulce (1998).

[167] Acerca da opção pela "abordagem sistêmica", Arnaud e Fariñas Dulce (1998, p. 29) afirmam que "l'approche systémique s'insèrera naturellement dans ce cadre, pour prendre le pas progressivement, à titre de choix d'auteur".

[168] Vale notar que Arnaud e Fariñas Dulce (1998) utilizam, com o mesmo sentido, as expressões "análise sistêmica" (*analyse systémique*) e "abordagem sistêmica" (*approche systémique*).

[169] Lugan (2012, p. 8) ressalta que "chez L. von Bertalanffy, cette idée de théorie générale des systèmes procédait d'une volonté de repérer des aspects généraux, des correspondances et des isomorphismes communs aux systèmes".

[170] Arnaud e Fariñas Dulce (1998, p. 247) afirmam que "la systémique est la science des systèmes".

ressalta Lugan (2012), a "sistêmica" teria se desenvolvido nos mais diversos domínios disciplinares (matemática, física, biologia, cibernética, psicologia e ciências sociais).[171]

Por outro lado, o "sistemismo" (*systémisme*) poderia ser entendido, conforme Arnaud e Fariñas Dulce (1998), a partir de três acepções: a) como a expressão do conjunto dos diversos tipos de análise sistêmica; b) como a aplicação da "análise em termos de sistema" a um campo específico; c) como a "teoria" ou a "doutrina" relativa à implementação de um desses tipos de análise.[172] Por conseguinte, Arnaud e Fariñas Dulce (1998) enfatizam que o "sistemismo" consistiria, essencialmente, na aplicação a determinado campo, no caso o "direito", da análise "em termos de sistema" (*l'analyse en termes de système*), tal como a palavra é compreendida pela "sistêmica" (*systémique*), em que se desenvolveriam os métodos de modelização dos fenômenos estudados.[173] Aliás, segundo Lugan (2012), seria possível afirmar que o "sistemismo" (*systémisme*) consistiria, fundamentalmente, em um "quadro conceitual" que permite a ordenação das observações. Tratar-se-ia, portanto, de um verdadeiro "paradigma", de uma espécie de metalinguagem, e não apenas de uma teoria no sentido mais restrito do termo.

Morin (2005 [1990]) destaca três aspectos que, em seu entendimento, exprimiriam as "virtudes" do "sistemismo" (*systémisme*): a) o fato de colocar no centro da teoria, com a noção de sistema, não uma "unidade elementar discreta", mas uma "unidade complexa", um "todo" não redutível à soma de suas partes constitutivas; b) o fato de conceber a noção de sistema não como uma noção puramente "real" ou "formal", mas como

[171] Apesar de concisa, a análise desenvolvida por Lugan (2012) é particularmente elucidativa a esse respeito.

[172] Arnaud e Fariñas Dulce (1998, p. 247-248) asseveram que "du systémisme, on peut retenir trois définitions: on peut entendre, par là, soit l'ensemble des divers types d'analyse systémique, soit l'application à un champ spécifique de l'analyse en termes de système, soit, enfin, la théorie ou la doctrine relative à la mise en œuvre de l'un de ces types d'analyse".

[173] Assim, contrastando *systémisme* e *systémique*, para Arnaud e Fariñas Dulce (1998, p. 214) "le 'systémisme' designe essentiellement l'application à un champ – en l'occurrence le droit – de l'analyse en termes de système, tel que le mot est entendu dans la science des systèmes (ou 'systémique'), où sont développées des méthodes de modélisation des phénomènes étudies".

uma "noção ambígua"; c) o fato de se situar no nível da "transdisciplinaridade". Assim, em consonância com a perspectiva de Morin (2005 [1990]), Arnaud e Fariñas Dulce (1998) sustentam que o "sistema" deve ser concebido não como uma qualidade empiricamente apreensível, mas como uma "ferramenta" (*outil*), e o "sistemismo" (*systémisme*) como uma maneira de observar e interpretar os fenômenos estudados. Ademais, Arnaud e Fariñas Dulce (1998), em clara sintonia com Morin (2005 [1990]), também apontam a relação entre "sistemismo" (*systémisme*) e complexidade.[174]

A respeito, cabe notar que, influenciado pela obra de Edgar Morin e, especialmente, pela de Jean-Louis Le Moigne, Arnaud (1989) salienta que o interesse primordial da "sistematização" consistiria na possibilidade de modelização que a ela se liga.[175] Nesse sentido, procurando demarcar a sua posição da de Niklas Luhmann,[176] Arnaud (1989) alude

[174] Arnaud (1992, p. 33), baseando-se em Jean-Louis Le Moigne, ressalta que "systémisme et complexité sont d'ailleurs liés: qu'on se réfère aux acquis sur la question du statut épistémologique de la systémique, définie comme la science de la modélisation des phénomènes perçus complexes par un système en général, et participant des épistémologies constructivistes". A respeito, ver, especialmente: Luhmann (1995 [1984]), Lugan (2012), Morin (2005 [1990]) e Reza (2010). Cabe notar que Eberhard (2010), ao aludir à "complexidade fundada na alteridade", pela qual se interessam os antropólogos, opondo-a à "complexidade sistêmica" discutida pela sociologia jurídica, refere-se fundamentalmente a Arnaud e Fariñas Dulce (1998) como exemplo desta última.

[175] De acordo com Lugan (2012, p. 101), "modéliser" "c'est l'action intentionnelle de construire, par composition de concepts et de symboles, de modèles susceptibles de rendre plus intelligible un objet ou un phénomène perçu comme complexe et d'amplifier, comme le précise J.-L. Le Moigne, le raisonnement de l'acteur projetant une intervention délibérée au sein de cet objet ou de ce phénomène et à anticiper les conséquences des projets d'actions possibles". A respeito, ver: Reza (2010) e, especialmente, Le Moigne (1984; 1990; 2007; 2012). Cabe sublinhar a admiração de André-Jean Arnaud pelo pensamento de Jean-Louis Le Moigne. Além de citá-lo amplamente em diversos textos, Arnaud (1996), em resenha publicada na revista *Droit et Société*, enfoca, com entusiasmo, o livro *Les épistemologies constructivistes* e os dois tomos da obra *Le constructivisme* de Le Moigne. Luhmann também faz referências a Le Moigne e, especialmente, a Morin. A respeito, ver, por exemplo, Luhmann (1990a; 1990b; 1995 [1984]). Para um contraste das perspectivas de Le Moigne e de Morin, ver: Lugan (2012).

[176] Arnaud faz sérias objeções à teoria dos sistemas de Luhmann. Em um de seus textos mais incisivos, ao contrastar a sua posição com a do autor alemão, sustenta que "si le

à "modelização sistêmica" e, em meio a ela, distingue, no que concerne à apreensão do "fenômeno jurídico", fundamentalmente, três formas: a) a que se refere às normas jurídicas, típica dos juristas; b) a direcionada às interações jurídicas, própria dos sociólogos; c) a dirigida aos discursos jurídicos, característica dos lógicos e dos semiólogos. Segundo o autor, esses três modelos ou tipos de modelização, longe de se excluírem mutuamente, seriam complementares para uma compreensão adequada e abrangente do "fenômeno jurídico".[177]

Assim, com o intuito de sublinhar o caráter heurístico da "modelização sistêmica", Arnaud e Fariñas Dulce (1998), baseando-se em Jean-Louis Le Moigne, contrastam-na com a "modelização analítica", ressaltando que esta última não seria desprovida de importância, uma vez que teria servido, inclusive, de base para as concepções clássicas de expressivos teóricos como Hans Kelsen. Logo, torna-se fundamental uma comparação, ainda que breve, desses dois tipos de modelização. A propósito, Lugan (2012), apoiando-se especialmente na distinção proposta por Joël de Rosnay, assinala que a "modelização analítica" isolaria dos elementos de um conjunto, insistindo em sua natureza, de modo a priorizar a modificação de uma só variável (mediante a suposição de que as demais permanecem constantes). Além disso, ela não integraria a duração e a irreversibilidade dos fenômenos, validando os fatos pela experimentação repetitiva, com uma utilização de modelos lineares e detalhados. Portanto, estaria fundada em uma perspectiva monodisciplinar.[178] Por outro

modèle de Luhmann a quelque chance de se révéler pertinente, ce sera à coup sûr dans ce système que nous avons pris soin d'appeler 'simplement juridique', mais certainement pas dans l'étude du 'droit' à strictement parler" (ARNAUD, 1989, p. 86). A respeito, ver também Arnaud (1991b; 1993a; 1998b) e Arnaud e Fariñas Dulce (1998).

[177] Arnaud (1998b, p. 81) afirma que "il est très important de reconnaître qu'il y a, en ce qui concerne le phénomène juridique, plusieurs types de modèles différents, selon qu'on prend, pour élément-base de l'analyse, l'acteur et son comportement, la norme qui dicte ce comportement, ou encore les propositions selon lesquelles sont énoncées les normes". Em sentido análogo, ver: Arnaud e Fariñas Dulce (1998).

[178] Lugan (2012, p. 103) observa, ademais, que "dans le cadre de la modélisation analytique, on peut considérer qu'il existe des évidences objectives indépendantes de l'observateur, auxquelles on accède par décompositions successives, c'est-à-dire par analyse. Ces évidences stables sont reliées par des relations de type cause à effet, que l'on peut

lado, a "modelização sistêmica" partiria da conexão entre os elementos de um conjunto, salientando as suas relações e o jogo complexo engendrado pela modificação de múltiplas variáveis. Integra, ademais, a duração e a irreversibilidade dos fenômenos, validando os fatos mediante a comparação do funcionamento do modelo com a realidade. Adotando modelos não lineares e fortes, essa forma modelização teria por base uma pesquisa pluridisciplinar.[179]

Mediante a reprodução de um quadro comparativo elaborado por Jean-Louis Le Moigne, Arnaud e Fariñas Dulce (1998) procuram sintetizar essa distinção:

Quadro 1 – Comparação dos tipos de modelização

Modelização analítica	*Modelização sistêmica*
Objeto	Projeto ou processo
Elemento	Unidade ativa
Conjunto	Sistema
Análise	Concepção
Disjunção (ou recorte)	Conjunção (ou articulação)
Estrutura	Organização
Otimização	Adequação
Controle	Inteligência
Eficácia	Efetividade
Aplicação	Projeção
Evidência	Pertinência
Explicação causal	Compreensão teleológica

Fonte: Arnaud e Fariñas Dulce (1998, p. 253).

identifier dès lors que l'on a procédé à leur recensement présupposé exhaustif, en fermant le modèle".

179 Sobre esse ponto, Lugan (2012, p. 104-105) sustenta também que "le concept de système, entendu comme un enchevêtrement intelligible et finalisé d'actions interdépendantes, est bien adapté pour décrire la complexité. [...] Ce projet consistera à élaborer des méthodes de modélisation des phénomènes, par et comme un système en général, en intégrant les acquis des expériences modélisatrices accumulées par l'étude des systèmes relativement spécifiques".

Não há como discutir em pormenor aqui a apropriação que André-Jean Arnaud faz dos pensamentos de Edgar Morin e Jean-Louis Le Moigne, uma vez que isso implicaria digressões incompatíveis com a extensão e os propósitos deste livro.[180] O ponto a se destacar é que, baseado nesses autores, Arnaud (1989; 1993a) enfatiza a adequação da "abordagem sistêmica" para o tratamento da complexidade.[181] Ademais, Arnaud e Fariñas Dulce (1998) ressaltam que tal abordagem constitui um modo de conhecimento e de experimentação, por simulação, dos "sistemas sociais", que seria particularmente adaptado ao estudo dos "sistemas jurídicos".[182] Salientam, entretanto, que ela não poderia ser considerada a única abordagem válida, motivo pelo qual, apesar de suas vantagens, não deve excluir outras perspectivas, o que conduz, naturalmente, à assunção de uma postura interdisciplinar.[183]

3.2.2. Incompreensão ou emulação? Fragmentos de uma algaravia: o contraste entre as propostas de modelização sistêmica de André-Jean Arnaud e de Niklas Luhmann

A exuberante "teoria dos sistemas" de Niklas Luhmann, em virtude de sua potencialidade, assumiu expressiva (e, por vezes, opressiva) centralidade no debate sociojurídico contemporâneo, inclusive no Brasil. A "teo-

[180] A respeito, ver: Villas Bôas Filho (2018d; 2019e) e, especialmente, Arnaud e Fariñas Dulce (1998). Para uma exposição contrastada das perspectivas de Le Moigne e de Morin, ver: Lugan (2012).

[181] No mesmo sentido, Arnaud e Fariñas Dulce (1998, p. 249) enfatizam que "les apports majeurs de l'analyse systémique apparaissent avec l'accroissement de la complexité". Acerca dessa questão, ver, especialmente, Lugan (2012), Morin (2005 [1990]) e Le Moigne (1984; 2012).

[182] Mobilizando a distinção entre "direito" e "sistemas jurídicos", cuja análise será feita a seguir, Arnaud (1993a, p. 166) realça que "ces derniers sont susceptibles d'une modélisation au titre de la systémique, tandis que le droit demeure plutôt le lieu de la modélisation analytique".

[183] Arnaud e Fariñas Dulce (1998, p. 283) afirmam que "l'approche systémique est un mode de connaissance et d'expérimentation par simulation des systèmes sociaux particulièrement adapté pour l'étude des systèmes juridiques. Elle n'est pas la seule valide. Elle présente des avantages, mais ne prétend pas remplacer d'autres modes d'approche qui s'avèrent fournir d'autres informations, d'autres perspectives, et dont la complémentarité n'est pas à négliger".

ria dos sistemas" proposta pelo autor alemão consigna uma descrição sociológica do direito que o enfoca a partir de uma sofisticada e ambiciosa teoria da sociedade que, como ressalta Rabault (2012a), constitui, em seu conjunto, uma espécie de "suma sociológica", na medida em que apresenta uma síntese da semântica contemporânea, articulada não mais ao redor do conceito de "Deus", como outrora, mas do de "sociedade".[184] O caráter complexo e monumental da "teoria dos sistemas" de Luhmann tende, inclusive, a fazer com que ela, por vezes, seja enfocada como uma espécie de "horizonte intransponível" do pensamento sociológico coetâneo.[185]

Contudo, como enfatizam Arnaud e Fariñas Dulce (1998), apesar de se tratar da mais consequente e sofisticada elaboração teórica que, na atualidade, mobiliza uma perspectiva sistêmica para, a partir dela, enfocar a sociedade e os diversos subsistemas que a compõem, a obra de Luhmann não esgotaria em si as formas de abordagem que, por esse prisma, analisam o direito.[186] É certo que, transformado em uma espécie de "divisa" no âmbito da emulação acadêmica que pauta o debate jurídico, o pensamento de Luhmann acabou por eclipsar outros enfoques sistêmicos do direito, entre os quais o de André-Jean Arnaud. Logo, um contraste entre as propostas desses dois autores mostra-se frutífero, pois, ao aclarar suas divergências, permite a apreensão mais consequente de suas especificidades.

[184] A comparação da obra de Luhmann com a *Suma Teológica* de São Tomás de Aquino, proposta por Rabault (2012a), parte do caráter dominante que a teologia, enquanto semântica, deteve no Ocidente. A respeito, ver: Clam (1996) e Gonçalves e Villas Bôas Filho (2013).

[185] Como é sabido, a ideia de "horizon indépassable" foi atribuída por Sartre (1960) ao marxismo. A respeito, ver, por exemplo: Lévy (2000). Expressivos analistas da teoria dos sistemas de Luhmann, por vezes, tendem a enfocá-la nesses termos, ou seja, como uma espécie de "horizonte intransponível". Nesse sentido, ver, por exemplo: Guibentif (1999).

[186] Referindo-se à possibilidade de uma "análise sistêmica do direito", Arnaud e Fariñas Dulce (1998, p. 246) sublinham que "il y a, bien sûr, l'imposante silhouette de Niklas Luhmann, qui traite exactement de cette question. [...] Mais sa théorie ne représente [...] qu'une manière parmi d'autres d'aborder la question du système juridique". O período de mais de duas décadas que se interpõe entre essa assertiva e os dias de hoje torna-a ainda mais verdadeira.

Preliminarmente, cumpre notar que, embora tenha contribuído intensamente para a divulgação da "teoria dos sistemas" de Luhmann na França e, inclusive, no Brasil, André-Jean Arnaud não adere a ela.[187] Ao contrário, sua modelização sistêmica, em diversos momentos, parece encontrar, na obra do autor alemão, um contraponto a ser criticado. Justamente por esse motivo, a comparação de suas perspectivas mostra-se bastante frutífera, especialmente porque consigna as bases para a compreensão da "teoria da polissistemia simultânea" que será analisada no próximo capítulo. Nesse aspecto, cabe notar que a proposta veiculada por Arnaud (1981; 1989; 1993a) e por Arnaud e Fariñas Dulce (1998), apesar de não conter o mesmo grau de amplitude e de sofisticação da obra de Luhmann, compatibiliza-se de modo muito mais estruturado com debate acerca do pluralismo jurídico.[188]

Entretanto, apesar de importante para a elucidação da própria perspectiva de André-Jean Arnaud, não há como recuperar aqui, de modo mais efetivo, o teor das objeções que este endereça à teoria dos sistemas de Niklas Luhmann, pois isso implicaria empreender digressões incompatíveis com as dimensões e propósitos deste livro. Consequentemente, em termos meramente ilustrativos, serão mencionados apenas dois aspectos principais da crítica que André-JeanArnaud dirige ao sociólogo alemão, quais sejam: a) a atribuição de uma confusão conceitual, por parte de Luhmann, entre "sistema jurídico" e "direito"; b) a imputação, à proposta de Luhmann, de uma solução teórica que, ao enfocar a questão do fechamento operacional e da autonomia do direito, consistiria em

[187] As referências feitas por Arnaud à obra de Luhmann, mesmo que críticas, sublinham a importância a ela atribuída. A respeito, ver, especialmente: Arnaud (1981; 1989; 1993a; 1998b; 2003) e Arnaud e Fariñas Dulce (1998). Relativamente às obras de Arnaud que promoveram a difusão do pensamento de Luhmann na França e no Brasil, ver, especialmente: a) a coletânea de artigos, organizada com Pierre Guibentif, em 1993, cujo título é *Niklas Luhmann observateur du droit*; b) o dossiê por ele organizado para o n. 47 da revista *Droit et Société*, de 2001; c) a coletânea de artigos, intitulada *Niklas Luhmann: do sistema social à sociologia jurídica*, organizada com Dalmir Lopes Jr. e publicada no Brasil em 2004. Acerca do que, relativamente à obra de Arnaud *vis-à-vis* à de Luhmann, pode ser designado como "paradoxo do autoescamoteamento", ver: Villas Bôas Filho (2018d).

[188] Cf. Villas Bôas Filho (2018d; 2019e). Para uma discussão sistêmica acerca do pluralismo jurídico que parte da teoria de Luhmann, ver, por exemplo: Teubner (1997).

uma mera abstração sem aderência à "prática cotidiana" e que serviria, em última instância, à manutenção da "ordem estabelecida".

3.2.2.1. A atribuição de confusão conceitual entre "sistema jurídico" e "direito"

No que concerne ao primeiro aspecto – confusão conceitual entre "direito" e "sistema jurídico" –, Arnaud (1989), referindo-se especialmente à teoria de Luhmann, assevera que seria recorrente entre os pesquisadores das ciências sociais designar como "direito" o que, na verdade, nada mais seria do que o âmbito "jurídico". Assim, partindo da distinção conceitual entre "direito" (*droit*) e "jurídico" (*juridique*) – que já havia sido por ele estabelecida no primeiro volume da *Critique de la raison juridique* e retomada, diversas vezes, em textos posteriores –, Arnaud (1989) sustenta que perspectivas como a de Luhmann poderiam até ser válidas para a análise do âmbito "jurídico", mas não para a do "direito".[189] Por conseguinte, segundo Arnaud (1993a), Luhmann, ao tomar como sinônimas as expressões "direito" e "sistema jurídico" (como se ambas servissem, indistintamente, à conceitualização de uma mesma realidade), estaria propondo um modelo de pouca relevância para a compreensão da especificidade própria ao "direito" e que, além de seu caráter insatisfatório, afrontaria as representações dos juristas, brutalizando-as.[190]

Como será enfocado mais detalhadamente a seguir, Arnaud (1981; 1989; 1993a) concebe o direito (*droit*) como um "sistema jurídico" que,

[189] A respeito, Arnaud (1989, p. 84) é enfático: "les chercheurs en sciences sociales - N. Luhmann en tête - parlent de système juridique en visant le droit. Mais ce qu'ils appellent droit n'est, compte tenu de la double nature du droit, que du 'juridique'. S'ils veulent avoir affaire réellement au droit, il leur faut tenir compte de cette normativité spéciale qui spécifie le droit. Ici, leurs analyses se révèlent sans portée. Si elles sont valables pour le 'juridique', elles ne le sont plus pour le droit". Crítica de teor idêntico aparece em Arnaud (1993a) e em Arnaud e Fariñas Dulce (1998).

[190] Novamente, a partir de uma crítica incisiva, Arnaud (1993a, p. 155) afirma que "Luhmann rapporte à un seul et même objet le droit et le système juridique, dont il fait des expressions synonymes. C'est brutaliser inutilement les juristes que de leur imposer cette vue qui ne peut les satisfaire". Não obstante, vale notar que Luhmann (2004 [1993]) pretende desenvolver uma teoria que tem a pretensão de ser "empiricamente adequada", o que implica considerar o modo pelo qual os juristas compreendem e descrevem o direito.

entretanto, em virtude de sua especificidade, não pode ser confundido com os demais.[191] Nessa perspectiva, trata-se de um sistema que, em meio aos outros, afigura-se como "posto e imposto" (*posé et imposé*) por um ator investido de poder de "dizer o direito" (*dire le droit*), em momento e lugar determinados, para certo grupo. Consequentemente, o direito seria um "sistema jurídico" caracterizado pela imposição. Logo, tudo o que é direito tem qualidade jurídica, porém nem tudo o que é jurídico é direito em sentido próprio. Isso conduz à ideia de que o "direito" emerge de um horizonte jurídico que compreende práticas "vividas" e "concebidas", portadoras de juridicidade, que podem ou não estar em consonância com ele. Trata-se do que o autor chama de "sistemas jurídicos vulgares" que, em seu entendimento, comporiam o âmbito do "infradireito" (*infra-droit*).[192]

Não cabe, neste momento, aprofundar o exame da distinção entre "direito" e "sistema jurídico" propugnada por Arnaud (1981; 1989; 1993a; 1998b). Ela será analisada no próximo capítulo, uma vez que está na base de sua "teoria da polissistemia simultânea" por ele propugnada. Por ora, basta ressaltar que tal diferenciação e a crítica que nela se funda são totalmente rechaçadas – e inclusive com desdém e ironia – por parte de Luhmann que, em carta datada de 5 de julho de 1988, afirma considerar sem sentido diferenciar "direito" e "jurídico", recomendando, em seu lugar, a distinção entre "operações" e "estrutura" que, como se sabe, é central em sua modelização sistêmica.[193] Evidentemente que não se trata de suge-

[191] Essa mesma tese é veiculada por Arnaud e Fariñas Dulce (1998).

[192] O conceito de "infradireito" será analisado no próximo capítulo. A respeito, ver: Arnaud (1981, 1989, 1993a; 1998b), Arnaud e Fariñas Dulce (1998) e Carbonnier (2001 [1969]; 2004 [1972]). Especificamente sobre a perspectiva de Carbonnier, ver: Arnaud (2012) e Andrini e Arnaud (1995).

[193] Luhmann (carta de 5 de julho de 1988 *apud* Arnaud, 1989, p. 96) afirma que "it makes for me no sense to distinguish systematically between 'juridique' and 'droit'. I can, of course, distinguish between operations and structure, but structure then means only the sum of expectations which guide the connections between single events. In this sense, norms don't exist except as orientations of communications (and, of course, as printed paper). On the operative level external and internal references are always linked and provide a double orientation of decisions". Cabe notar que uma versão em francês dessa carta integra o livro *Niklas Luhmann obervateur du droit*, organizado por André-Jean Arnaud

rir aqui que a perspectiva de Arnaud seja mais pertinente do que a de Luhmann.[194] O que importa assinalar é que, no entendimento do autor de *Critique de la raison juridique*, os conceitos de "direito" e de "sistema jurídico" não são coincidentes.

3.2.2.2. A atribuição de uma solução teórica que, ao enfocar o fechamento operacional e a autonomia do direito, constituiria uma mera abstração, sem aderência à "prática cotidiana", que serviria à manutenção da "ordem estabelecida"

No que concerne à segunda crítica, consistente em imputar a Luhmann uma solução teórica que, ao enfocar o problema do fechamento operacional e da autonomia do direito, afigurar-se-ia uma mera abstração sem aderência à "prática cotidiana", Arnaud (1989; 1993a), aludindo a algumas temáticas fundamentais da teoria dos sistemas proposta pelo autor alemão – especialmente às teses do "fechamento normativo" e da "abertura cognitiva" –, procura atribuir-lhes, em primeiro lugar, um contorno artificial, na medida em que, em seu entendimento, elas seriam expressão de uma abstração analítica desvinculada do que o autor designa como "prática cotidiana", e, em segundo lugar, um caráter conservador que se prestaria, em última instância, à manutenção da ordem estabelecida, o que, por sua vez, comprometeria o seu potencial crítico.[195] Nesse particular, cabe sublinhar certa afinidade da posição de André-Jean Arnaud com a de outros autores franceses, especialmente Pierre Bourdieu.

No tocante ao primeiro aspecto, apesar de reconhecer a importância da teoria dos sistemas, Arnaud parece aderir à visão recorrente entre

e Pierre Guibentif. Como se sabe, a distinção entre operações e estrutura do sistema jurídico é amplamente tratada por Luhmann (2004 [1993]).

194 Para excelentes exposições da teoria dos sistemas de Luhmann, especialmente no que concerne ao direito, ver, por exemplo: Clam (1996; 1997), Gubentif (2010), Rabault (2012b; 2016). Para uma abordagem introdutória, ver: Gonçalves e Villas Bôas Filho (2013).

195 A respeito, são particularmente elucidativas as objeções feitas por Arnaud (1989, p. 85-86) acerca das pressuposições de "fechamento operacional" e de "abertura cognitiva" sustentadas por Luhmann. Não há como reproduzi-las aqui. Contudo, cumpre notar que o autor as critica incisivamente por considerá-las sustentáveis apenas no plano de uma "abstração" dissociada da prática jurídica cotidiana. Críticas de teor praticamente idêntico são encontradas em Arnaud (1993a) e Arnaud e Fariñas Dulce (1998).

expressivos teóricos das ciências sociais na França que consideram a obra Luhmann uma grande abstração teórica que, como "tecnocracia cínica, para não se dizer desesperada" (LYOTARD, 1979, p. 25), expressar-se-ia na forma de uma "fantasmagoria do social" (LATOUR, 2004, p. 282) que "deformaria" a realidade (TOURAINE, 1992, p. 320). É justamente nesse contexto que Bourdieu (2001b, p. 200) enxerga nela a expressão de uma teoria "escolástica".[196] Não cabe aqui discutir a pertinência de tais críticas. O que importa é realçar o quanto elas mantêm uma relação de afinidade com o teor da objeção que Arnaud (1989; 1993a) endereça à tese de Luhmann relativamente à questão da autonomia por ele atribuída ao sistema jurídico. Caracterizada como "abstração" descompromissada com a "prática cotidiana", a tese do "fechamento operacional" de Luhmann experimentaria, inclusive, um comprometimento de sua pretensão de adequação empírica.

Trata-se de uma crítica contundente, pois Luhmann (2004 [1993], p. 60) pretende que sua abordagem sistêmica, apesar de seu alto nível de abstração, seja "empiricamente adequada". Essa questão se expressa particularmente na preocupação do autor em desenvolver uma análise sociológica que, como "descrição externa", leve em consideração as "auto-observações" e as "autodescrições" realizadas pelo sistema jurídico, compreendido como subsistema de uma sociedade funcionalmente diferenciada. Isso implica, conforme ressalta Luhmann (2004 [1993]), uma descrição sociológica que os juristas entendam e aceitem.[197] Contudo, Arnaud (1989; 1993a) e Arnaud e Fariñas Dulce (1998) realizam severas objeções à pertinência explicativa fornecida pelo modelo teórico proposto pelo autor de *Das Recht der Gesellschaft*. Como visto, Arnaud

[196] Referindo-se à expressão "Scholastic view" de John Austin, Bourdieu (1994, p. 216) afirma que esta consistiria na "condition d'exercice scolaire comme jeu gratuit, expérience mentale, qui est à elle-même sa fin". Em sentido análogo e com uma ampla "crítica da razão escolástica", ver, especialmente: Bourdieu (2003 [1997]).

[197] A respeito, no bojo da extensa e complexa obra produzida por Niklas Luhmann, ver, especialmente: Luhmann (1989 [1986]; 1990b; 2001; 2004 [1993]; 2014 [1972]). Acerca do direito na teoria dos sistemas de Luhmann, em meio à monumental literatura que lhe é dirigida, ver, entre outros: Campilongo (2000a; 2000b; 2002; 2011; 2012), Gonçalves (2013), Gonçalves e Villas Bôas Filho (2013), Guibentif (1999; 2010), King e Thorhill (2003), Neves (2006; 2007; 2018), Villas Bôas Filho (2006; 2009; 2015c; 2020c).

(1993a, p. 155) considera que, ao empregar como sinônimas as expressões "direito" e "sistema jurídico", Luhmann "brutalizaria inutilmente" as representações dos juristas, impondo-lhes uma visão que eles não podem admitir como satisfatórias. Entendimento análogo também aparece em Arnaud e Fariñas Dulce (1998).[198]

Por outro lado, no que se refere à atribuição, por parte de Arnaud (1989), de um viés conservador da "ordem estabelecida" à teoria dos sistemas de Luhmann, fica clara a estratégia do autor francês de efetuar um esvaziamento do potencial crítico da obra de seu colega alemão.[199] Aliás, nessa mesma linha de argumentação, Arnaud (1991d) qualifica a teoria dos sistemas de Luhmann como uma espécie de "teoria liberal do direito" que, enquanto tal, distinguir-se-ia das "teorias políticas do direito" e dos "progressismos jurídicos". Ora, em sua célebre análise do "campo jurídico", Bourdieu (1986b) opõe, no âmbito do "debate científico" acerca do direito, duas posturas antagônicas: a) o formalismo, por ele associado a autores como Hans Kelsen e Niklas Luhmann; b) o instrumentalismo, ilustrado, por exemplo, pela obra de Louis Althusser.[200] Sem adentrar na densa abordagem realizada por Bourdieu (1986b), cumpre notar apenas que ele imputa à teoria dos sistemas de Luhmann a confusão entre as "estruturas simbólicas" (que exprimem o direito) e as "instituições sociais" que as produzem, engendrando, assim, uma "representação formal e abstrata do sistema jurídico" que contribuiria, à sua maneira, para a consagração da ordem estabelecida.[201] Por conseguinte, é possível afir-

[198] Referindo-se ao modo pelo qual Luhmann concebe o direito, Arnaud e Fariñas Dulce (1998, p. 256) também fazem a seguinte colocação: "une chose que répliqueront les juristes est: s'agit-il vraiment du droit?". Aliás, em termos ainda mais assertivos, Arnaud (1989, p. 86) afirma que "si le modèle de Luhmann a quelque chance de se révéler pertinent, ce sera à coup sûr dans ce système que nous avons pris soin d'appeler 'simplement juridique', mais certainement pas dans l'étude du 'droit' à strictement parler".

[199] Acerca da teoria crítica dos sistemas, ver: Fischer-Lescano (2010), Amato e Barros (2018), Barros (2018), Elmauer (2015a; 2015b), Minhoto e Gonçalves (2015). Para um contraste entre as propostas de Arnaud e de Luhmann a esse respeito, ver: Villas Bôas Filho (2018d).

[200] A respeito, ver também: Bourdieu (2022).

[201] Segundo Bourdieu (1986b, p. 13), "autrement dit, l'effet propre, c'est-à-dire proprement symbolique, des représentations engendrées selon des schèmes accordés aux structures du monde dont ils sont le produit, est de consacrer l'ordre établi [...]". Aliás, é nesse

mar que Arnaud (1989), apesar de construir uma argumentação com fundamento próprio, parece ir nessa mesma direção.[202]

Vale notar que Luhmann não se dá ao trabalho de responder publicamente às objeções que lhe são postas por Arnaud. Em carta datada de 5 de julho de 1988, ele refuta laconicamente as críticas que lhe são endereçadas por Arnaud mediante a reafirmação das bases de sua teoria e a insinuação de que a perspectiva de seu opositor corresponderia ao que ele designa como "autodescrição" (ou seja, à teoria do direito), e não à "descrição externa" promovida pela sociologia. Luhmann rejeita, ademais, a caracterização de suas teses relativas ao fechamento operacional e à autonomia do direito como expressão de mera abstração, ao afirmar que, no plano operacional do sistema jurídico, as referências, internas e externas, estariam relacionadas e forneceriam uma dupla orientação às decisões, sendo, portanto, a distinção entre elas algo concreto, e não abstrato.[203] Por fim, ressalta que não está preocupado em contra-argumentar com seu interlocutor na medida em que o que efetivamente lhe interessa é firmar sua própria posição, cabendo ao seu crítico se valer de suas observações para reconsiderar (ou não, pois isso pouco lhe parece importar) suas objeções.[204] Aliás, Luhmann procede da mesma maneira às objeções

sentido que os juristas são taxados por Bourdieu (1991, p. 99) de "guardiões hipócritas da hipocrisia coletiva" (*gardiens hypocrites de l'hypocrisie collective*).

[202] Cabe notar, entretanto, que, ao sustentar que, para Luhmann, a questão da legitimidade redundaria em matéria de oportunidade por parte dos que decidem (ou seja, detêm o poder), a afirmação de Arnaud (1989, p. 86) de que a perspectiva de Luhmann "conduit à considérer le droit comme une machine de reproduction de l'ordre établi" parece se aproximar do que Bourdieu (1986b) chama de "instrumentalismo".

[203] Vale ressaltar que Arnaud (1986) problematiza o "valor heurístico" da distinção interno/externo para a cognição do direito. A respeito, ver também Israël (2008).

[204] Reproduz-se aqui, em sua integralidade, a parte final da carta de Luhmann, pois ela é bastante elucidativa. Nela, o autor sustenta que "on the operative level external and internal references are always linked and provide a double orientation of decisions. Therefore, I would not say that cognition is external to the System [...], it refers only to the environment. And the distinction between these two references are in no way abstract but always concrete. I admit, of course, that there can be many different descriptions of such a System, be they descriptions of external observers or be they descriptions of the System itself. There is no one single description. Theories can improve given the continuity of the operations of the autopoietic system. Therefore, it may be that your proposals

de outros autores francófonos, relativamente às quais sua postura parece ser de efetivo desdém.[205]

Essa espécie de algaravia havida entre Niklas Luhmann a André--Jean Arnaud é bastante emblemática, especialmente se analisada à luz da tese de Pierre Bourdieu acerca dos "campos sociais". Segundo Bourdieu (2004), os "campos científicos", tal como os demais, constituem "microcosmos" relativamente autônomos em que agentes, detentores de capital específico, lutam por posições a partir de uma interação regida pela *illusio* inerente ao pertencimento ao campo.[206] Conforme Bourdieu (2004), haveria, nos "campos científicos", duas espécies de "capital científico": de um lado, o que se pode chamar de "temporal" (ou político), ligado à ocupação de posições importantes nas instituições científicas, universidades, direção de laboratórios, departamentos, publicações científicas etc.[207] De outro, o "prestígio" que repousa quase exclusivamente no reconhecimento, fluidamente institucionalizado, do conjunto dos pares ou de sua fração mais consagrada. Ora, na disputa em questão, Arnaud (entre outras coisas, diretor do *Réseau Européen Droit et Société*; diretor de pesquisa no CNRS; e diretor científico do *Oñati International Institute for the Sociology of Law*) parece deter, fundamentalmente, o primeiro tipo de capital científico, enquanto Luh-

are more adequate for use in the context of the self-description of the legal System, but I see no point in contrasting this self-description (in my terminology: legal theory) with an external sociological description. Relations between Systems are always described by an observer. This has to be distinguished from operations which connect systems. These operations are operations of the encompassing systems of society (for example: a legal text has a be given to the printer for printing). It is a question of choosing the system-reference (referring to the System as a stand-point from which everything becomes an environment) whether you observe end describe the total System of society or the legal System. I stop here. These remarks are not meant as counter-argument but simply as a statement of my own position which may or may not help you in reconsidering your objections" (LUHMANN, carta de 5 de julho de 2017 *apud* ARNAUD, 1989, p. 96).

205 Respondendo às objeções realizadas por Ost e Kerchove (1988) acerca do fechamento operacional dos sistemas autopoiéticos, Luhmann (1993, p. 75, nota 1) afirma que "les objections qui se concentrent sur ce point [...] rejettent une théorie que personne n'a proposée".

206 Sobre a noção de "microcosmos", ver: Bourdieu (2022).

207 Sobre o "campo científico", ver, especialmente: Bourdieu (1971; 1975; 1976; 2004).

mann, com seu prestígio internacional e reconhecimento entre pares, parece portar o segundo tipo de capital científico.

Por conseguinte, é possível sustentar que as críticas que Arnaud endereça à teoria dos sistemas de Luhmann expressam, em grande medida, a sua pretensão de formulação de uma perspectiva analítica concorrente à do autor alemão, cujo prestígio era reconhecidamente superior ao seu no "campo científico". Este último, entretanto, desenvolve uma estratégia que, na prática, nega a abordagem que compete com a sua a partir da reafirmação, pelo seu prestígio, das bases de sua própria posição e mediante a transformação da emulação pretendia por Arnaud em uma espécie de incompreensão de sua teoria, como se a proposta do autor francês não merecesse ser levada a sério como modelização sistêmica alternativa à sua. Nessa disputa, regida pela lógica interna ao "campo científico", o esforço de Arnaud em construir uma modelização sistêmica que toma por contraponto fundamental a teoria de Luhmann acaba, em última instância, por reafirmar o prestígio desta. Por outro lado, Luhmann, ao desdenhar da proposta de Arnaud, reduzindo-a ao estatuto de mera incompreensão de sua teoria, retroalimenta seu próprio prestígio. Em síntese, a teoria dos sistemas de Luhmann, em virtude de sua incontestável complexidade e sofisticação, constituiu-se como uma forma de modelização sistêmica hegemônica no campo científico e, como tal, passou a ser refratária às propostas alternativas, tais como a de Arnaud.[208] Contudo, isso não elide o fato e que ela consiste apenas em uma maneira entre outras de abordagem do sistema jurídico, tal como, aliás, enfatizam Arnaud e Fariñas Dulce (1998).

[208] Bourdieu (2004, p. 44), à guisa de exemplo, alude à controvérsia entre Jean-Paul Sartre e Raymond Aron e, a respeito deles, afirma que "um e outro, no entanto, tinham em comum, para além da oposição radical que os separava, tomar como uma representação estritamente objetiva do seu objeto, o que não passava de um ponto de vista particular e, embora muito lúcidos [...], do ponto de vista de seu concorrente, de serem cegos acerca de si próprios e sobretudo acerca do ponto de vista a partir do qual apreendiam seu concorrente, isto é, sobre o fato de que, inscritos no mesmo campo, ocupavam posições antagônicas, princípios de sua lucidez e de sua cegueira". Outro exemplo muito significativo, este relativo ao "campo intelectual", consiste na análise que Bourdieu (1966) faz da controvérsia entre Roland Barthes e Raymond Picard acerca da obra de Racine. Para uma análise mais detalhada dessa questão, ver: Villas Bôas Filho (2018d).

CAPÍTULO 4
UMA TEORIA SOCIOLÓGICA DO PLURALISMO JURÍDICO: A TESE DA "POLISSISTEMIA SIMULTÂNEA"

4.1. A centralidade da questão do pluralismo jurídico na obra de André-Jean Arnaud

Como visto no primeiro capítulo, Arnaud (1998b) elenca oito perspectivas paradigmáticas que, em seu entendimento, aglutinariam a maioria dos sociólogos e juristas no contexto acadêmico francês, quais sejam: a) a "sociologia legislativa" (*sociologie législative*); b) "o direito como quadro da ação" (*le droit comme cadre d'action*); c) a "abordagem neorracionalista" (*l'approche néo-rationaliste*); d) a "sociologia do campo jurídico" (*sociologie du champ juridique*); e) a "análise sociopolítica do direito" (*l'analyse socio-politique du droit*); f) a "sociologia do poder e do controle" (*sociologie du pouvoir et du controle*); g) a "sociologia do pluralismo jurídico" (*sociologie du pluralisme juridique*); h) "o direito como fonte e objeto de socialização" (*le droit comme source et objet de socialisation*).[209]

Em meio a essas perspectivas paradigmáticas da sociologia jurídica francesa, Arnaud (1998b) enquadra a si mesmo no que designa como "sociologia do pluralismo jurídico", associando-se, de um lado, a notáveis sociólogos francófonos, tais como Georges Gurvitch e Jean-Pierre Bonafé-Schmitt e, de outro, a antropólogos como Norbert Rouland e Étienne Le Roy.[210] Nesse contexto, o autor assinala como tendência geral do "paradigma" em que se inscreve, cujo desenvolvimento considera

[209] Para uma versão em inglês dessa mesma análise, ver: Arnaud e Noreau (1998). A respeito, ver também: García Villegas (2015) e García Villegas e Lejeune (2011).

[210] No mesmo sentido, ver: Arnaud e Noreau (1998). Sobre a proximidade da perspectiva de Arnaud com a dos antropólogos, ver, por exemplo: Villas Bôas Filho (2017b).

ser mais amplo na tradição anglófona, o fato de questionar o monopólio estatal da regulação jurídica.[211] Por conseguinte, ao referir-se à sua própria obra, Arnaud (1998b) – sublinhando a importância de seu livro *Critique de la raison juridique*, de 1981, e de artigos, publicados posteriormente a ele, tais como "Le droit, un ensemble peu convivial" (1989) e "Droit: le système et l'ensemble" (1993) – sustenta a distinção entre "sistema jurídico" (não necessariamente imposto, mas "concebido" e, muitas vezes, "vivido") e "direito" (definido como imposto), que será discutida adiante.[212]

Arnaud (1998b) também enfatiza a abordagem do pluralismo jurídico em seus trabalhos posteriores, direcionados às temáticas da globalização, da complexidade, da alteridade e da pós-modernidade.[213] Nesse contexto, afiguram-se como centrais os livros *Critique de la raison juridique 2. Gouvernants sans frontières. Entre mondialisation et post-mondialisation* e *Entre modernité et mondialisation. Leçons d'histoire de la philosophie du droit et de l'État*, e artigos como "Du jeu fini au jeu ouvert. Réflexions additionnelles sur le Droit post-moderne" e "De la régulation par le droit à l'heure de la globalisation. Quelques observations critiques", editados a partir da década de 1990. Seu último livro, intitulado *La gouvernance. Un outil de participation*, publicado em 2014, também enfoca a questão do pluralismo jurídico.[214] Nesse contexto, é particularmente significativa a crítica

[211] Conforme observa Rouland (1988, p. 90), "toutes les théories du pluralisme juridique ont en commun de relativiser la place de l'État par rapport à la société, et d'affirmer qu'il existe des droits non étatiques engendres par les groupes sociaux constitutifs de toute société". No mesmo sentido, ver também: Belley (1986), Rouland (1995; 2003), Le Roy (1999) e Vanderlinden (2013).

[212] Segundo Arnaud (1991a, p. 47), "avec le pluralisme, avec l'absence d'une rationalité unique, la rationalité multiple ou complexe devient difficile à mettre à jour. Un problème grave de polysystémie *simultanée* (existence simultanée de systèmes juridiques concurrentiels) se pose". Diante desse problema, autores como Chevallier (2008) e Delmas-Marty (2006; 2010) procuram delinear as bases para um "pluralismo ordenado".

[213] No mesmo sentido, ver: Arnaud e Fariñas Dulce (1998) e Arnaud e Noreau (1998). No Brasil, a esse respeito são incontornáveis as análises de Faria (2002a; 2002b; 2010).

[214] Assim, Arnaud (1997, p. 12), inscrevendo a questão do pluralismo jurídico no horizonte da globalização, ressaltava que "il convient aussi de ménager une place importante au problème de l'articulation de la régulation par le droit de l'État avec d'autres formes de régulation juridique, notamment celles qui sont mises en vedette par les études socio-juri-

feita por Arnaud (1997, p. 14-23; 1998a, p. 148-161; 2004, p. 124-137) à pretensão de monopólio da produção jurídica por parte do Estado, em meio à qual o autor contrasta, como se verá no Capítulo 5, o que designa como "direito estatal substituído" (*droit étatique relayé*), com o "direito estatal suprido" (*droit étatique suppléé*) e o "direito estatal suplantado" (*droit étatique supplanté*).[215]

Ao enfocar o que denomina de "sociologia pluralista dos juristas como forma de combate ao direito estatal", Serverin (2000) dá especial destaque à obra de Boaventura de Sousa Santos e à de André-Jean Arnaud. No que concerne a este último, destaca a importância dos "alicerces" epistemológicos que a sua *Critique de la raison juridique* proporciona ao desenvolvimento de uma perspectiva pluralista. Além de enfatizar a influência de Habermas sobre Arnaud, no que concerne à distinção entre "direito imposto" (*droit imposé*) e "direito vivido" (*droit vécu*),[216] Serverin (2000) sublinha a associação entre pluralismo, pós-modernismo e globalização por ele feita em seus escritos posteriores.[217] Não há, entretanto, como realizar aqui um exame mais acurado das múltiplas facetas que compõem

diques et politiques récentes sur le pluralisme juridique". No mesmo sentido, ver: Arnaud (2003; 2004).

[215] Não há como reconstruir aqui a complexa análise feita pelo autor dessa questão. Cabe apenas observar que, segundo Arnaud (1997, p. 24; 1998a, p. 161; 2004, p. 137), "la situation contemporaine est à la fois confuse et complexe. On relève, en effet, une solide permanence des modes de production normatifs traditionnels, dans les interstices de laquelle viennent s'infiltrer des types de production juridique qu'on pourrait qualifier de 'postmodernes' dans la mesure où ils constituent un dépassement – et souvent a contrario – de la philosophie 'moderne' du droit et de l'État". Vale notar também que Chevallier (2008, p. 124-132), tendo por base essa distinção entre "droit étatique relayé", "droit étatique suppléé" e "droit étatique supplanté", enfoca o pluralismo jurídico a partir de uma perspectiva que o aborda mobilizando três dimensões: "droit extra-étatique", "droit supra-étatique" e "droit infra-étatique". Para uma análise similar, ver: Santos (2002).

[216] Como se verá adiante, a distinção entre "direito imposto" (*droit imposé*) e "direito vivido" (*droit vécu*) é amplamente utilizada por Arnaud (1981; 1989; 1993a; 1998b) como base para a tematização do pluralismo jurídico.

[217] Referindo-se ao modo pelo qual Arnaud enfoca o pluralismo jurídico, Serverin (2000, p. 65) sustenta que "la distinction entre le droit imposé et le droit vécu développée à la suite des travaux d'Habermas fonde un pluralisme tourné à la fois vers la recherche des conduites non conformes aux règles te vers l'identification d'autres ensembles normatifs auxquels ces conduites seraient conformes. Dans son état plus récent, cette sociologie

os estudos de Arnaud sobre o pluralismo jurídico. A pretensão dessa breve digressão, efetuada à guisa de introdução, consiste apenas em realçar a centralidade dessa temática em seu pensamento para, a partir daí, ressaltar a relevância de sua "teoria da polissistemia simultânea" (*théorie de la polysystémie simultanée*) na estruturação de seu argumento.

4.2. Aspectos gerais da "teoria da polissistemia" de André-Jean Arnaud

Conforme ressaltado no Capítulo 3, Arnaud e Fariñas Dulce (1998) sustentam que a "modelização sistêmica" seria uma forma particularmente adequada de compreensão, pelo ângulo sociológico, dos sistemas jurídicos e de sua dinâmica social. Como visto, sem desconsiderar a possibilidade de outras perspectivas, Arnaud e Fariñas Dulce (1998) salientam que a abordagem sistêmica constituiria um modo de conhecimento e de experimentação, por simulação, dos "sistemas sociais", especialmente adaptado ao estudo dos "sistemas jurídicos". Verificou-se também que Arnaud (1981; 1989; 1993a) reconhece a importância assumida pela "teoria dos sistemas" de Niklas Luhmann no campo dos estudos sociojurídicos.[218] Apesar disso, o autor de *Critique de la raison juridique* enfatiza que a proposta teórica formulada pelo sociólogo alemão seria apenas uma dentre as diversas possibilidades de abordagem dos sistemas jurídicos. Assim, observa-se em Arnaud (1989; 1993a) e em Arnaud e Fariñas Dulce (1998) a enunciação de uma série de objeções à "teoria dos sistemas de Luhmann".[219]

Partindo dessas considerações, Arnaud e Fariñas Dulce (1998, p. 269) propõem um "modo de descrição" que, segundo eles, seria apropriado para a apreensão da relação entre os sistemas. Trata-se da "teoria da polissistemia" (*théorie de la polysystémie*), cujos fundamentos já se encontram

associe le pluralisme au postmodernisme et à la globalisation, pour dissoudre l'État-nation au sein de 'multiples ordres juridiques spontanés', que dépassent même le national".

218 A respeito, ver também: Arnaud e Fariñas Dulce (1998).

219 Arnaud e Fariñas Dulce (1998), em diversos momentos, enfatizam o caráter insuficiente da "teoria dos sistemas" de Luhmann para a apreensão adequada da dinâmica complexa do sistema jurídico.

delineados em Arnaud (1981).[220] Procurando explicar sinteticamente em que consiste essa teoria, Arnaud e Fariñas Dulce (1998, p. 269), partindo de um truísmo, afirmam que se deve entender por "polissistemia" o "encontro" de diversos sistemas. Conforme os autores, haveria distintas formas de expressão da "polissistemia": disjuntiva, sucessiva e simultânea. Para os propósitos da análise aqui desenvolvida, interessa, sobretudo, a hipótese da "polissistemia simultânea", uma vez que é ela que sustenta a concepção pluralista de André-Jean Arnaud. Por esse motivo, ela será priorizada no bojo da breve análise que será realizada a seguir.

Referindo-se à "polissistemia disjuntiva", Arnaud (1981) afirma que ela expressaria a situação mais simples e evidente, uma vez que remete à coexistência espacial de diversos "sistemas de direito".[221] Como enfatiza o autor, cada Estado teria as suas próprias leis organizadas na forma de sistemas. Assim, mobilizando a distinção entre "direito" e "sistema jurídico", mencionada no capítulo anterior e tratada em maior detalhe no tópico a seguir, Arnaud (1981, p. 24) assevera que, para o "direito" de determinado país, os "direitos estrangeiros" não seriam considerados "sistemas de direito" em sentido estrito, mas simples "sistemas jurídicos". Segundo Arnaud (1981), a situação expressa na hipótese da "polissistemia disjuntiva" proporcionaria matéria de interesse para investigações em distintos campos de pesquisa, particularmente o jurídico, o sociológico e o histórico. Arnaud e Fariñas Dulce (1998) destacam o tradicional interesse dos "comparatistas" por essa temática.

Segundo Arnaud e Fariñas Dulce (1998), a "polissistemia sucessiva" teria por referência a sucessão temporal de diversos "sistemas de direito" em um mesmo espaço. Seria, tradicionalmente, o âmbito de pesquisa que mais interessa ao historiador do direito. Conforme Arnaud (1981, p. 25), a "polissistemia sucessiva" estaria referida, em sentido genérico, ao problema da "passagem" de um sistema a outro. No que concerne ao "direito", essa "passagem" pode ocorrer "pacificamente" ou a partir de

[220] Cabe notar que, em português, a palavra "polissistemia" não está dicionarizada. A tradução brasileira do livro veicula o vocábulo "polissistemia" como correlato, em nosso idioma, do termo original "polysystémie". Por esse motivo, a palavra "polissistemia" e a expressão "teoria da polissistemia" serão aqui sempre grafadas com aspas.

[221] No mesmo sentido, ver: Arnaud e Fariñas Dulce (1998).

uma "ruptura violenta". Trata-se, ademais, de um âmbito de pesquisa no qual as complexas questões da "continuidade" e da "descontinuidade" fazem-se presentes. Como ressalta Halpérin (2019), no que tange a essas questões, a contribuição de André-Jean Arnaud foi de grande expressividade. De fato, as pesquisas realizadas por Arnaud (1969; 1973; 1975; 1998b) nessa seara passaram a ser incontornáveis.[222]

A "polissistemia simultânea" seria, conforme Arnaud e Fariñas Dulce (1998), a que mais interessaria à sociologia jurídica. Remetendo à questão do pluralismo jurídico, ela se caracteriza, segundo os autores, pela conjunção de diversos sistemas em um mesmo tempo e lugar.[223] Assim, inicialmente, Arnaud e Fariñas Dulce (1998) aludem, exemplificativamente, a empreitadas teóricas antecedentes, como a do "direito vivo", propugnada por expressivos autores do "movimento do direito livre" (*Freirechtsbewegung*), tais como Eugen Ehrlich e Hermann Kantorowicz,[224] às teorias realistas norte-americanas e à *comprehensive jurisprudence*, em meio às quais destacam-se Oliver Wendel Holmes, Roscoe Pound, Benjamin N. Cardozo e Karl Llewellyn, e, por fim, à perspectiva pluralista de Georges Gurvitch, cuja obra, ao enfocar as fontes não estatais da regulação jurídica, remete à ideia de um direito "social" ou "espontâneo".[225] Isso posto, Arnaud e Fariñas Dulce (1998) afirmam que a "teoria da polissistemia simultânea" proporcionaria um modelo compreensivo mais consequente para a descrição do pluralismo jurídico.

[222] Halpérin (2019) sublinha enfaticamente a contribuição decisiva de André-Jean Arnaud para o desenvolvimento da história do direito.

[223] A importância dessa questão faz-se tanto mais evidente se se considera a progressiva centralidade assumida pela discussão acerca do pluralismo jurídico nos estudos sociojurídicos. A respeito, Dupret (2003, p. 81) ressalta que "le pluralisme juridique est devenu un thème majeur de l'étude sociologique et anthropologique du droit. Cette dénomination fort générale recouvre toutefois des perspectives fort différentes, qui n'ont en commun que l'idée sommaire que le droit est plus que le droit positif et étatique". No mesmo sentido, ver, por exemplo: Rouland (1988; 1995; 2003) e Vanderlinden (2013).

[224] Para uma concisa, porém muito elucidativa análise do "movimento do direito livre", com particular destaque para Eugen Ehrlich e Hermann Kantorowicz, ver: Kaufmann (2002).

[225] Para uma análise da perspectiva de Georges Gurvitch que a contrasta com a de Jean Carbonnier, ver: Commaille (2007a).

Assim, Arnaud e Fariñas Dulce (1998) enfatizam que a "teoria da polissistemia simultânea" permitiria levar em conta esse "direito vivo" (*droit vivant*) sem desconsiderar a distinção, tida como fundamental pelos juristas, entre "ser" e "dever-ser".[226] Nessa perspectiva, considera-se que o "direito em vigor" seria um sistema cujas prescrições foram, em determinado momento e lugar, escolhidas e impostas por uma autoridade investida do poder de "dizer o direito" (*dire le droit*). Logo, partindo da distinção entre "direito" (*droit*) e "sistema jurídico" (*système juridique*), os autores sustentam que, no seio de sua "matriz expositiva", o que se designa como "direito" não seria senão um dos diversos "sistemas jurídicos" suscetíveis de serem estabelecidos como tal. Ora, o fato de determinado "conjunto de prescrições" (*l'ensemble des prescriptions*) constitutivas de um "sistema jurídico" ter sido selecionado e imposto, na forma do "direito", por uma entidade investida do poder de fazê-lo não anularia a existência de outros tantos "conjuntos de prescrições" que, por conseguinte, remanesceriam como outras possibilidades não consagradas pelo legislador (*diseur de droit*). Portanto, como se verá a seguir, paralelamente ao "direito" e, por vezes, contra ele, colocar-se-iam outros "sistemas jurídicos" "concebidos" ou "vividos".[227]

Nesse particular, Arnaud (1998b) sublinha a proximidade da sua proposta não apenas com a de Georges Gurvitch, mas também com as de autores da antropologia jurídica, como Étienne Le Roy, Norbert Rouland, Louis Assier-Andrieu e Jean-Pierre Bonafé-Schmitt.[228] De fato, a "teoria da polissistemia", apesar de sua modelagem sistêmica, apresenta afinidades significativas com abordagens que expressivos autores da antropologia fazem da regulação jurídica. É certo que, como observa Eberhard (2010), a complexidade desvelada pela antropologia, por estar baseada na alteridade, tem especificidades que a distinguem da "complexidade sistêmica" que permeia análises sociológicas como a de Arnaud

[226] Segundo Arnaud e Fariñas Dulce (1998, p. 270), a "transgressão" da distinção entre "ser" e "dever-ser" colocaria a "teoria dos sistemas" de Luhmann sob suspeita entre os juristas. Caberia discutir se os autores interpretam corretamente a teoria do autor alemão. Contudo, isso implicaria uma digressão incompatível com os propósitos deste livro.

[227] Vale notar que essa questão já se encontra expressa em Arnaud (1979).

[228] Quanto a essa questão, ver: Arnaud e Noreau (1998).

e Fariñas Dulce (1998). Contudo, isso não elide a identificação de certa consonância de entendimento entre essas perspectivas, especialmente no que concerne à rejeição de uma concepção positivista e formalista do direito. A atenção dispensada por Arnaud (1979; 1981; 1989; 1993a) ao direito "vivido" ou "concebido" é fortemente ilustrativa disso.[229] Arnaud (1979), por exemplo, sustenta que o "direito vivido" não estaria adstrito às práticas jurídicas e judiciárias, de modo a abranger práticas consideradas jurídicas por seus autores, mesmo que assim não as vejam os juristas, os costumes, os usos e, inclusive, o folclore. Ora, a afinidade dessa perspectiva com a de autores como Le Roy (1998; 1999; 2007; 2017) e Ewick e Silbey (1998) é evidente.

4.3. A distinção entre "direito" e "sistemas jurídicos" no âmbito da "teoria da polissistemia simultânea"

Como mencionado, Arnaud (1981; 1989; 1993a; 1998b) parte da distinção entre "direito" (*droit*) e "sistemas jurídicos" (*systèmes juridiques*).[230] Trata-se de uma clivagem fundante em seu pensamento que, inclusive, conduzi-lo-á à discussão do "pluralismo jurídico". Portanto, segundo Arnaud (1981, p. 20), sistemas são conjuntos estruturados nos quais cada elemento tem seu lugar e onde a transformação de um dos elementos impacta o conjunto como um todo. Partindo dessa definição, o autor sustenta que no interior do "sistema social" existiriam "subsistemas específicos" (*sous-systèmes spècifiques*) – tais como a moral, a religião, a política e a economia –, entre os quais estariam os "sistemas jurídicos" (*systèmes juridiques*). Logo, nessa perspectiva, os "sistemas jurídicos" são definidos como subsistemas sociais. O "direito" (*droit*) é concebido, pelo autor, como um "sistema jurídico" que, entretanto, em virtude de sua especificidade, não pode ser confundido com os demais. Trata-se de um sis-

[229] Arnaud (1979, p. 118) afirma que "le stade du droit conçu est donc extrêmement important pour connaître et comprendre le droit posé".

[230] Arnaud (1981) refere-se também ao "direito" (*droit*) em termos de "sistema de direito" (*système de droit*), "direito imposto" (*droit imposé*) e "direito em sentido estrito" (*droit au sens strict*). No que concerne aos "sistemas jurídicos" (*systèmes juridiques*), ele também os denomina de "sistemas vulgares" (*systèmes vulgaires*) ou de "sistemas jurídicos vulgares" (*systèmes juridiques vulgaires*).

tema que, em meio aos outros, afigura-se como "posto e imposto" (*posé et imposé*) por um ator investido de poder de "dizer o direito" (*dire le droit*), em momento e lugar determinados, para certo grupo. O direito seria, portanto, um "sistema jurídico" caracterizado pela imposição.[231]

Diante disso, Arnaud (1981) afirma que aquilo que dirige a atividade jurídica aos seus fins próprios seria a "razão jurídica". Ela constituiria o princípio de organização coerente do sistema, caracterizando-se, assim, como "condição necessária e suficiente" de existência de um sistema jurídico pelos seguintes motivos: a) é preciso uma "razão" suscetível de ditar a "lógica" (*raisonnement*) e as condutas uniformes e conformes os fins estabelecidos; b) somente essa "razão" pode estabelecer um conjunto suficientemente adaptado, articulado e fechado para ser considerado como racional; c) um dado sistema não pode ser animado senão por uma "razão"; d) os conflitos entre sistemas surgem da simultaneidade de "sistemas jurídicos", em meio à qual o "sistema de direito imposto" (*système du droit imposé*) não pode desconsiderar a possibilidade de ser subjugado ou tornar-se defasado em face das razões que animam os demais "sistemas jurídicos" que com ele concorrem.[232] Ademais, segundo Arnaud (1981; 1989), as "qualidades" da "razão jurídica" seriam a unidade, a eficácia, a exclusividade e o dinamismo".[233]

Nesse sentido, de acordo com Arnaud (1981; 1989; 1993a; 1998b), o direito caracteriza-se por uma "dupla normatividade" (*normativité double*). Para o autor, haveria uma "normatividade simples" e uma "normatividade

[231] Pode-se fazer aqui um paralelo com a distinção entre "ordenamento imposto", "ordenamento negociado", "ordenamento aceito" e "ordenamento contestado" (*ordonnancements imposé, négocié, accepté et contesté*), proposta, no âmbito da antropologia jurídica, por Étienne Le Roy. A respeito, ver, especialmente: Le Roy (1999; 2013; 2017), Rouland (1988; 1995; 2003) e Villas Bôas Filho (2017a). Sobre a questão da juridicidade no pensamento de Le Roy, ver: Eberhard (2001; 2010), Villas Bôas Filho (2014; 2015b).

[232] Segundo Arnaud (1981, p. 27), "la raison juridique est le moteur en vertu duquel un système juridique s'organise de façon cohérente et propre à réaliser certaines fins".

[233] Não é possível examinar essas "qualidades" aqui. Para tanto, ver: Arnaud (1981; 1989) e Arnaud e Fariñas Dulce (1998). O que importa notar é que, conforme Arnaud e Fariñas Dulce (1998, p. 273), a confrontação de "sistemas jurídicos" com "razões" divergentes pode conduzir a uma eventual "mudança jurídica" (*changement juridique*).

especial".[234] A primeira serviria para diferenciar os "sistemas normativos" dos que não o são. A segunda teria por função distinguir os sistemas normativos entre si. Por essa razão, conforme o autor, toda norma que passa a integrar o "sistema de direito" teria uma "dupla natureza" (*double nature*): a "jurídica" e, sobreposta a ela, a de "direito", em sentido próprio. Logo, na perspectiva de Arnaud, o que está sendo qualificado como "jurídico" é um âmbito mais amplo e abrangente do que é definido como "direito". Portanto, tudo o que é direito tem qualidade jurídica, porém nem tudo o que é jurídico é direito em sentido próprio.[235] Isso conduz à ideia de que o "direito" emerge de um horizonte jurídico que compreende práticas "vividas" e "concebidas", portadoras de juridicidade, que podem ou não estar em consonância com ele.[236] Trata-se do que o autor chama de

[234] Segundo Bernheim (2011, p. 10-11), "André-Jean Arnaud parle de pluralité de systèmes à caractère normatif, mais il n'accepte pas l'influence extérieure sur ce qu'il appelle 'le Droit' [...]. Ainsi, le 'Droit' bénéficierait d'une 'normativité spéciale' et les sujets de droit reconnaîtraient dans les règles juridiques posées un caractère 'supérieur, vrai et valide'. L'internormativité correspond ici à l'absence de rapports avec d'autres systèmes, en raison de la fermeture du système juridique, non seulement pour préserver sa spécificité, mais surtout en raison de sa spécificité. Les autres sortes de normativité, que l'auteur reconnaît, ne sont jamais en contact avec la normativité juridique: elles ont des vies parallèles et une existence isolée; le droit restant retranché dans une spirale inépuisable".

[235] Para Arnaud (1989, p. 82-83), "le droit se spécifie par une normativité double. Ses éléments relèvent à la fois d'une normativité simple et d'une normativité spéciale. Est simple la normativité par laquelle on distingue un système normatif d'un système qui ne l'est pas; la normativité spéciale est celle à quoi l'on distingue le droit d'autres systèmes normatifs. [...] Toute norme qui concourt à former un système de droit a donc une double nature, celle de droit venant se surimprimer sur celle de *juridique*. On peut ici utiliser la qualification de 'juridique', qui est plus large que celle de 'droit'. Ce qui n'est pas juridique ne peut pas être du droit. Il n'y a que ce qui est juridique qui puisse être du droit".

[236] Quanto a essa questão, Ost (2021, p. 47) ressalta que "on doit noter aussi, dans le courant de la vie ordinaire, le développement, en marge ou à l'ombre du droit « officiel », de vastes zones mixtes et indécises où le droit se fait et se défait, s'imite, s'adultère ou s'expérimente. Qualifié de « para-droit », d'« infra-droit », ou encore de « droit vulgaire », ce domaine aux frontières imprécises contient toutes sortes de formes de réappropriation, savante ou populaire, transgressive ou imitative, conformiste ou créative, du droit en vigueur ou d'un droit imaginaire [...]".

"sistemas jurídicos vulgares" que compõem o âmbito do "infradireito" (*infra-droit*).[237]

Sem adentrar em uma problematização dessa clivagem entre "direito" e "sistemas jurídicos", o fato é que ela remete à questão dos critérios de juridicidade que servem para definir as fronteiras do direito. Esse tema é discutido também por outros autores que assumem uma "abordagem sistêmica". Luhmann (2004 [1993]), por exemplo, ao indagar acerca do que estabelece as fronteiras do direito – ou seja, se elas estão no próprio objeto (direito) ou são postas pelo observador –, sustenta que seria o próprio objeto, e não o observador, que delimita as suas fronteiras. Trata-se do problema relativo a se esses limites seriam analíticos ou concretos, isto é, se decorreriam das descrições feitas pelo observador ou se estariam inscritos no próprio objeto.[238] Segundo Luhmann (2004 [1993]), a opção pela perspectiva analítica – que para alguns parece ser a única viável cientificamente, pois do contrário passaria a ser necessário assumir pressuposições ontológicas – pode conduzir a um subjetivismo que tornaria impossível a interdisciplinaridade.[239] É justamente por esse motivo

[237] Conforme Arnaud (1989, p. 87), "parallèlement au droit, et parfois contre lui, se dressent des systèmes juridiques conçus et vécus préconstitués, qui forment un infra-droit, qui n'est pas droit, mais qu'on nomme ainsi par référence au droit, au même titre qu'on parle d'infra-rouge – qui n'a rien de rouge – mais permet de 'situer' ce dont on parle". No mesmo sentido, ver: Arnaud (1981; 1993a; 1998b) e Arnaud e Fariñas Dulce (1998). A respeito, ver também: Carbonnier (2001 [1969]; 2004 [1972]). Especificamente sobre a perspectiva de Carbonnier, ver: Arnaud (2012) e Andrini e Arnaud (1995). Para uma instigante comparação das posições de Carbonnier e de Gurvitch, ver: Commaille (2007a). Vale notar que Foucault (2009 [1975], p. 259), referindo-se às "disciplinas", afirma que elas "ne constituent rien de plus qu'un infra-droit. Elles semblent prolonger jusqu'au niveau infinitésimal des existences singulières, les formes générales définies par le droit [...]". Arnaud, apesar de conhecer bem a obra de Foucault, não o cita ao definir o que entende por "infradireito". Não há, entretanto, como examinar os paralelos dessas concepções aqui. A respeito do pensamento de Foucault, no que tange ao direito, ver: Fonseca (2012).

[238] Luhmann (2004 [1993]) rejeita as perspectivas ontológicas que procuram definir o direito a partir de sua "essência" ou "natureza". Para uma abordagem introdutória à teoria dos sistemas de Luhmann, ver: Gonçalves e Villas Bôas Filho (2013).

[239] Consoante Luhmann (2004 [1993]), o perspectivismo que centra no observador a possibilidade de delimitação do direito bloqueia o desenvolvimento de uma discussão interdisciplinar, pois, se o que delimita o objeto é o observador, então existiriam tantos

que, para ele, seria o próprio objeto (no caso o direito) que determinaria seus limites. Essa assertiva encontra respaldo em sua teoria dos sistemas e, estrategicamente, serve para que ele postule a superioridade de sua perspectiva, uma vez que esta suplantaria o impasse gerado pelo subjetivismo, permitindo uma discussão interdisciplinar, sem, com isso, adotar uma visão ontológica.[240]

A perspectiva de Arnaud (1981; 1989; 1993a), embora, tal como a de Luhmann, rejeite uma visão "ontologizante", caminha em outra direção. Sua posição parece enfatizar o observador (como modelizador), e não tanto o objeto em si. É nesse sentido que, procurando uma solução alternativa à de Luhmann para a questão do que designam como "fechamento de um sistema" (*clôture d'un système*), Arnaud e Fariñas Dulce (1998, p. 261) asseveram que pode ser considerado jurídico aquilo que corresponde aos critérios da juridicidade postos pelo sistema. No entanto, diante disso, questionam qual seria o tipo de definição a ser mobilizada para falar do direito. Uma definição lexical, doutrinária ou estipulativa? A definição lexical e a doutrinária são peremptoriamente rejeitadas por eles como inapropriadas. Contudo, de acordo com os autores, mesmo no caso de uma definição estipulativa, as coisas não seriam simples, pois haveria que indagar como realizá-la. A partir da suposição de critérios *a priori*? Pela busca de uma essência ou natureza? Ou pela determinação das fronteiras que o separam daquilo que não é direito?

Arnaud e Fariñas Dulce (1998) ressaltam, com razão, que esse problema é típico do Ocidente e, mais especificamente, da tradição continental europeia.[241] Diante dele, sustentam que, mediante o abandono de critérios apriorísticos ou essencialistas, os parâmetros de juridicidade

objetos quantos fossem os observadores. Contudo, ressalta que sua perspectiva não exclui o observador, mas o toma como observador de "segunda ordem" que deve organizar sua observação de modo a conceber o objeto como orientado pela distinção entre sistema e ambiente. Sobre essa questão ver também: Luhmann (2001).

240 A respeito desse ponto, em meio à literatura francófona, ver, por exemplo: Clam (1997), Dubé (2017), Guibentif (2010) e Rabault (2012b; 2016).

241 Segundo Arnaud e Fariñas Dulce (1998, p. 261), a questão da juridicidade seria um problema "terrivelmente ocidental" (*terriblement occidental*) e ligado especificamente à tradição romano-canônica. Para uma ampla análise da juridicidade, pelo ângulo antropológico, ver: Le Roy (1999). Sobre a perspectiva de Le Roy, ver: Villas Bôas Filho (2014; 2015b; 2017a).

passíveis de mobilização para a fixação das fronteiras do direito somente podem ser obtidos *a posteriori*. A partir daí, retomam a distinção entre "direito" e "sistemas jurídicos" para, considerando-a, abordarem a questão dos limites do direito. Arnaud (1981; 1989; 1993a) relaciona esse tema ao da ideologia. Segundo ele, todos os aspectos componentes da ideologia (valores, legitimidade, obrigatoriedade e força coercitiva institucional) estariam presentes no direito. Assim, seria o enfeixamento de todas essas dimensões constitutivas da ideologia que daria ao direito a sua especificidade, pois, em seu entendimento, apesar de outros domínios da vida social, especialmente os normativos, poderem ostentar uma ou mesmo algumas dessas dimensões da ideologia, somente o direito as reuniria efetivamente.[242]

Consciente da polissemia da noção de ideologia, Arnaud (1981), sem defini-la efetivamente, assevera que o direito seria algo conforme à ideologia do detentor do poder de dizê-lo. Salienta, porém, que não se reduz apenas a uma espécie de "secreção" de classe.[243] Cumpre notar que esse aspecto da argumentação de Arnaud é assaz impreciso.[244] Não há, entre-

[242] A respeito, Arnaud (1989, p. 83) faz as seguintes ponderações: "par quoi reconnaissons-nous le droit du juridique? Il faut faire intervenir ici le concept d'idéologie. [...] L'intervention de la notion d'idéologie est essentielle pour la définition du droit – ce qu'elle n'est pas au même degré pour les autres domaines de la vie sociale. Dans le droit, en effet, sont présentes toutes les composantes de l'idéologie : idéologie des valeurs, de la légitimité, de l'obligatoire, de la force coercitive institutionnelle [...]. L'une ou l'autre, ou plusieurs de ces différentes composantes de l'idéologie peuvent se trouver, à un titre ou à un autre, caractériser d'autres domaines de la vie sociale, généralement des domaines normatifs. Mais il n'y a que dans le droit qu'ils se trouvent ainsi tous réunis. Ce fait conduit à considérer le droit comme autre chose qu'un simple sous-système du système social tout entier: traiter ainsi du système juridique, cela est concevable; du droit, cela ne l'est pas". No mesmo sentido, ver: Arnaud (1993a) e Arnaud e Fariñas Dulce (1998). Para uma análise do direito como "aparelho ideológico do Estado", ver: Althusser (1976; 1995). A respeito, ver também: De Sutter (2010), Miaille (1980) e Montag (2013). Vale notar que Manaï (1979) aproxima as perspectivas de Arnaud e de Althusser no que concerne à ideologia jurídica.

[243] De acordo com Arnaud (1981, p. 403), "dans une société de classe, l'idéologie du droit est celle de la classe dominante. Mais il serait faux de prétendre que l'idéologie est uniquement une sécrétion de cette classe".

[244] Isso talvez se explique em virtude da enorme controvérsia existente na França de sua época acerca desse tema. Arnaud (1981) alude, de passagem, à perspectiva de Althusser, mas não adere a ela. Sua estratégia parece ser a de tematizar a questão da ideologia sempre

tanto, como aprofundar a discussão desse ponto neste texto. Em termos bastante gerais, seria possível afirmar que, para o autor, a ideologia, como algo presente em todas as sociedades em que há um direito imposto, serviria para corroborar a visão de mundo de quem detém o poder de estabelecê-lo. Concebida como tal, a ideologia teria relação com certo número de crenças que respaldariam socialmente a impositividade do direito.[245] Segundo o autor, ela se expressaria também no âmbito do "campo jurídico vulgar", em que, como se verá a seguir, ocorre a "luta" entre o direito e os demais sistemas jurídicos que com ele concorrem.

4.4. A importância da "teoria da polissistemia simultânea" na fundamentação de uma abordagem do pluralismo jurídico

Como visto, para Arnaud (1989; 1993a), a "teoria da polissistemia" desenvolvida, originalmente, no primeiro volume de sua *Critique de la raison juridique* constituiria um modo de descrição adequado das relações entre sistemas. Segundo Arnaud (1981, p. 24-26), haveria três formas básicas do que ele nomeia como "polissistemia": a) disjuntiva; b) sucessiva; c) simultânea.[246] A primeira (*polysystémie disjonctive*) referir-se-ia à coexistência de diversos "sistemas de direito". Assim, de acordo com o autor, para o direito (ou "sistema de direito") de um país, os dos demais nada

de forma oblíqua. Arnaud e Fariñas Dulce (1998, p. 212) fazem referência a Durkheim, Pietradjevski e Gurvitch para afirmarem que "nous ne sommes pas loin de la notion d'idéologie. L'idéologie juridique tient à un certain nombre de croyances [...]". Acerca da tese do direito como "aparelho ideológico do Estado" (AIE), ver: Althusser (1976; 1995). A respeito, ver, por exemplo: De Sutter (2010), Miaille (1980) e Montag (2013).

245 Trata-se, entretanto, de uma suposição bastante discutível. Conforme observa Martuccelli (2001, p. 49), "l'idée que la cohésion d'une société est dépendante d'un système culturel unitaire, ou d'une idéologie dominante, ou encore d'un consensus culturel, est une représentation que ne résiste pas à l'examen. En tout premier lieu, parce qu'il est fort douteux que l'on puisse faire découler harmonieusement un système de normes à partir d'un système de valeurs, étant donnée la nature fort conflictuelle de ce processus. Mais surtout, parce que cette imposition n'a jamais pu se réaliser dans le passé dans des termes aussi homogènes et globaux qu'on le laisse entendre, étant données les limites traditionnelles de la diffusion des 'idéologies dominantes'".

246 No mesmo sentido, ver Arnaud (1989; 1993a) e Arnaud e Fariñas Dulce (1998).

mais seriam do que "sistemas jurídicos".[247] Logo, o que interessa essencialmente aqui seria o problema da coexistência entre "razões jurídicas" de distintos "sistemas de direito". A segunda (*polysystémie sucessive*) teria a ver com a sucessão, no tempo, de diversos "sistemas de direito". Tratar-se-ia de uma preocupação que concerne fundamentalmente ao historiador, a quem cabe, conforme o autor, encontrar a "razão" que, em dado momento, funda um dado sistema e como se dá a passagem de um a outro – alteração pacífica, ruptura violenta etc. A terceira (*polysystémie simultanée*) seria o que mais interessa aos sociólogos e consistiria na interação, por vezes conflituosa, entre o "direito" e os demais "sistemas jurídicos" no âmbito do que o autor chama de "campo jurídico vulgar".[248]

Por conseguinte, a "teoria da polissistemia simultânea", fundando-se na modelização sistêmica como forma de abordagem da regulação jurídica, pressupõe, em primeiro lugar, a já referida distinção entre "direito" (imposto) e "sistemas jurídicos" (vividos ou concebidos) e, em segundo lugar, a interação, por vezes concorrencial e conflituosa, entre eles. Como decorrência, ela remete à questão do pluralismo jurídico na medida em que reconhece uma pluralidade de fontes normativas com qualidade jurídica.[249] Ademais, segundo Arnaud (1989), a "teoria da polissistemia simultânea" também permitiria considerar o fenômeno do "direito vivo" (*droit vivant*), aproximando, assim, de teorias clássicas como as de Eugen Ehrlich e Georges Gurvitch e de perspectivas contemporâneas à sua,

[247] Conforme ressaltam Arnaud e Fariñas Dulce (1998, p. 269) "il y a, par exemple, polysystémie disjonctive dans la mesure où il existe, côte à côte, autant de droits en vigueur qu'il existe d'États-nations que se jouxtent".

[248] Para Arnaud (1989, p. 86), "la théorie de la polysystémie simultanée permet de tenir compte de ces phénomènes, des cultures, du droit vivant, tout en respectant parfaitement la distinction, fondamentale pour les juristes, de l'être et du devoir-être, dont la transgression jetait un soupçon sur les théories précédentes. Un droit en vigueur forme un système. Mais, comme on l'a souligné, si l'on observe l'origine de ce système, on se rend compte qu'il n'a la qualité de droit que parce qu'un jour, en un lieu donné, une entité investie du pouvoir de dire le droit a choisi, pour être le droit, l'ensemble des prescriptions formant ce système, de préférence à d'autres corpus d'énoncés prescriptifs. Ainsi le droit n'apparaît-il, au sein d'une matrice expositoire, que comme l'un des systèmes juridiques possibles qui étaient susceptibles d'être désignés comme 'droit'".

[249] Arnaud (1991a, p. 45) também trata dessa questão em termos de "pluralisme des sources de la règle du jeu".

como a de Jean-Guy Belley.[250] Aliás, conforme mencionado, ao examinar os "paradigmas da sociologia jurídica francesa", Arnaud (1998b) inscreve a si próprio no âmbito do que nomeia de "sociologia do pluralismo jurídico".[251]

A distinção proposta por Arnaud (1981; 1989; 1993a; 1998b) entre "direito" e "sistema jurídico" é complementada pela noção de "campo jurídico vulgar", entendida como algo que abrange, além do "direito", os "sistemas jurídicos", tal como definidos pelo autor. Portanto, situado no nível do "infradireito", o "campo jurídico vulgar" constituiria o âmbito no qual o "direito" seria constantemente afrontado pelos "sistemas jurídicos vulgares", compostos pelo conjunto de "práticas vividas" ou de "visões concebidas" que, justamente por serem jurídicas, teriam "vocação de se tornar direito" (*vocation à devenir droit*) (ARNAUD, 1993a, p. 159).[252] É nesse sentido que Arnaud e Fariñas Dulce (1998, p. 166) sustentam que o "campo jurídico vulgar" englobaria tanto o "direito", nos termos em que o concebem os "juristas positivistas", como os "modos de regulação e de composição de conflitos" que, apesar de não serem expressão

[250] Referindo-se às teorias de Ehrlich, Gurvitch, Belley e também às teorias realistas da *Comprehensive Jurisprudence*, Arnaud (1989, p. 86) afirma que "la théorie de la polysystémie simultanée permet de tenir compte de ces phénomènes, des cultures, du droit vivant, tout en respectant parfaitement la distinction, fondamentale pour les juristes, de l'être et du devoir-être, dont la transgression jetait un soupçon sur les théories précédentes". Para uma abordagem sistêmica do pluralismo jurídico que aborda a obra de Ehrlich, ver: Teubner (1997). Para um excelente exame das obras de Ehrlich e de Gurvitch pela perspectiva antropológica, ver: Rouland (1988). Para uma ampla análise da perspectiva de Ehrlich que, entre outras coisas, a contrasta com a de Kelsen, ver: Febbrajo (2022).

[251] É interessante notar que Arnaud (1998b) se coloca ao lado de sociólogos como Georges Gurvitch e Jean-Pierre Bonafé-Schmitt e, especialmente, de antropólogos como Norbert Rouland, Louis Assier-Andrieu e Étienne Le Roy. Em sentido análogo, ver: Arnaud e Noreau (1998), García Villegas (2015), García Villegas e Lejeune (2011) e Serverin (2000). Cabe observar, entretanto, que se se toma a distinção sustentada por autores como Rouland (2003), Serverin (2000) e Vanderlinden (2013), a perspectiva de Arnaud poderia ser entendida como expressão de um "pluralismo jurídico moderado".

[252] Segundo Arnaud (1981, p. 26), "Parallèlement au droit imposé, 'sous lui', dirait J. Carbonnier, voire 'contre lui', se forment des systèmes conçus ou vécus, qui n'on pas aptitude, chez nous, à appeler *droit*, mais qu'on nommera, par commodité, *infra-droit*". No mesmo sentido, ver: Arnaud (1989; 1998b) e Arnaud e Fariñas Dulce (1998).

do "direito" propriamente dito, dele se aparentam pelo fato de serem mobilizados pelas pessoas nas relações que mantêm entre si, ostentando, assim, a vocação de regramento pelo "direito" ou pela "justiça".[253]

A respeito, observa-se que o "campo jurídico", em que se dá o embate entre o "direito" e os "sistemas jurídicos", ditos vulgares, é concebido por Arnaud (1981; 1989; 1993a) como uma "zona espacial" em que se entrechocam forças de uma mesma natureza. Para o autor, na medida em que, por definição, o direito supõe a não contradição no seio do sistema que o constitui, é no plano do "infradireito" que se situa o "campo jurídico", por ele denominado "vulgar".[254] Nesse particular, a comparação com a noção de "campo jurídico" proposta por Bourdieu (1986b) é inevitável. Contudo, apesar das semelhanças, vale notar que o que Arnaud (1981; 1989; 1993a; 1998b) chama de "campo jurídico" não é exatamente o mesmo que Bourdieu (1986b) entende por tal,[255] uma vez que o expande em direção a uma dimensão que envolve as práticas "vividas" e "concebidas".[256]

[253] Nesse particular, a perspectiva de Arnaud compatibiliza-se bem com as chamadas "formas alternativas de resolução de conflito". A respeito, ver: Delpeuch, Dumoulin e Galembert (2014), Le Roy (1999; 2013; 2017), Rouland (1988; 2003) e Villas Bôas Filho (2017a).

[254] Arnaud (1993a, p. 160), em termos sintéticos, afirma que "le champ juridique vulgaire peut donc être défini comme celui des transformations pacifiques d'éléments d'un imaginaire en éléments de droit, moyennant une matérialisation qui s'est affirmée parallèle au droit en vigueur, et a sa concurrence". A mesma definição aparece em Arnaud (1989, p. 88) e, com alguma variação, em Arnaud (2013).

[255] Segundo Bourdieu (1986b), "le champ juridique est le lieu d'une concurrence pour le monopole du droit de dire le droit, c'est-à-dire la bonne distribution (*nomos*) où le bon ordre, dans laquelle s'affrontent des agents investis d'une compétence inséparablement sociale et technique consistant pour l'essentiel dans la capacité socialement reconnue d'*interpréter* (de manière plus ou moins libre ou autorisée) un corpus de textes consacrant la vision légitime, droite, du monde social. C'est à cette condition que l'on peut rendre raison et de l'autonomie relative du droit et de l'effet proprement symbolique de méconnaissance qui résulte de l'illusion de son autonomie absolue par rapport aux demandes externes". A respeito, ver: Bourdieu (1986a; 1993; 2012).

[256] Referindo-se ao pensamento de Bourdieu, Arnaud (2013, p. 48) declara que "je pense avoir parlé très tôt du Droit en termes de 'champ' juridique, un espace de lutte entre des forces en présence, espace d'avant-dire droit où s'expriment ces forces situées dans l'environnement du droit en vigueur, contre lui ou en marge de lui. Au-delà de l'analyse de la formation du droit en termes de champ juridique, l'environnement joue également

Em certo sentido, seguindo as considerações de García Villegas (2004), seria possível afirmar que Arnaud, na medida em que desenvolve uma investigação menos centrada na regulação jurídica estatal, teria uma concepção menos "hexagonal" (no sentido de menos atrelada à experiência francesa)[257] do que a de Bourdieu.[258]

A postura crítica de Arnaud ao dogmatismo de viés monista, presente no "senso comum" dos juristas, expressa-se na recusa de reduzir a compreensão do fenômeno jurídico apenas à abordagem do plexo normativo emanado exclusivamente do Estado.[259] Para tanto, a sua "teoria da polissistemia simultânea" mostra-se fundamental. Cabe notar que, em meio a ela, sua proposta, ao distinguir, ainda que de forma criticável, "direito" e "sistemas jurídicos", conduz à expansão e à fragmentação do horizonte de juridicidade.[260] Assim, inscrevendo-se no âmbito de um tratamento pluralista da regulação jurídica, Arnaud procura enfocar, para além do "direito" (posto e imposto), a juridicidade vivida ou concebida que,

un rôle privilégié dans toute approche systémique, qui, selon les auteurs, accepte ou refuse l'information qui est susceptible d'y être puisée, ou d'en provenir". A propósito, ver também: Arnaud e Fariñas Dulce (1998).

257 Como se sabe, a locução "hexágono" é recorrente para a designação da parte continental da França, uma vez que a sua forma geográfica lembra a conformação dessa figura geométrica.

258 García Villegas (2004, p. 57) ressalta que a abordagem do direito desenvolvida por Bourdieu "liée à sa théorie de la domination politique est influencée par une vision éta-to-centrée fortement en relation avec l'histoire politique de la France et qui ne prend pas en compte les mutations actuelles de la régulation juridique. Riche théoriquement, la sociologie du droit de Bourdieu est néanmoins marquée par le contexte dans lequel elle a été produite". Se se consideram as análises desenvolvidas por Arnaud (1997; 1998a; 2003; 2004; 2014), essa atenção às mutações da regulação jurídica fica evidente. A respeito, ver também: Commaille (2015; 2016).

259 Conforme asseveram Arnaud e Fariñas Dulce (1998, p. 166), o "champ juridique vulgaire est un champ ouvert. En cela, il se distingue spécifiquement du *droit* au sens strict". Sobre essa questão, ver, especialmente, Arnaud (1991a; 1991c; 1997; 1998a; 2003; 2004).

260 No que tange a esse ponto, cabe sublinhar o paralelo entre as perspectivas de André-Jean Arnaud e Étienne Le Roy. A despeito de seus distintos pressupostos, ambas consignam essa preocupação com a expansão do horizonte de juridicidade. Eberhard (2010, p. 33), ainda que superficialmente, alude a esse paralelo ao contrastar o que designa como "complexité systémique", por ele associada aos sociólogos como Arnaud, e de "complexité assise dans 'nos altérités'", por ele relacionada aos antropólogos.

por vezes, pode confrontar as ordens jurídicas postas no âmbito do que designa como "campo jurídico vulgar".[261]

A "teoria da polissistemia simultânea" está, portanto, em estreita consonância com as discussões relativas ao pluralismo jurídico, desenvolvidas por autores tanto da sociologia como da antropologia. Santos (2002, p. 205), por exemplo, apoiando-se em seus estudos empíricos realizados no Brasil, em Portugal e em Cabo Verde, sustenta que "circulam na sociedade não uma, mas várias formas de direito ou modos de juridicidade. O direito oficial, estatal, que está nos códigos e é legislado pelo governo ou pelo parlamento, é apenas uma dessas formas, se bem que tendencialmente a mais importante". Logo, no bojo de sua "cartografia simbólica do direito", ao analisar a relação entre direito e escala, Santos (2002) identifica a existência de três "espaços jurídicos" distintos aos quais corresponderiam, em seu entendimento, três formas de direito: a) um "direito local"; b) um "direito nacional"; c) um "direito global".[262] Nesse sentido, evidenciar-se-ia, segundo ele, uma situação de "pluralidade de ordens jurídicas" ou, mais sinteticamente, de "pluralismo jurídico".[263]

Por outro lado, a partir de uma perspectiva antropológica, Rouland (1995, p. 71) distingue os "direitos oficiais" (*droits officiels*) e os "direitos ocultos" (*droits cachés*), ressaltando a tendência de desconsideração destes em virtude da imposição daqueles.[264] Contudo, enfatiza que, no funcionamento das sociedades ocidentais modernas, observar-se-ia a recor-

[261] Daí a já mencionada afinidade, por ele mesmo sublinhada, entre sua perspectiva e a dos autores da antropologia jurídica. A respeito, ver: Arnaud (1998b), Arnaud e Noreau (1998) e García Villegas e Lejeune (2011). Para expressivas análises antropológicas relativas ao pluralismo jurídico, ver, por exemplo: Dupret (2003; 2005; 2010; 2016), Eberhard (2010), Le Roy (1999; 2013), Moore (2014), Rouland (1988; 1995; 2003), Tamanaha (2000), Vachon (1990) e Vanderlinden (1996; 2013).

[262] Não há como enfocar neste livro os pressupostos que embasam a "cartografia simbólica do direito" proposta por Santos (2002), pois isso implicaria digressão incompatível com os propósitos aqui consignados. Cabe, entretanto, notar que, para o autor, os mapas, que sempre apresentam uma tensão entre representação e orientação, distorcem a realidade com base em três mecanismos: a escala, a projeção e a simbolização.

[263] Vale notar que o pensamento de Boaventura de Sousa Santos projeta-se sobre o de Étienne Le Roy. A respeito, ver, especialmente: Le Roy (1998).

[264] Assim Rouland (1988, p. 74) afirma que "le pluralisme juridique met l'accent sur un phénomène d'occultation du droit, auquel excellent les sociétés modernes: seul existe-

rente incidência dos "direitos ocultos" em grupos que evitam ou que, por alguma razão, não estão devidamente submetidos à autoridade do Estado. Assim, conforme Rouland (1995), diversos grupos – tais como famílias, partidos políticos, sindicatos, igrejas e ordens profissionais – desenvolveriam formas próprias de regulação e mecanismos endógenos de sanção e de composição de conflitos. Segundo Rouland (2003, p. 186), conforme remetam ao passado ou à modernidade, os "direitos ocultos" poderiam ser classificados em quatro tipos básicos: a) "direitos tradicionais", entendidos como aqueles praticados pelos autóctones antes da colonização europeia; b) "direitos consuetudinários", decorrentes especialmente da positivação de costumes em contextos coloniais; c) "direitos locais", resultantes de mecanismos de reinterpretação de instituições estatais; d) "direitos populares", que se desenvolvem largamente à margem do "direito estatal".

Além disso, em consonância com o entendimento de Arnaud (1981; 1989; 1993a) e Arnaud e Fariñas Dulce (1998), Rouland (1995) ressalta que, na perspectiva do pluralismo jurídico, as relações entre os diversos planos regulatórios em interação não seriam necessariamente harmônicas. Segundo ele, tais relações poderiam ser de colaboração e de coexistência, porém também poderiam ser de competição ou de até mesmo de negação.[265] Nesse sentido, partindo da constatação da emergência de ordens jurídicas plurais e de uma progressiva internacionalização do direito, Delmas-Marty (2006) sugere equacionar a questão propondo a hipótese de um "pluralismo ordenado" que, de acordo com ela, seria uma resposta à complexidade jurídica da atualidade, caracterizada pela perda de centralidade do direito estatal e da soberania nacional.[266] Conforme Delmas-Marty (2006), no contexto atual, termos como "ordem", "sistema", "hierarquia" e "autonomia" não conseguiriam mais traduzir

rait le droit officiel, celui de l'Etat, postulat inspirant la fameuse équation droit = loi. Les partisans du pluralisme juridique ne partagent pas cette conviction".

265 Segundo Rouland (1995, p. 39), "le pluralisme juridique est un courant doctrinal insistant sur le fait qu'à la pluralité des groupes sociaux correspondent des systèmes juridiques multiples agencés suivant des rapports de collaboration, coexistence, compétition ou négation; l'individu est un acteur du pluralisme juridique dans la mesure où il se determine en fonction de ses appartenances multiples à ces réseaux".

266 A respeito, ver também: Delmas-Marty e Izorche (2001).

de modo adequado os fenômenos de indeterminação, de incoerência e de instabilidade que acompanham o processo de internacionalização do direito. Assim, para Delmas-Marty (2006; 2010), a hipótese do pluralismo ordenado, ao remeter a um jogo complexo e instável de interações, abriria a possibilidade de uma futura ordem mundial, marcada por novos processos de interação, novos níveis de organização e uma "policronia" nas relações entre os Estados.[267]

4.5. O caráter heurístico da "teoria da polissistemia simultânea" de André-Jean Arnaud

Este capítulo pretendeu discutir a "teoria da polissistemia", formulada por André-Jean Arnaud, como forma de sustentação de uma abordagem sociológica do pluralismo jurídico. Para tanto, buscou reconstruir, ainda que laconicamente, a sua proposta de modelização sistêmica da regulação jurídica e, em meio a ela, a distinção entre "direito" e "sistemas jurídicos" que, conforme visto, acarreta a expansão e a fragmentação do horizonte de juridicidade, na medida em que permite considerar, para além do "direito" (posto e imposto), a juridicidade (vivida ou concebida).[268] Sublinhou-se que, no âmbito do que o autor denomina de "campo jurídico vulgar", os "sistemas jurídicos" podem, por vezes, confrontar o "direito posto" (*le droit imposé*).[269] Assim, destacou-se que a perspectiva pluralista que se expressa na obra de Arnaud aproxima-se – como, aliás, ele mesmo afirma – de teorias clássicas da sociologia, como a de Georges Gurvitch e

[267] Delmas-Marty (2010, p. 216-217) afirma que "il y a pluralisme car les pratiques combinent un droit à vocation supranationale à la pluralité des droits nationaux, tout en intégrant le niveau intermédiaire des droits régionaux. Mais ce pluralisme est « ordonnée » dans la mesure où les différends ensembles normatifs sont reliés par des processus de mise en cadre, interactifs et évolutifs, qui esquissent la possibilité d'un ordre mondial à plusieurs niveaux et à plusieurs vitesses".

[268] Quanto a essa questão, Arnaud (2013, p. 50), ressaltando que os "estudos sociojurídicos" conduzem a uma abordagem contextual do da regulação jurídica, afirma que "la prise en compte du contexte aboutit, en fin de compte, à une fragmentation du droit".

[269] Segundo Arnaud e Fariñas Dulce (1998, p. 273-274), essa concorrência, por vezes conflituosa, entre "direito" e "sistemas jurídicos" pode ensejar, além da eventual substituição, situações distintas: a) inovação; b) simples adaptação; c) uma espécie de "vacinação" do antigo sistema; d) a recuperação do novo pelo mais antigo.

de expressivas contribuições da antropologia jurídica acerca dessa temática, tais como as de Norbert Rouland e de Étienne Le Roy.

Por conseguinte, procurou-se salientar que a modelização sistêmica formulada por André-Jean Arnaud veicula uma sofisticada crítica epistemológica ao dogmatismo monista que não pode ser desconsiderada. Em meio a isso, ressaltou-se que a perspectiva jurídica pluralista por ele propugnada – na medida em que descentra a compreensão do direito de sua forma estatal de expressão e da racionalidade a ela correlata, engendrando, assim, uma ampliação e uma fragmentação do horizonte de juridicidade – mantém clara afinidade com as mutações da regulação jurídica na atualidade.[270] Por fim, observou-se que a possibilidade de diálogo com outras disciplinas, em especial com a antropologia, também se coloca no bojo de uma modelização sistêmica que, a partir da "teoria da polissistemia", abrange dimensões da experiência jurídica que não são devidamente consideradas nas análises convencionais.

Por todos esses motivos, a modelização sistêmica proposta por Arnaud (1981; 1989; 1993a), ao proporcionar instrumentos conceituais de grande importância e pertinência para a compreensão das dinâmicas regulatórias que se expressam na sociedade atual, afigura-se como incontornável no âmbito dos "estudos sociojurídicos".[271] Como se verá a seguir, a "teoria da polissistemia simultânea" por ele propugnada, na medida em que sustenta a sua abordagem do pluralismo jurídico, está pressuposta, ainda que não explicitamente, tanto em suas análises acerca do impacto da globalização sobre o direito (Capítulo 5) quanto nas que enfocam a importância assumida pelo fenômeno da governança no que tange à promoção de uma participação mais ampla na tomada de decisões coletivas (Capítulo 6).

[270] Para uma primorosa análise dessas mutações, ver: Commaille (2015; 2016).

[271] A importância dessa questão faz-se tanto mais evidente se se considera a progressiva centralidade assumida pela discussão acerca do pluralismo jurídico nos estudos sociojurídicos. A respeito, Dupret (2003, p. 81) ressalta que "le pluralisme juridique est devenu un thème majeur de l'étude sociologique et anthropologique du droit. Cette dénomination fort générale recouvre toutefois des perspectives fort différentes, qui n'ont en commun que l'idée sommaire que le droit est plus que le droit positif et étatique". No mesmo sentido, ver, por exemplo: Rouland (1988; 1995; 2003) e Vanderlinden (2013).

CAPÍTULO 5
DIREITO E GLOBALIZAÇÃO: OS DESAFIOS DA REGULAÇÃO JURÍDICA EM UMA SOCIEDADE COMPLEXA

5.1. André-Jean Arnaud como "diagnosticador" do presente

André-Jean Arnaud é, inquestionavelmente, um dos mais importantes analistas do impacto da globalização sobre a regulação jurídica.[272] Alguns de seus livros tornaram-se referências incontornáveis no âmbito da discussão relativa a esse tema.[273] Como se verá, Arnaud (2003; 2004) considera que o processo de globalização teria adquirido um "valor paradigmático" para a compreensão da dinâmica regulatória contemporânea.[274] Aliás, é possível afirmar que a progressiva assunção do "paradigma da globalização" como um dos temas centrais de suas análises também revela a profunda capacidade do autor para diagnosticar as mutações da regulação jurídica contemporânea.[275] Quanto a esse aspecto, não seria despropositado asseverar que a empreitada teórica de Arnaud (1997;

[272] Vale notar que Arnaud (1997; 1998a; 2004) atribui valor paradigmático à noção de "regulação".

[273] A respeito, ver, especialmente: Arnaud (1997; 1998a; 2003; 2004).

[274] Arnaud (2004, p. 44), ao enfocar o "paradigma da globalização", alude à definição de Thomas Kuhn como "feixe de conceitos" reconhecidos em uma época determinada e que fornece mecanismos de problematização e de solução, durante algum tempo, a uma comunidade de pesquisadores. Contudo, como visto no Capítulo 1, a pertinência da aplicação da definição de "paradigma" de Kuhn no âmbito das ciências humanas é discutível.

[275] Aliás, é com esse propósito que Arnaud (2003; 2004) mobiliza seu aparato analítico para evidenciar o impacto da globalização na regulação jurídica, com especial ênfase na questão da governança que constitui objeto de seu último livro, publicado em 2014. Vale notar que a questão da governança é enfocada, especialmente, por Arnaud (2003; 2004; 2012; 2014). Sobre esse aspecto do pensamento do autor, ver: Villas Bôas Filho (2016a; 2016c; 2016d; 2017b; 2018c; 2019b; 2021b) e Villas Bôas Filho e Tiveron (2020).

1998a; 2003; 2004), ainda que a partir de outros pressupostos e visando objetivos distintos, assemelha-se à pretensão de Michel Foucault de desenvolver um "diagnóstico do presente". Nessa perspectiva, poder-se-ia definir Arnaud, tal como Foucault, como um "diagnosticador do presente" (*diagnosticien d'aujourd'hui*).[276]

As pesquisas desenvolvidas por Arnaud (1997; 1998a; 2003; 2004) acerca do impacto da globalização sobre a regulação jurídica caracterizam-se por grande amplitude, complexidade e profundidade. Essas características decorrem da erudição, do aguçado senso crítico do autor e de sua resoluta assunção de uma perspectiva interdisciplinar que o habilitam a implementar correlações inusuais, porém dotadas de grande pertinência. Tal é o caso da associação entre "globalização" e "pós-modernismo". Segundo Arnaud (2004), a conjugação dessas duas problemáticas tenderia a ser desconsiderada justamente em virtude da falta de integração das distintas comunidades científicas a elas concernidas. Assim, a globalização remanesceria um assunto a ser enfocado pelos economistas e pelos cientistas políticos, ao passo que o pós-modernismo tenderia a figurar como objeto dos filósofos e dos sociólogos.

Contudo, considerando tais problemáticas estritamente relacionadas, Arnaud (2004) as correlaciona a partir de uma análise interdisciplinar de grande sofisticação.[277] Sintetizando o posicionamento de Arnaud a esse respeito, Chevallier (2019, p. 234) afirma que, para o autor de *Critique de la raison juridique*, globalização e pós-modernismo são concebidos como "movimentos paralelos" dotados, cada um, de dinâmica própria, mas que se uniriam ao redor de certos pontos essenciais, especialmente: a) pluralismo jurídico; b) embotamento do Estado; c) retorno do prota-

[276] Como visto, essa questão transparece, por exemplo, no debate ocorrido entre Michel Foucault e Raymond Aron, em 1967. A respeito, ver: Aron e Foucault (2007) e Villas Bôas Filho (2017b).

[277] Vale notar que Arnaud (2004) aborda três vias de acesso ao pensamento jurídico pós-moderno: a) a da filosófica, em que são mobilizados, especialmente, autores como Michel Foucault, Jean-François Lyotard, Jean Baudrillard e Jacques Derrida; b) a da ciência política, da sociologia e da antropologia jurídica, em que são abordados autores como Pierre Rosanvallon, Wanda Capeller e Boaventura de Sousa Santos; c) a da história, em que o autor remete o leitor ao seu texto intitulado "O direito, do universalismo à globalização, na história do pensamento jurídico ocidental".

gonismo da sociedade civil. Por conseguinte, as tensões inerentes a esses movimentos se entremeariam e se reforçariam ao mesmo tempo que eles seriam confrontados por paradoxos e contradições comuns.[278] Por fim, Chevallier (2019) também enfatiza que, na perspectiva de Arnaud, a globalização seria considerada uma espécie de "motor" do desenvolvimento do pós-modernismo jurídico e este, em última instância, a sua tradução no campo do direito.[279]

Evidencia-se, assim, a complexidade da análise que Arnaud (1997; 1998a; 2003; 2004) dedica ao impacto da globalização sobre a regulação jurídica. Tendo isso em conta, a presente análise não tem pretensão de reconstruir em termos mais pormenorizados a complexa argumentação que o autor francês desenvolve acerca dessa temática, uma vez que isso implicaria digressões totalmente incompatíveis com as dimensões e propósitos deste livro. Por conseguinte, restringindo-se apenas à abordagem de certos pontos centrais que permeiam seus principais textos a esse respeito, este capítulo enfocará, em primeiro lugar, o modo pelo qual o autor concebe o processo de globalização. Feito isso, será examinada a relação por ele proposta entre globalização e pós-modernismo. Por fim, tratar-se-á o impacto da globalização sobre a regulação jurídica.

5.2. O que é a globalização? Notas sobre as investigações de André-Jean Arnaud acerca do valor paradigmático de um fenômeno complexo

Pautado por seu rigor analítico e por seu "espírito de abertura",[280] Arnaud (2004), inspirando-se na operação de "higiene epistemológica"

[278] No que concerne a essas questões, Chevallier (2019, p. 234) indica a tensão local/global como inerente à globalização e a tensão particular/universal como própria do pós-modernismo. Relativamente aos paradoxos e contradições comuns, o autor se refere, de um lado, aos movimentos de desregulação e as demandas por novas regulações (*re-régulation*) e, de outro, a busca por alternativas à justiça convencional e o retorno à celebração do papel do juiz.

[279] Contudo, é importante ressaltar que Arnaud (2004, p. 298-299) também pontua as diferenças entre esses dois processos. Entre outras coisas, ressalta que a globalização se funda em uma racionalidade única, consistente na lei do mercado, ao passo que o pós-modernismo teria por base "lógicas estilhaçadas" (*logiques éclatées*).

[280] Acerca do "espírito de abertura" de André-Jean Arnaud, ver: Capeller (1991).

proposta por Georges Mounin, inicia a sua análise do processo de globalização a partir de uma discussão terminológica. Essa estratégia é tanto mais importante se se considera que o autor é egresso de uma tradição intelectual na qual o fenômeno em questão é designado de forma mais frequente a partir do vocábulo "mundialização" (*mondialisation*), e não pelo de "globalização", cuja recorrência, como se sabe, é maior na discussão anglófona. Não cabe reconstruir a minuciosa discussão que Arnaud (2004) empreende a esse respeito. Para os propósitos aqui consignados, basta ressaltar que, destoando da maior parte de seus compatriotas, Arnaud (2004), após elencar uma série de razões que sustentam seu posicionamento, opta pela utilização do termo "globalização".[281]

Fixado o termo que será mobilizado em suas análises, Arnaud (2004) elenca os atributos que considera definidores do que entende por globalização: a) alteração nos modelos de produção que, mediante o deslocamento da atividade econômica e das cadeias produtivas, contribuiria para uma nova divisão do trabalho; b) desenvolvimento de mercados de capitais interligados para além do âmbito das nações, com a tendencial desconsideração das fronteiras no que tange ao livre fluxo de investimentos; c) gradativa expansão das multinacionais; d) crescente importância dos acordos comerciais entre nações que formam Blocos Econômicos Regionais (União Europeia, Mercosul etc.); e) imposição generalizada de planos de ajuste estrutural que passam pela privatização e pela diminuição do papel do Estado; f) hegemonia dos conceitos neoliberais no âmbito das relações econômicas; g) tendência de difusão, em escala global, da democratização, da proteção dos direitos humanos e do interesse renovado pelo Estado de direito; h) aparecimento de atores supranacionais e transnacionais, especialmente organizações não governamentais, visando a promoção da democracia e dos direitos humanos.

[281] Além disso, Arnaud (2004) indica as três teses que pautarão a sua investigação: a) o direito está diretamente concernido no processo de globalização; b) a globalização adquire um valor paradigmático, especialmente para a compreensão da regulação jurídica; c) o "paradigma da globalização" permitiria repensar problemas considerados sem solução e, por conseguinte, proporcionaria a possibilidade de superação da crise permanente na qual o direito estaria enredado. Para uma análise concisa da globalização, ver: Arnaud (2010a).

Assim, Arnaud (2004) assevera que a globalização seria um processo que se exprimiria, fundamentalmente, mediante a progressiva imposição da lógica econômica que a caracteriza e pelas consequências políticas e sociais dela advindas. Trata-se de uma concepção clássica do fenômeno que, aliás, encontra significativos paralelos com outros importantes analistas que a ele se voltam.[282] No entanto, tendo em vista os desdobramentos desse processo, decorrentes do decurso do tempo que separa as análises de Arnaud (1997; 1998a; 2003; 2004) e o contexto atual, caberia nuançar certos aspectos da caracterização proposta pelo autor. Por exemplo, a importância por ele atribuída aos Blocos Regionais não se confirmou. Eventos como o *Brexit*, no que tange à União Europeia, a extinção do NAFTA por Donald Trump e a paralisia do Mercosul são indicativos das dificuldades da implementação de áreas de livre-comércio com a exuberância imaginada no início dos anos 2000. De outro lado, a tendência de difusão, em escala global, da democratização, da proteção dos direitos humanos e do interesse renovado pelo Estado de direito, vislumbrada por Arnaud (2004), também vem sendo infirmada pelo advento de regimes populistas, quando não efetivamente autoritários, que desrespeitam os direitos humanos.[283] Ademais, como enfatizam Mattei e Nader (2008), a expansão do "Estado de Direito" (*Rule of Law*) em escala global também pode ser vista como um instrumento de "pilhagem" das sociedades subalternas pelas hegemônicas.[284] Por fim, o advento da pandemia da Covid-19 reafirmou a importância dos Estados Nacionais e criou restrições ao fluxo de pessoas e de bens em escala global, de modo a evidenciar as vulnerabilidades de uma ordem mundial.

[282] No contexto brasileiro, ver, sobretudo: Faria (2002a; 2002b; 2010; 2011; 2018).

[283] A respeito, ver, especialmente: Rosanvallon (2020). Por sua vez, Delmas-Marty (2010, p. 119-138), ao discutir as mutações do Estado de direito, alude às seguintes situações: "suspension de l'État de droit", "contournement de l'État de droit" e "détournement de l'État de droit". A respeito, ver também: Ost (2021).

[284] Mattei e Nader (2008, p. 22) afirmam que "rule of law, no matter if domestic or international, can both be used to justify plunder and abuse of the weak, and to attempt to limit abuse.". Para um excelente contraste entre "Estado de Direito" e "Rule of Law", realizado no bojo de uma instigante análise do "Estado de Direito" no contexto da globalização, ver: Santoro (2008). Villas Bôas Filho (2016d) também evita a confusão entre "Estado de Direito" e "Rule of Law".

Essas reservas, entretanto, não invalidam a pertinência da caracterização geral proposta por Arnaud (2004) acerca do processo de globalização, sobretudo no que tange ao seu "valor paradigmático" para a compreensão das vicissitudes experimentadas pela regulação jurídica contemporânea. Arnaud (2004) ressalta que a globalização remeteria ao processo social, econômico, cultural e demográfico que se instala no âmago das nações e, ao mesmo tempo, transcende-as de modo a demandar atenção aos processos, identidades, lógicas e unidades locais. Isso posto, Arnaud (2004), baseando-se especialmente em Boaventura de Sousa Santos, enfatiza a "dialética" global/local para, a partir daí, enfocar o modo pelo qual o direito é impactado por esse processo.[285] Como se verá a seguir, Arnaud (1997; 1998a; 2003; 2004) sublinha, principalmente, a perda do monopólio pretendido pelo Estado no que concerne à regulação jurídica da sociedade.[286]

Vale notar também que, procurando apreender a complexidade do fenômeno da globalização, Arnaud (2003), em consonância com a discussão anglófona e, particularmente, com o pensamento de Richard Falk, analisa-a a partir de distintos ângulos. Nesse sentido, enfoca a globalização "de cima" (*from above*); "de baixo" (*from below*); "através" (*through*); "pelas bordas" (*alongside*); e "para além" (*beyond*).[287] Relativamente à globalização *from above*, são enfocados os Blocos Regionais, as Instâncias Internacionais e Globais, tais como as ingerências humanitárias e de segurança global.[288] No que tange à globalização *from below*, são examinados os processos de deslocalização, desconcentração e descentralização

[285] Arnaud (2004) baseia-se em Boaventura se Sousa Santos para enfocar as questões do "globalismo localizado", do "localismo globalizado", do "cosmopolitismo" e do "patrimônio comum da humanidade". Sobre essas questões, ver, especialmente: Santos (2003).

[286] Arnaud (2003, p. 183) afirma que "le droit étatique n'est plus, aujourd'hui, le seul mode de régulation juridique de la société".

[287] A respeito, ver: Chevallier (2019) e Ost (2019).

[288] Arnaud (2003, p. 191-216) enfoca essas questões especialmente a partir de experiências como a da União Europeia e do Mercosul, no que tange aos Blocos Regionais; de instituições como o Conselho de Segurança Econômica da ONU, no que se refere às instâncias internacionais e globais; de entidades como o Alto Comissariado das Nações Unidas para Refugiados (ACNUR) e o Comitê Internacional da Cruz Vermelha, relativamente à ingerência humanitária e segurança global.

que permitiram às instâncias "locais" substituir o poder central em sua atividade soberana de "dizer o direito", as autoridades regulatórias e a atuação do setor privado.[289] No tocante à globalização *through*, são realçadas a internet, as relações de comércio e as empresas transnacionais, os mercados financeiros e o controle da criminalidade transnacional.[290] Quanto à globalização *alongside*, são analisadas as alternativas dentro e fora do quadro do direito estatal.[291] Por fim, no bojo da globalização *beyond*, são examinados os direitos humanos e o "patrimônio comum da humanidade".[292]

5.3. Globalização e pós-modernidade

Como visto, na perspectiva de André-Jean Arnaud, haveria uma relação complexa entre globalização e pós-modernismo jurídico. Segundo Chevallier (2019), o processo de globalização poderia ser considerado o "motor" do desenvolvimento do pós-modernismo jurídico que, sob esse aspecto, seria a tradução de suas dinâmicas no campo jurídico. Por outro lado, a globalização também poderia ser vista como uma "manifestação" entre outras de um pós-modernismo que comportaria outros tantos aspectos. Nota-se, portanto, que há uma relação complexa, tensa e de recíproca implicação entre esses dois movimentos. Assim, para que se compreenda o tratamento dispensado por Arnaud (1997; 1998a; 2003;

[289] Para ilustrar os processos de deslocalização, desconcentração e descentralização, Arnaud (2003, p. 216-227) aborda, por exemplo, o Comitê das Regiões Europeias e a experiência do Saar-Lor-Lux; as agências reguladoras, no que se refere às autoridades reguladoras e os códigos de conduta privados nas empresas, relativamente ao setor privado.

[290] Quanto a essas questões, Arnaud (2003, p. 227-240) enfoca as diversas atividades fomentadas pela expansão da rede de internet; o papel da *lex mercatoria* no âmbito do comércio e das empresas transnacionais; as Autoridades Administrativas Independentes e os organismos profissionais no contexto dos mercados financeiros; e, finalmente, a expansão da noção de "tolerância zero" no que concerne ao controle da criminalidade transnacional.

[291] Arnaud (2003, p. 240-261) enfoca, especialmente, as vias parajudiciais de resolução de conflito, no que tange às alternativas dentro do quadro do direito estatal e ao movimento do "direito alternativo" no que se refere às alternativas fora do quadro do direito estatal.

[292] Arnaud (2003, p. 261-270) alude ao papel desempenhado por Organizações não Governamentais (ONGs) na promoção e salvaguarda dos direitos humanos e ao das Conferências Climáticas no que se refere ao "patrimônio comum da humanidade".

2004) aos efeitos produzidos pela globalização sobre a regulação jurídica, é importante que se realize, ainda que em caráter superficial e introdutório, um exame de seu entendimento acerca do pós-modernismo jurídico.

Não há como reconstituir em caráter pormenorizado a complexa análise que Arnaud (2004) realiza acerca do pós-modernismo. Para os propósitos deste livro, interessa abordar, especialmente, a questão da passagem da "monocentricidade" (*monocentricité*) para a "policentricidade" (*polycentricité*) e, em seguida, os atributos que, no entendimento do autor, alçam o pós-modernismo à condição de um "paradigma" para a compreensão da dinâmica regulatória contemporânea. Tendo em conta essas observações, cumpre notar que Arnaud (2004) inicia a sua investigação acerca do que denomina de "direito pós-moderno" contrastando-o com o "moderno". Para tanto, elenca oito "signos distintivos" que, explicitados em um quadro comparativo, permitem a apreensão esquemática dos traços característicos desse novo "paradigma".

Quadro 2 – O contraste entre o direito "moderno" e o "pós-moderno"

Modernidade	**Pós-modernidade**
Abstração	Pragmatismo
Subjetivismo	Descentramento do sujeito
Universalismo	Relativismo
Unidade da razão	Pluralidade de racionalidades
Axiomatização	Lógicas estilhaçadas
Simplicidade	Complexidade
Sociedade civil/Estado	Retorno da sociedade civil
Segurança	Risco

Fonte: Arnaud (2004, p. 273).

O Quadro 2 condensa as diferenças fundamentais entre o direito "moderno" e o "pós-moderno". Os "signos distintivos" nele mobilizados para a realização do contraste entre um e outro explicitam claramente o caráter antitético que os aparta. Entretanto, Arnaud (2004) enfatiza que tais "signos" não devem ser enfocados individualmente, mas em seu conjunto. Ademais, o autor procura ressaltar o esgotamento da concepção convencional construída no Ocidente acerca do direito mediante a indicação dos aspectos que constituiriam um novo modo de abordá-lo, o pós-modernismo, que seria consonante com o processo de globalização.[293] Como se verá a seguir, Arnaud (2004) concebe tanto a globalização como o pós-modernismo como "paradigmas" para pensar a regulação jurídica na contemporaneidade.

Como mencionado, não se pretende reconstruir aqui, em sua integralidade, a complexa abordagem que Arnaud (2004) realiza a respeito dos traços constitutivos do que considera ser o pensamento jurídico pós-moderno. Para os objetivos aqui consignados, importa analisar especificamente a passagem da "monocentricidade" para a "policentricidade", uma vez que ela, em primeiro lugar, remete à questão do pluralismo jurídico, enfocada no capítulo anterior, e, em segundo lugar, à estreita consonância entre os "paradigmas" do pós-modernismo e da globalização. Além disso, ela implica a assunção de uma perspectiva interdisciplinar que, por sua vez, foi objeto do segundo capítulo.[294]

Segundo Arnaud (2004), a "monocentricidade", admitida como postulado da "teoria positivista legalista", consiste na crença transformada em certeza de que a soberania estatal constituiria a única fonte legítima de emanação do direito.[295] Trata-se, como se sabe, da representação con-

[293] Nesse sentido, Arnaud (1991b, p. 246-247) afirma que "o Direito 'moderno' é um Direito que foi construído sobre princípios em honra da época que leva o seu nome: crença no caráter universal das soluções jurídicas e nas benfeitorias da lei toda poderosa. [...] Desde então, fala-se de um Direito no singular. E este [*sic*] Direito não pode ser proposto senão pelo legislador, regularmente investido de seu poder. [...] Aprendemos muito rápido que os sonhos da época moderna não eram senão ilusões".

[294] Quanto a esse último aspecto, Arnaud (2004) é enfático ao afirmar que os estudos interdisciplinares demonstrariam o caráter anacrônico e "ocidentalcêntrico" do pensamento jurídico convencional, por ele chamado de moderno.

[295] Analogamente, Arnaud e Fariñas Dulce (1998) sustentam que "monocentricidade" significa que todo direito emanaria do Estado e que este seria, portanto, a única fonte legítima de criação das normas jurídicas.

vencional que se constituiu no Ocidente moderno e que, como enfatiza Le Roy (1999; 2004), forja a "filosofia espontânea dos juristas", consistente em uma visão formalista e idealista fundada em abstrações e alheia à historicidade que permeia as formas jurídicas de regulação, com a consequente desconsideração dos efeitos sociais por elas experimentados e ensejados. Essa representação se difunde e impõe amplamente, pois, como ressalta Bourdieu (1993; 1994; 2012), historicamente, o Estado assumiu uma posição de centralidade, como instituição com pretensão ao monopólio da violência legítima física e simbólica, na reprodução e na canonização das formas de classificação social.[296] Assim, tornou-se natural a associação entre direito e Estado.

Contudo, segundo Arnaud e Fariñas Dulce (1998), em virtude do processo de globalização, a soberania do Estado teria sido abalada e, consequentemente, a representação de que ele seria a única fonte de emanação do direito também teria sido comprometida.[297] A isso corresponde o que Arnaud (2004) chama de "policentricidade". Trata-se do reconhecimento da existência de uma multiplicidade de órgãos de regulação e de instâncias de decisão que, ao se constituírem como "fontes jurídicas" (*sources juridiques*) no seio de uma mesma sociedade, derrogariam a pretensão de monopólio estatal relativamente ao direito.[298] Desse modo, como assinalam Arnaud e Fariñas Dulce (1998, p. 313), o conceito de "policentricidade" estaria relacionado ao de "pluralismo jurídico", muito

[296] Sobre centralidade atribuída por Pierre Bourdieu ao Estado na reprodução e na canonização das formas de classificação social, ver: Lenoir (2012b) e Villas Bôas Filho (2021c).

[297] Vale notar que, em consonância com o diagnóstico de Arnaud (1997; 1998a; 2003; 2004), Hardt e Negri (2000), no bojo de sua análise sobre o "império", também sublinham o declínio da soberania dos Estados Nacionais e sua crescente incapacidade na regulação das trocas econômicas e culturais. Quanto a essa questão, Dubet e Martuccelli (1998, p. 41), com muita propriedade, ressaltam que "en Europe apparaissent des souverainetés supranationales, des législations et des traités s'imposant aux souverainetés nationales".

[298] A respeito, ver: Arnaud (1997; 1998a; 2003; 2004), Arnaud e Fariñas Dulce (1998) e Arnaud e Noreau (1998).

embora com ele não se confunda.[299] Como enfatizam os autores, a "policentricidade" seria uma faceta do "pluralismo jurídico".[300]

De todo modo, conforme Arnaud (2004), a discussão relativa à "policentricidade", além de se referir à questão do pluralismo jurídico, remete aos efeitos da globalização sobre a produção do direito, quais sejam: a) a crescente diminuição do papel do Estado; b) a permanente dialética entre global e local; c) a consideração de instâncias intraestatais e supraestatais na produção do direito; d) o desenvolvimento de modos de regulação social que tende a passar cada vez menos pelo direito estatal. Logo, Arnaud (2004, p. 283) sustenta que o pluralismo jurídico contemporâneo seria oriundo da "fragmentação das soberanias", exprimindo-se pela multiplicação tanto dos modos de regulação como de suas fontes. Por conseguinte, em consonância com o pensamento jurídico pós-moderno, ele conduziria à rejeição da representação piramidal, de inspiração kelseniana, admitindo como jurídicas formas de regulação não engendradas estatalmente.

Portanto, Arnaud (2004, p. 298) considera que a "abordagem pós-moderna" (*l'approche post-moderne*), no contexto de uma sociedade globalizada, teria um valor paradigmático para a compreensão da regulação jurídica. Segundo ele, os motivos para tanto seriam os seguintes: a) ela questionaria a visão global da ordem social, do positivismo legalista, do determinismo mecanicista que caracterizam o pensamento moderno; b) ela repousaria sobre um feixe de conceitos que sustentariam a conjunção paradigmática do pragmatismo, do relativismo, do descentramento do sujeito, do pluralismo de racionalidades, das lógicas estilhaçadas, da complexidade, do retorno da sociedade civil e do risco; c) ela sugeriria

[299] Arnaud (1994) define a "policentricidade" como a existência simultânea de diversos centros de produção da regulação jurídica. A respeito, ver: Faria (2010; 2011).

[300] Arnaud e Fariñas Dulce (1998, p. 313) enfatizam que, em sentido amplo, o "pluralismo jurídico" refere-se à questão da coexistência de distintas "ordens jurídicas" em um mesmo contexto, ao passo que a "policentricidade" teria por foco as "fontes da produção normativa do direito". Vale notar que a definição de pluralismo jurídico proposta por Arnaud (2004) e por Arnaud e Fariñas Dulce (1998) não é corroborada unanimemente. No âmbito da antropologia jurídica, por exemplo, perspectivas como as do "pluralismo jurídico radical" e do "multijuridismo" procuram superar essa concepção mais convencional. A respeito, ver, especialmente: Le Roy (1998; 1999; 2017), Rouland (2003) e Vanderlinden (2013).

a implementação de políticas jurídicas negociadas em substituição à ordem imposta existente; d) ela assumiria a interdisciplinaridade como sua característica; e) ela reconheceria a implicação do sujeito no conhecimento do objeto, o que remeteria a uma perspectiva construtivista.[301]

5.4. O impacto da globalização sobre a regulação jurídica

André-Jean Arnaud foi um dos precursores da discussão relativa ao impacto da globalização sobre a regulação jurídica. As suas análises, hoje clássicas, acerca dessa temática são de grande sofisticação e, apesar de terem sido veiculadas em artigos e livros publicados, especialmente entre o fim da década de 1990 e o início dos anos 2000, remanescem atuais. Como mencionado, Arnaud (2004) sublinha o "valor paradigmático" do processo da globalização para a compreensão da regulação jurídica contemporânea.[302] Por esse motivo, aliás, Arnaud (2012) sustenta que, ao lado da "complexidade" e da "alternativa", a "globalização" constituiria um "conceito fundamental" da sociologia jurídica. Por conseguinte, atento à complexidade desse fenômeno, Arnaud (2003) enfoca a globalização em seus diversos modos de expressão: "de cima" (*from above*); "de baixo" (*from below*); "através" (*through*); "pelas bordas" (*alongside*); e "para além" (*beyond*).

Ao enfocar o impacto da globalização sobre o direito, comprometido com a busca por rigor e precisão, Arnaud (1997; 1998a; 2004) parte de uma definição dos conceitos fundamentais que serão mobilizados em sua análise. Assim, ressalta, inicialmente, que por "regulação jurídica" entende um tipo de "regulação social" que passaria pelo "canal do direito", por ele definido como o conjunto de regras positivas estabelecidas e controladas pelo Estado. Nessa perspectiva, como decorrência de uma visão legada pela "filosofia moderna", "dizer o direito" (*dire le droit*) consistiria em um atributo da soberania estatal. Por conseguinte, esta última constituiria, tradicionalmente, o ponto central de toda a proble-

[301] Note-se que Arnaud (2004, p. 289) utiliza a expressão "perspective téléologique" que, entretanto, não parece exprimir adequadamente o que está implicado epistemologicamente nessa concepção.

[302] A respeito, ver também: Arnaud (1997; 1998a; 2003; 2012; 2014) e Arnaud e Fariñas Dulce (1998).

mática relativa à regulação pelo direito. No entanto, com o advento do processo de globalização, essa situação experimentaria um significativo abalo cujos efeitos seriam, segundo o autor, basicamente os seguintes: a) tendencial perda da autoridade dos Estados no reconhecimento da soberania; b) transferência da "autoridade metapolítica" para agentes ou instituições não estatais; c) fim do monopólio do Estado sobre a coerção legítima; d) "desterritorialização" das reivindicações de autoridade da parte dos Estados.

Assim, Arnaud (1997; 1998a; 2004) afirma que, como resultado do processo de globalização, observar-se-ia uma paulatina redução do poder do Estado no que concerne à produção do direito.[303] Logo, Arnaud (2012) sustenta que seria possível constatar um crescente implemento de relações jurídicas que começariam a se estruturar à margem do direito estatal, comprometendo, por via de consequência, a pretensão de monopólio tradicionalmente reivindicada por parte do Estado no que tange à produção do direito.[304] Desse modo, aludindo à complexa dialética entre o "global" e o "local", Arnaud (2003), baseando-se em Boaventura de Sousa Santos, alude à distinção tipológica entre "globalismos localizados" e "localismos globalizados"[305] para, a partir daí, mobilizar o con-

[303] Nesse particular, o contraste da perspectiva de Arnaud (1997; 1998a; 2004) com a de Bourdieu (1986b; 1991; 1993; 1994; 2003 [1997]; 2012; 2022) é muito elucidativa. Bourdieu (2012), ao definir o Estado como o detentor do monopólio da violência legítima tanto física como simbólica, concebe-o como responsável pela (re)produção e pela canonização das formas de classificação social. Arnaud (1997; 1998a; 2004), sem desconsiderar a importância do Estado, não lhe atribui o mesmo grau de centralidade. Acerca do Estado no pensamento de Bourdieu, ver: Lenoir (2012b), Villas Bôas Filho (2021c).

[304] Arnaud (2012, p. 136) afirma que "l'État, qui a toujours, en principe, le monopole du droit, apparait comme une structure de plus en plus absente lorsqu'on traite des relations juridiques de fait, qui se passent de plus en plus en marge du droit étatique".

[305] Vale notar que Santos (2003) identifica quatro diferentes modos de produção da globalização: a) o localismo globalizado, consistente no processo de globalização exitosa de determinado fenômeno local; b) o globalismo localizado, consistente no impacto específico de práticas e imperativos transnacionais nas condições locais que, como decorrência, são desestruturadas e reestruturadas para responder a imperativos transnacionais; c) o cosmopolitismo, consistente no conjunto vasto e heterogêneo de iniciativas, movimentos e organizações que, exprimindo a solidariedade transnacional entre grupos explorados, oprimidos ou excluídos pela globalização hegemônica, partilham a luta contra a exclusão, a

ceito de "glocalização" (*glocalisation*), visando justamente sublinhar que o movimento contemporâneo de globalização se desenvolveria a partir de uma complexa e permanente relação com os processos, identidades e unidades de análise locais.[306]

Não há como recuperar aqui toda a profundidade da análise que Arnaud (1997; 1998a; 2003; 2004) dispensa a essa questão. Para os limitados propósitos aqui consignados, interessa abordar o modo pelo qual o processo de globalização, com a complexidade que o caracteriza, impacta a tradicional pretensão estatal de monopólio na produção do direito.[307] Ao tratar dessa questão, Arnaud (1997; 1998a; 2004), ciente do caráter dinâmico, flexível e mutável que a caracteriza, procura mapear algumas tendências que, em seu entendimento, expressariam os efeitos dela decorrentes. Assim, sem pretender propor um quadro fixo e peremptório, Arnaud (1997; 1998a; 2004) alude a um "direito estatal substituído" (*droit étatique relayé*); a um "direito estatal suprido" (*droit étatique suppléé*); e a um "direito estatal suplantado" (*droit étatique supplanté*). Vale notar que, apesar de formulada originalmente há mais

discriminação e a destruição ambiental decorrentes dos localismos globalizados e dos globalismos localizados; d) o patrimônio comum da humanidade, consistente na emergência de temas que dizem respeito ao globo em sua totalidade, tais como sustentabilidade etc. Segundo Santos (2003), os localismos globalizados e os globalismos localizados expressam a globalização neoliberal ou hegemônica, ao passo que o cosmopolitismo e o patrimônio comum da humanidade exprimem a globalização solidária ou contra-hegemônica. Essa análise influencia amplamente André-Jean Arnaud. A respeito, ver, especialmente: Arnaud (2003; 2004).

306 Quanto a esse aspecto, Faria (2010, p. 29), com muita acuidade, observa que, "se toda identidade é sempre uma construção histórica resultante de forças sociais e políticas de cada país, qual será então o futuro das identidades nacionais nesse contexto de redução da importância das fronteiras internacionais e de desestruturação das bases territoriais da cidadania tradicional? A resposta parece ser evidente. Com a perda do monopólio da definição do sentido da vida coletiva pelo Estado, cada vez mais ele passa a concorrer com outros movimentos identitários, muitos deles imunes ao seu controle. Essas novas identidades, por sua vez, levam o 'problema do multiculturalismo' – ou seja, o desafio da coexistência de culturas majoritárias consolidadas com culturas minoritárias autóctones".

307 A respeito, ver: Faria (2002a; 2002b; 2010; 2011).

de duas décadas, essa análise ainda se mostra atual e dotada de grande potencial heurístico.[308]

Para Arnaud (1997; 1998a; 2004), a produção do direito estatal teria passado a encontrar substitutos tanto "a montante" quanto "a jusante" relativamente ao lugar de sua intervenção tradicional.[309] No primeiro caso, estariam, conforme o autor, os acordos regionais (no sentido de regiões do globo) cuja eclosão, segundo ele, tenderia a modificar totalmente a estrutura convencional do direito, uma vez que afetaria a pretensão de soberania estatal que tradicionalmente lhe deu esteio. É certo que, no âmbito desses acordos, o Estado Nacional ainda remanesceria como uma referência inelutável para a tomada de decisão. Contudo, a sua atuação experimentaria impactos muito significativos, especialmente em virtude do advento de novas formas de regulação que engendrariam uma situação de pluralismo jurídico. Arnaud (1997; 1998a; 2004) ilustra essa situação aludindo, especialmente, à União Europeia, ao Mercosul etc.[310]

Por outro lado, ainda no âmbito de um "direito estatal substituído", Arnaud (1997; 1998a; 2004) enfoca as "instâncias infraestatais", exemplificando-as, especialmente, a partir do deslocamento da produção jurídica em direção aos poderes econômicos privados, da crescente importância adquirida pelas corporações, pelos códigos de conduta privados, pelo desenvolvimento de um direito negociado e pela expansão de uma juri-

[308] Chevallier (2008, p. 124-132), tendo por base a distinção proposta por Arnaud (1997; 1998a; 2004) entre "direito estatal substituído", "direito estatal suprido" e "direito estatal suplantado", enfoca o pluralismo jurídico a partir de uma perspectiva que o aborda mobilizando três dimensões: "direito extraestatal" (*droit extra-étatique*), "direito supraestatal" (*droit supra-étatique*) e "direito infraestatal" (*droit infra-étatique*).

[309] Analogamente, Faria (2002b, p. 76) afirma que "outra limitação estrutural do direito positivo e de suas instituições judiciais diz respeito à discrepância entre seu perfil arquitetônico e a crescente complexidade do mundo contemporâneo. Suas normas tradicionalmente padronizadas, editadas com base nos princípios da impessoalidade, da generalidade, da abstração e do rigor semântico e organizadas sob a forma de um sistema unitário, lógico, fechado, hierarquizado, coerente e postulado como isento de lacunas e antinomias, são singelas demais tanto para apreender quanto para dar conta de uma pluralidade de situações sociais, econômicas, políticas e culturais cada vez mais funcionalmente diferenciadas".

[310] No que tange ao "direito supraestatal", Chevallier (2008), tal como Arnaud (1997; 1998a; 2004), enfatiza os blocos regionais. Por outro lado, Chevallier (2008), ao tratar do "direito extraestatal", enfoca o "direito mundial" e a *lex mercatoria*.

dicização fundada na normalização técnica. Arnaud (1997; 1998a; 2004) também alude aos processos de deslocalização, desconcentração e descentralização que exprimiriam a paulatina substituição do poder estatal de "dizer o direito" pelo de instâncias locais. Além disso, Arnaud (1997; 1998a; 2004) indica o incremento de formas de negociação, de mediação e de conciliação que representariam uma delegação, por parte do Estado, do poder de "dizer o direito" a um conjunto mais ampliado de atores.[311]

Chevallier (2008) mapeia, em meio ao que designa como "direito infraestatal", tendências de privatização e de segmentação da regulação jurídica. Desse modo, enfoca, em primeiro lugar, a crescente importância assumida, especialmente a partir da década de 1980, em favor da desregulamentação que, por sua vez, engendraria um espaço livre no qual ordens privadas concorreriam entre si. Para ele, esse processo ocorreria tanto no âmbito econômico, com o desenvolvimento, por exemplo, da autorregulamentação por parte de organismos profissionais, quanto no das relações sociais, com a difusão de normas de origem convencional, negociadas entre particulares, tal como nas negociações coletivas. Em segundo lugar, Chevallier (2008) aborda o "movimento de fragmentação" que se difundiria na própria "esfera estatal", em meio ao qual examina, de um lado, o processo de extensão das responsabilidades das autoridades locais, com o decorrente recrudescimento de suas capacidades de ação jurídica e, de outro, o policentrismo e a segmentação que atingiriam as "estruturas estatais" com repercussão nas condições de produção do direito.[312] Nesse particular, vale notar que Santos (2002), no bojo de sua "cartografia simbólica do direito", aponta a existência de "direitos locais" nas zonas rurais, nos bairros urbanos marginais, nas empresas, nas igrejas, no desporto, nas organizações profissionais etc. Por sua vez, Faria (2002b, p. 120) alude a um "direito marginal", entendido como a "normatividade autoproduzida em guetos quarto-mundializados".

Referindo-se ao "direito estatal suprido", Arnaud (1997; 1998a; 2004) faz menção às situações nas quais políticas públicas ou programas de ação passam a tomar a dianteira do Estado na implantação de determi-

[311] Quanto a essa questão, ver, especialmente: Le Roy (2013). No que concerne à mediação no pensamento de Étienne Le Roy, ver: Villas Bôas Filho (2017a).
[312] Cf. Faria (2002b; 2010).

nada regulação social. Segundo o autor, de um lado, haveria uma série de maneiras de implementar tais políticas que não passam pela utilização do direito estatal e, de outro, existiriam diversas políticas públicas cuja natureza não seria regulamentar, e sim distributiva, redistributiva ou constitutiva. Ademais, existiriam várias questões governamentais que não se ajustariam às nomenclaturas jurídicas tradicionais, tais como as que dizem respeito aos problemas climáticos, ambientais, econômicos e de segurança que, progressivamente, não poderiam mais ser tratadas isoladamente pelos Estados nacionais, uma vez que teriam adquirido tamanha complexidade que seus efeitos passariam a afetar o equilíbrio mundial.

Por conseguinte, Arnaud (1997; 1998a; 2004) sustenta que o lugar prioritário para a "suplência" do direito estatal estaria no âmbito da administração, em escala planetária, de questões atinentes ao clima, ao meio ambiente, à economia e à segurança. No que tange ao clima e ao meio ambiente, os Estados, reconhecendo a ineficácia de suas medidas, teriam tomado o caminho da progressiva renúncia de uma regulação fundada em sua soberania. Desse modo, observar-se-ia a suplência dessa regulação por políticas internacionais e, inclusive, globais ou transnacionais.[313] De acordo com Arnaud (1997; 1998a; 2004), algo análogo ocorreria no plano das relações econômicas que, em virtude do processo de ampla interdependência que fundiu as economias nacionais em uma única economia global, teriam passado a escapar cada vez mais ao controle governamental dos Estados nacionais.[314] Por sua vez, a questão da segurança, tradicionalmente relacionada à soberania estatal, ter-se-ia progressivamente alçado ao plano mundial, exprimindo-se na forma de uma "segurança global", cuja regulação passou a extrapolar amplamente as políticas implementadas pelos governos nacionais.[315]

Por fim, Arnaud (1997; 1998a; 2004) sustenta que, em virtude do aparecimento de "ordens espontâneas" que escapam à regulação estatal, haveria o risco de o direito ser concretamente "suplantado" por outros tipos de regulação. Para ele, observar-se-ia o surgimento de mercados

[313] Sobre essa questão, a partir da obra de Anthony Giddens, ver: Capeller (2011).

[314] A respeito, ver, especialmente: Faria (2002a).

[315] Para uma expressiva análise dessa questão, ver: Delmas-Marty (2010).

financeiros espontâneos e de companhias multinacionais alçadas à condição de agentes centrais da globalização das relações econômicas que, na consecução de suas atividades, não se subsumiriam à regulação jurídica nacional e internacional. Assim, o direito estatal começaria a se tornar cada vez mais ausente nas questões atinentes a tais ordens. Ademais, no que tange à discussão relativa a um "direito estatal suplantado", Arnaud (1997; 1998a; 2004) indica o desenvolvimento de formas alternativas de resolução de conflitos que funcionariam à margem da regulação estatal em sentido estrito. Quanto a esse aspecto, Santos (2002), também no bojo de sua "cartografia simbólica do direito", sustenta a emergência de uma nova *lex mercatoria*, ou seja, um espaço jurídico supraestatal pelo qual transitariam agentes econômicos cujo comportamento seria regulado por regras e relações contratuais estabelecidas por empresas multinacionais, por bancos internacionais ou por associações por eles dominadas. Nessa perspectiva, observar-se-ia, segundo o autor, o desenvolvimento de uma "legalidade supraestatal" engendrada pela dinâmica do capital transnacional.[316]

Em todos esses casos, Arnaud (1997; 1998a; 2004) afirma que o Estado estaria sendo progressivamente suplantado em sua "prerrogativa de dizer o direito". Por conseguinte, para o autor, seria possível constatar processos de "fragmentação da soberania" e de "segmentação do poder" como característicos da sociedade contemporânea. Por um lado, a fragmentação ocorreria porque a pretensão de monopólio, por parte do Estado, da regulação jurídica interna ao seu território seria cada vez mais infirmada pelos fatos. Por outro, a segmentação se daria porque a produção de domínios de ação específicos, engendrados pela fragmentação, acarretaria um fracionamento do poder em campos de regulação relativamente autônomos, cada qual com o seu objeto, os seus agentes e as suas formas de tomada e de implementação de decisões. Consequentemente, seria possível sustentar que o impacto do processo de globalização sobre o direito levaria a uma situação de pluralismo jurídico. Aliás, segundo

[316] Note-se que Santos (2002) enfatiza o que denomina de um "direito mundial", ao passo que Arnaud (1997; 1998a; 2004) alude prioritariamente ao papel desempenhado pelos acordos regionais que teriam constituído blocos como a Comunidade Europeia e o Mercosul. A respeito, ver: Faria (2002a; 2002b; 2010; 2011; 2018).

Chevallier (2019), na perspectiva de André-Jean Arnaud, o processo de globalização não acarretaria apenas a caducidade do pretenso monopólio do Estado na produção e aplicação do direito. Assim, assumindo uma posição mais arrojada do que a de outros analistas, Arnaud teria enxergado na globalização um vetor de subversão da "razão jurídica" herdada da modernidade.[317]

Como mencionado, ao enfocar o impacto da globalização sobre a regulação pelo direito, Arnaud (1997; 1998a; 2003; 2004) está atento à complexidade ínsita a esse processo e, portanto, dele não propõe uma análise que pretenda criar um quadro fixo e peremptório. Ao contrário, mesmo apreendendo com muita precocidade os efeitos da globalização sobre a pretensão de monopólio estatal na produção e aplicação do direito, o autor de *Critique de la raison juridique* considera que o Estado remanesce uma instância fundamental na dinâmica regulatória contemporânea. Assim, de um lado, procurando exprimir as suas formas de reação às pressões produzidas pela dinâmica da globalização, Arnaud (1997, p. 24-28; 1998a, p. 162-165; 2004, p. 138-143) alude às figuras de um "Estado cidadela" (*L'État rempart*), que procuraria preservar-se da "invasão global", mediante o reforço do seu papel na dialética entre o plano local e o global, e de um "Estado-guarda" (*L'État-gendarme*), que se imporia como fundamental à sustentação de uma sociedade global. Entretanto, Arnaud (1997, p. 28-35; 1998a, p. 166-175; 2004, p. 143-153), vislumbrando uma renovação da concepção do papel do Estado, também faz alusão a um "Estado-estrategista" (*L'État-stratège*), que, no contexto de uma lógica pós-moderna, tornar-se-ia fundamentalmente uma espécie de articulador a regular um jogo complexo, e ao "retorno da sociedade civil" (*le retour de la société civile*), que, manifestando-se de forma crescente, incumbe-se de pautas que são levadas ao Estado.[318]

[317] Arnaud (1993b) chega inclusive a sustentar a ausência de uma razão jurídica governando o direito contemporâneo.

[318] Vale notar que, muito precocemente, Arnaud (1997; 1998a; 2003; 2004) já vislumbra a emergência de novos atores e de novos instrumentos para a tomada de decisão. Nesse sentido, alude à Internet, em meio à qual, posteriormente à sua análise, observou-se a exuberante difusão e influência das redes sociais com seus expressivos reflexos nas eleições das grandes democracias. O autor também alude às ONGs e às formas de governança.

Em virtude de sua sofisticação e de sua complexidade, a análise de Arnaud (1997; 1998a; 2003; 2004), mesmo após quase duas décadas de sua publicação, subsiste muito pertinente para a compreensão do impacto da globalização sobre o direito na sociedade contemporânea. É possível, aliás, identificar em sua obra os atributos que a alçam ao estatuto de um clássico da sociologia jurídica.[319] Por conseguinte, ela se presta a fundamentar análises acerca da regulação jurídica diante de diversos temas que assumem importância central no atual contexto de "globalização do perigo", no sentido em que Delmas-Marty (2010) o define, tais como: a) terrorismo; b) "emergência climática"; c) migração ensejada pela guerra, miséria ou degradação ambiental; d) pandemia; e) manejo de redes sociais como instrumentos de difusão de informações falsas e de manipulação ideológica por parte lideranças populistas que delas se valem para minar as bases institucionais das sociedades democráticas de modo a conduzi-las a uma configuração iliberal etc.

[319] A respeito, ver: Villas Bôas Filho (2016d).

CAPÍTULO 6
O FENÔMENO DA GOVERNANÇA EM SUAS MÚLTIPLAS FORMAS DE EXPRESSÃO E SEU IMPACTO SOBRE A REGULAÇÃO JURÍDICA

6.1. Governança: um conceito polissêmico

Entendida como um estilo de gestão de assuntos públicos e privados que, pressupondo uma autoridade partilhada, não se confunde com a ordem governamental nem com a simples administração convencional, a governança tem suscitado amplo interesse nas análises contemporâneas. Diversos autores, pelas mais variadas perspectivas, enfocam-na procurando, entre outras coisas, delinear o seu contorno conceitual, as suas distintas formas de manifestação e as suas relações com a globalização, com as mutações em curso nas formas de regulação social, com a participação mais ampla na tomada de decisões, com a democracia e com o Estado de direito. Para Moreau Defarges (2015), a governança, desde o início da década de 1990, ter-se-ia imposto progressivamente como um conceito fundamental. Delmas-Marty (2004b, p. 71; 2007, p. 71; 2008, p. 215) a ela se refere como um "lugar-comum do vocabulário político mundial".[320] Rosanvallon (2009) a associa estreitamente à própria dinâmica da democracia contemporânea. Por conseguinte, Arnaud (2014) enfatiza o seu caráter paradigmático no debate atual.

Como se verá a seguir, o conceito de governança remete a uma experiência extremamente complexa cujas vias de análise parecem ser, à primeira vista, inesgotáveis. Aliás, nesse particular, é recorrente a enfática indicação da importância desse conceito para a compreensão do que está

[320] Tendo isso em vista, Delmas-Marty (2007, p. 129) sustenta que "le standard de l'état de droit devra nécessairement se combiner avec les propriétés d'une gouvernance en réseau".

implicado em um cenário, marcado pela globalização, em que "governar sem governo" parece ser uma realidade cada vez mais efetiva.[321] Ao enfocar a relação entre globalização econômica e pluralismo jurídico, Faria (2011, p. 56) aponta um cenário de proliferação de "regimes normativos" que operam no âmbito de diferentes demarcações espaciais e funcionais, sem que qualquer deles seja dominante ou incompatível com a ordem jurídica estatal. Nesse cenário, tais "regimes normativos", articulando-se sob a forma de *networks* de sistemas públicos e privados de governança, acarretariam a perda de monopólio e, por vezes, de centralidade da normatividade emanada do Estado, inclusive no âmbito de seu próprio território.[322]

Assim, evidencia-se que a governança passou a constituir um tema incontornável no contexto da complexa experiência regulatória contemporânea. Nessa perspectiva, diversas análises sublinham o potencial heurístico de tal conceito para a compreensão das transformações experimentadas pelas formas de regulação jurídica e pelos procedimentos de tomada de decisão com pretensões de mais transparência e maior potencial de participação democrática em um contexto social marcado por grande complexidade.[323] Arnaud (2014), por exemplo, destaca o caráter paradigmático assumido pela expressão "governança" que, em seu entendimento, proporcionaria um quadro de referência capaz de traduzir velhos problemas em novos termos, ensejando, assim, a possibilidade de obtenção de soluções mais adequadas. Nesse sentido, o autor, aludindo à clássica obra de Thomas Kuhn, sustenta que a governança poderia ser considerada um "paradigma" para a tomada de decisão.[324]

[321] Acerca do caráter paradigmático do conceito de governança, ver, por exemplo: Arnaud (2014), Capeller e Simoulin (2003), Chevallier (2003), Delpeuch, Dumoulin e Galembert (2014), Faria (2010; 2011) e Moreau Defarges (2015).

[322] Sobre essa questão, ver, especialmente: Arnaud (2003; 2014).

[323] A respeito, ver, por exemplo: Arnaud (1997; 1998a; 2003; 2004; 2005; 2010; 2014), Capeller e Simoulin (2003), Chevallier (2001; 2003; 2008), Delmas-Marty (2007; 2008), Duran (1998), Eberhard (2004; 2008; 2009b; 2009c; 2010; 2012), Faria (2010; 2011), Held (1995; 2006), Jessop (1995), Le Roy (1999; 2005), Moreau Defarges (2015), Rosanvallon (2009), Rosenau (2000), Supiot (2010; 2015), Villas Bôas Filho (2016a; 2016c; 2016d; 2018c; 2019b; 2021b) e Villas Bôas Filho e Tiveron (2020).

[324] Com o propósito de caracterizá-la como um paradigma, no sentido em que Thomas Kuhn o concebe, Arnaud (2014, p. 293) se refere à governança como um "faisceau de

Em outra perspectiva, Capeller e Simoulin (2003), problematizando o conceito de "paradigma" de Kuhn, mobilizam a noção de "programa de pesquisa", proposta por Jean-Michel Berthelot, para enfocar a governança. Para os autores, essa noção – apresentada por Berthelot para designar abordagens, métodos e modos de análise – distanciar-se-ia da de "paradigma", tal como formulada em *The structure of scientific revolutions*, por enfatizar a continuidade, e não a descontinuidade. Assim, a noção de "programa de pesquisa" indicaria, acima de tudo, um lugar de encontro em meio ao qual disciplinas autônomas poderiam dialogar a partir de uma interação fértil que as articularia de modo a ensejar a criação de instrumentos analíticos novos não vinculados especificamente a nenhuma delas em particular. Tratar-se-ia, portanto, de uma seara caracterizada pela multidisciplinaridade, pela interdisciplinaridade e mesmo pela transdisciplinaridade. Nessa perspectiva, Capeller e Simoulin (2003) sustentam que a governança – na medida em que abrange os mais diversos domínios, tais como o social, o cultural, o econômico, o político e o jurídico – poderia ser considerada uma matriz conceitual para o diálogo transdisciplinar.[325]

Entretanto, referindo-se à polissemia que caracteriza o conceito de governança, Capeller e Simoulin (2003) sublinham que diversos autores imputam-lhe vagueza e imprecisão. Baron (2003), por exemplo, ao realçar a capacidade do conceito de governança para a apreensão das interações entre as dinâmicas transnacionais, as lógicas nacionais e as iniciati-

concepts". Capeller e Simoulin (2003), entretanto, sublinham o caráter problemático do conceito de paradigma de Kuhn e questionam sua pertinência para a caracterização da governança. Por outro lado, Eberhard (2010, p. 209), contestando a possibilidade de unificação paradigmática no âmbito das ciências sociais, assevera que "dans le domaine des sciences sociales on n'a jamais été en présence de champs unifiés au niveau paradigmatique à l'instar de ce que l'on peut observer dans le cas des sciences exactes à partir desquelles Thomas Kuhn s'était évertué à dégager 'la structure des révolutions scientifiques'. La référence dans ce champ à une transition paradigmatique dénote donc davantage une réorganisation différente des moyens de savoir et de leurs articulations que l'émergence d'une nouvelle théorie unifiée". A respeito, ver também: Martuccelli (1999) e Santos (2002).

325 Sobre a capacidade do conceito de governança na promoção da pesquisa interdisciplinar, ver: Baron (2003). Acerca da pesquisa interdisciplinar no campo dos estudos sociojurídicos, ver, por exemplo: Arnaud (1992), Bailleux e Ost (2013), Dumont e Bailleux (2010) e Villas Bôas Filho (2018b; 2019a; 2019c).

vas locais, evidencia o seu caráter polissêmico. Analogamente, Chevallier (2003), enfatizando a polissemia como marca essencial do conceito de governança, assevera que ele recobriria um conjunto de significações variadas. Por sua vez, Le Roy (1999) afirma que o termo governança seria polissêmico e nebuloso, de modo a nada designar precisamente.[326] Assim, seria possível sustentar que o vocábulo "governança" apresentaria os atributos das "palavras plásticas" (*Plastikwörter*), no sentido em que Pörksen (1995 [1988]) as define. Analogamente, poder-se-ia enxergar nele uma espécie de "mot en caoutchouc", tal como Auguste Blanqui se referia a termos desprovidos de acepção precisa.[327]

Não obstante, Capeller e Simoulin (2003) asseveram que o caráter polissêmico do conceito não constituiria propriamente uma mácula capaz de comprometê-lo. Ao contrário, para os autores, seria justamente essa polissemia que o vocacionaria a figurar como uma "matriz conceitual" que contribuiria para o fomento de um diálogo estruturado entre disciplinas autônomas e distintas, de modo a promover um debate transdisciplinar fértil que ensejaria a criação de novos instrumentos analíticos.[328] De todo modo, como decorrência do enraizamento do conceito de governança em diversos domínios de análise, não seria possível defini-lo peremptoriamente. Aliás, no que concerne a esse aspecto, cumpre lembrar que, conforme Koselleck (1989), a polissemia é inerente aos con-

[326] A respeito, Le Roy (1999, p. 394), referindo-se à governança, sublinha que "le terme est d'autant plus prisé qu'il est polysémique et nébuleux, donc qu'il ne désigne rien de bien particulier". Justamente por esse motivo, Le Roy (2005, p. 186) afirma que o vocábulo governança seria uma espécie de "mot-valise" ou de "mot girouette". Sobre o caráter polissêmico da governança, ver também: Eberhard (2010) e Villas Bôas Filho (2016a; 2016d; 2021b).

[327] Sobre o caráter "plástico" do conceito de governança, ver: Villas Bôas Filho (2016a; 2016d; 2018c; 2021b). Mattei e Nader (2008) aludem à noção de *Plastikwörter* de Uwe Pörksen ao analisarem a fluidez do conceito de *Rule of Law*. A expressão "mot en caoutchouc", utilizada por Auguste Blanqui para referir-se à democracia e aos "democratas", é recuperada, por exemplo, por Ross (2009). Para uma aplicação dessas noções à análise da governança, ver: Villas Bôas Filho (2016a; 2016d; 2021b).

[328] Acerca da importância de se inscrever a análise da governança no horizonte da interculturalidade, ver: Eberhard (2010) e Villas Bôas Filho (2021b). Como exemplo de uma abordagem sociológica da regulação jurídica que trata, ainda que tangencialmente, a questão da governança no horizonte do multiculturalismo, ver: Arnaud e Cotterrell (2007).

ceitos, pois estes reúnem em si a diversidade da experiência histórica, assim como a soma das características objetivas, teóricas e práticas em uma única circunstância, a qual só pode ser dada como tal e realmente experimentada por meio do respectivo conceito. Aliás, Koselleck (1989), referindo-se a Nietzsche, observa que só é definível aquilo que não tem história, mas esse não é o caso da governança.[329]

Isso posto, com o propósito examinar a complexidade assumida pelo fenômeno da governança no contexto atual, será efetuado, inicialmente, um conciso contraste entre os conceitos de governo e de governança. Em seguida, será focalizado o delineamento conceitual dado pela sociologia ao fenômeno da governança. Para tanto, será mobilizada, especialmente, a expressiva análise realizada por Arnaud (2003; 2005; 2014) acerca da governança em suas múltiplas formas de expressão. Assim, serão apontadas as suas características no plano empresarial/corporativo, no global, no regional, no nacional e no local para, a partir daí, explicitar-se a complexidade que a caracteriza. Por fim, será examinada a progressiva centralidade assumida por tal conceito na discussão contemporânea, especialmente no que concerne ao fomento de uma participação mais ampla nas tomadas de decisões coletivas, o que remete à sua relação com a experiência democrática contemporânea.

6.2. Do governo à governança

Arnaud (2014) assevera que o termo "governança" deve ser utilizado para descrever uma experiência que não é passível de ser adequadamente apreendida pelo vocabulário convencional, uma vez que, em seu entendimento, este teria sido estabelecido para exprimir uma realidade que já estaria ultrapassada. Assim, para que seja possível aquilatar o que está implicado no conceito de governança, é preciso delimitá-lo claramente em relação a outros que dele se aproximam, tais como os de "governo",

[329] Para uma utilização da "história dos conceitos" (*Begriffsgeschichte*) de Koselleck no âmbito dos estudos sociojurídicos, ver, por exemplo: Villas Bôas Filho (2010a; 2011; 2013). Acerca da historicidade do conceito de governança, ver, por exemplo: Arnaud (2003; 2014), Arnaud e Simoulin (2010), Delmas-Marty (2007), Moreau Defarges (2015), e Supiot (2015).

"governabilidade" e "governamentalidade".[330] Nesse particular, é essencial distinguir "governo" e "governança". A respeito, Rosenau (2000), em sua clássica análise, enfatiza que, apesar de se referirem a comportamentos visando a um objetivo, a atividades orientadas para metas e a sistemas de ordenação, os conceitos de governança e de governo não poderiam ser confundidos. Para Rosenau (2000), a ideia de governo sugeriria uma autoridade oficial, dotada de poder de polícia, que garantiria a implementação das políticas devidamente instituídas, enquanto a de governança diria respeito a atividades apoiadas em objetivos que podem ou não derivar de responsabilidades legais e formalmente prescritas, sem que seja indispensável a intervenção do poder de polícia.

Por sua vez, Arnaud (2003; 2014), em consonância com a perspectiva de Rosenau (2000), também contrasta os conceitos de "governança", de "governo" e de "governabilidade". Assim, ressalta que o termo "governo" serviria para designar o poder exercido pelos representantes do povo ou da nação a partir da soberania estatal. Atrelada a essa concepção de "governo", a expressão "governabilidade" exprimiria o nível de efetividade dos atos praticados pelos governantes em um contexto determinado. Ora, comparado a esses dois conceitos, o de "governança" seria bem mais amplo, pois recobriria conteúdos díspares, de modo a abarcar um diversificado conjunto de prescrições em matéria de gestão privada, administrativa e política. Ademais, como ressalta Arnaud (2003), o caráter multifacetado da experiência descrita pelo conceito de "governança" dificulta, embora não impossibilite, a própria definição do que nele está consignado. Por esse motivo, Arnaud (2003) considera preferível aludir a "sistemas diversos de governança".

Por conseguinte, o conceito de "governança" teria a pretensão de apreender um fenômeno mais amplo do que aquele que convencionalmente designa-se como "governo", de modo a abranger não apenas instituições governamentais, mas também mecanismos informais, de caráter não governamental, por meio dos quais indivíduos e organizações, no âmbito de determinada área de atuação, perseguiriam seus próprios

[330] A respeito, ver, por exemplo, Arnaud (2003; 2014), Chevallier (2008) e Villas Bôas Filho (2016a; 2016c; 2016d; 2021b).

interesses.[331] Nessa perspectiva, a governança expressaria um sistema de ordenação fundado tanto em relações interpessoais como em regras e em sanções explícitas, motivo pelo qual, como sistema de ordenação, implicaria a aceitação da maioria (ou pelo menos dos atores mais poderosos) para poder funcionar, ao passo que os governos poderiam, em tese, atuar mesmo diante de uma forte oposição.[332] Assim, com o intuito de explicitar as diferenças entre governo e governança, Supiot (2015) propõe o seguinte quadro analítico:[333]

Quadro 3 – O contraste entre governo e governança

GOVERNO	GOVERNANÇA
Povo	Sociedade civil
Soberania	Subsidiariedade
Território	Espaço
Lei	Programa
Liberdade	Flexibilidade
Moral	Ética
Justiça	Eficácia
Julgamento	Avaliação
Regra	Objetivo
Regulamentação	Regulação
Representação	Transparência
Trabalhador	Capital humano
Qualificação	Empregabilidade
Sindicatos	Parceiros sociais
Negociação coletiva	Diálogo social

Fonte: Supiot (2015, p. 48).

[331] Para um contraste entre governo e governança, ver: Delmas-Marty (2008), Moreau Defarges (2015), Supiot (2005; 2010; 2015) e Villas Bôas Filho (2016a; 2021b).

[332] Sobre essa questão, ver, especialmente: Rosenau (2000).

[333] Cumpre notar que Moreau Defarges (2015) também propõe um quadro que contrasta "governo" e "governança". A respeito, ver: Villas Bôas Filho (2016a).

A partir desse quadro, Supiot (2015) procura salientar que a governança, diferentemente do que se passa com o governo, não repousa sobre a "subordinação", mas sim sobre a "programação".[334] Logo, ao fomentar uma participação mais ampla na tomada de decisões comuns, a governança consigna questões complexas que não podem ser desconsideradas. Por sua vez, ao contrastar os conceitos de governo e de governança, Moreau Defarges (2015) enfatiza a conexão entre ambos, sustentando que, em princípio, o seu domínio é o mesmo: a organização e a gestão de estruturas coletivas (empresas, Estados, organizações internacionais etc.). Contudo, o autor sublinha que, apesar disso, eles não se confundem, pois os universos em que se desenvolvem são distintos, uma vez que os problemas fundamentais enfrentados por um governo são a escassez e a unidade (ou seja, como distribuir recursos precários e limitados e como manter a coesão diante da tendência de desagregação), ao passo que, no caso da governança, a abundância e as unidades são pressupostas. Consequentemente, com o intuito de explicitar as diferenças entre governo e governança, Moreau Defarges (2015) também propõe um quadro analítico que os coteja:

QUADRO 4 – O contraste entre governo e governança

	Governo	**Governança**
Domínio	Assuntos públicos	Assuntos coletivos
Ambiente	escassez	Abundância
Horizonte	Guerra	Paz

[334] Segundo Supiot (2015, p. 50), "calquée sur le modèle de l'automate, la machine à gouverner imaginée par Hobbes était régie par des lois inflexibles, du même type que celles découvertes par son contemporain Galilée dans le domaine de l'astrophysique. Conçue aujourd'hui sur le modèle cybernétique, la machine à gouverner n'est plus régie par des lois, mais par des programmes assurant son fonctionnement homéostatique. [...] C'est ce nouvel imaginaire qu'exprime la substitution de la notion de gouvernance à celle de gouvernement". A respeito, ver: Delmas-Marty (2008) e Villas Bôas Filho (2016a; 2021b).

	Governo	**Governança**
Espírito	Vertical Hierárquico	Horizontal Democrático
Modos decisórios	Ordem Instrução	Negociação Processos
Finalidade	Manutenção Unidade	Criatividade Diversidade
Controle/supervisão	Estado	Autoridades independentes/ Estado, como recurso último

Fonte: Moreau Defarges (2015, p. 27).

Apesar de consignar certas imprecisões, o Quadro proposto por Moreau Defarges (2015) veicula, ainda que de maneira esquemática, um contraste ilustrativo dos conceitos de governo e de governança. A partir dele, fica evidente que o conceito de governo remete a uma organização institucional que procede de maneira verticalizada, ou seja, a partir de uma forma de ordenação hierarquizada, "de cima para baixo" (*top-down*), enquanto o de governança refere-se a um sistema horizontal, não necessariamente atrelado à autoridade estatal, e ordenado a partir de uma lógica distinta, "de baixo para cima" (*bottom-up*).[335] Assim, conforme observa Jessop (1995), seria possível definir o campo geral dos estudos acerca da governança como aquele concernente à resolução de problemas parapolíticos (no sentido de realização de fins coletivos) a partir ou por meio de configurações específicas de instituições, organizações e práticas governamentais (hierárquicas) e extragovernamentais (não hierárquicas).[336]

Por fim, Arnaud (2003), ao comparar o que chama de "matriz da produção tradicional do direito" e "matriz da produção contemporânea do

[335] Conforme Moreau Defarges (2015, p. 27), "la gouvernance n'est pas une entité, c'est un système rejetant toute hiérarchie. Rien n'est censé être fixe, tout est en flux. [...] À l'ère de la gouvernance, le politique, vidé de toute finalité, ne sert plus qu'à surveiller que le jeu social ne se déroule pas trop mal".

[336] A respeito, ver: Arnaud (2003; 2014).

direito", realça as transformações profundas experimentadas pela regulação jurídica em virtude do impacto sobre ela exercido pelo processo de globalização. Como notam Ferreira e Pedroso (2019), o autor de *Critique de la raison juridique* considera que esse processo acarreta, entre outras coisas, uma reestruturação da relação entre a esfera política e a jurídica, especialmente em virtude do surgimento de novos protagonistas e modos de interação. Nesse contexto, a governança emergiria, segundo Arnaud (2003), como uma espécie de corolário do processo de globalização, na medida em que esta ensejaria uma tendencial diminuição do papel do Estado em prol do desenvolvimento da sociedade civil. Diante disso, o autor propõe um detalhado quadro comparativo dessas duas distintas formas de regulação que exprime bem o que está implicado na passagem do "governo" para a "governança":

QUADRO 5 – O contraste entre "regulação tradicional" e "nova regulação"

Questões	Regulação tradicional	Nova regulação
Locais de produção da regulação jurídica	• O Estado-Nação dentro de seus limites territoriais • Os Estados nacionais nos seus limites do direito internacional	• O âmbito local infraestatal • O Estado • Os Blocos Regionais • O âmbito internacional • O âmbito "transestatal" • O âmbito global
Atores	O legislador estatal	O legislador estatal As autoridades administrativas independentes Os Estados em um contexto multilateral As firmas globais As Organizações não Governamentais – os cidadãos etc.
Objeto	A regulação da sociedade • Estatal interna • Comunitária • Internacional	A regulação: • Local • Estatal interna • Comunitária • Internacional • Global

Questões	Regulação tradicional	Nova regulação
Modo operatório	1) Pelo direito: • Pela criação ou mudança do direito (fonte originária) • Pela interpretação inovadora do direito (fonte derivada) 2) Processo de fabricação do direito • Princípios fundamentais, padrões (*standards*) etc. • Lei, costume • Jurisprudência • Doutrina 3) Direito de recurso à guerra	1) Direito Políticas públicas Regulações alternativas 2) Processos tradicionais + • Alternativas • Direito negociado • Formas diversas de governança Necessidades do mercado 3) A guerra "justa" segundo as instâncias de "governança global"
Época	Quando o legislador político o desejar	Ocorrência frequentemente exterior à vontade política
Causa	Porque a legislação não está adaptada aos olhos do legislador político	Porque os dispositivos normativos não estão adaptados segundo os novos atores
Referenciais	Soberania Justiça	Soberania Democracia Direitos humanos Equidade

Fonte: Arnaud (2003, p. 329).

Assim, segundo Arnaud (2014), subvertendo a representação clássica de uma gestão governamental que se realizaria de maneira *top-down* a partir da autoridade soberana de um ente estatal, a governança suporia uma autoridade partilhada. É, aliás, nesse sentido que, conforme Delmas-Marty (2004b; 2008), a governança, concebida como uma "forma de governar sem governo", demandaria a necessidade de coordenação das relações entre os diversos atores estatais e não estatais (econômicos, cívicos, científicos etc.) que participam do exercício do poder. Essa associação entre governança e coordenação dos atores é recorrente na literatura que discute o tema. Le Galès (1998), por exemplo, define a governança como um processo complexo de coordenação de atores, grupos sociais e instituições para a consecução de fins próprios discutidos e definidos coletivamente em um contexto incerto e fragmentário.[337]

Esse contraste entre governo e governança é revelador de uma significativa transformação no quadro político e regulatório atual. Nesse contexto, conforme observa Moerau Defarges (2015), haveria uma espécie de esvaziamento da dimensão política na "era da governança". Trata-se de um processo bastante controvertido em meio ao qual observar-se-ia, segundo Supiot (2005), um progressivo deslocamento do poder do plano do governo soberano para o da governança eficaz. Supiot (2010; 2015) descreve esse processo em termos de uma progressiva substituição do "governo pelas leis" pela "governança pelos números". Segundo Supiot (2010, p. 77-78), o "governo pelas leis" referir-se-ia ao reino das regras gerais e abstratas que garantem a identidade, as liberdades e os deveres de cada um. Enquanto tal, ele repousaria sobre a faculdade de julgamento, ou seja, sobre operações de "qualificação jurídica", consistentes em distinguir situações diversas e submetê-las a regras diferentes, e de "interpretação" de textos cujo sentido não pode nunca ser peremptoriamente fixado. Por seu turno, a "governança pelos números" remeteria à autorregulação das sociedades, repousando sobre o cálculo, ou seja, sobre operações de "quantificação" (consistentes em conduzir seres e situações diferentes a um denominador comum) e de "programação de comportamentos" a partir de técnicas de aferição de *performances*, *benchmarking*, *ranking* etc.

Conforme enfatiza Supiot (2010), esse processo de progressiva redução da diversidade dos seres e das coisas a uma quantidade mensurável seria inerente ao projeto de um "mercado total" que, como tal, abarcaria todos os homens e todos os produtos do planeta, mediante a abolição progressiva das fronteiras comerciais de cada país para, a partir daí, ser possível tirar proveito de "vantagens comparativas". Não cabe analisar

[337] A respeito, ver: Arnaud (2014).

aqui o que está implicado nessa tese, especialmente no que concerne ao impacto da expansão da lógica de mercado sobre a justiça social. Para os propósitos aqui consignados, cumpre apenas notar que a passagem do "governo pelas leis" para a "governança pelos números" também se expressa, segundo Supiot (2010), em uma progressiva substituição da *dura lex* pela *soft law*.[338]

6.3. O fenômeno da governança em suas múltiplas formas de expressão: uma abordagem a partir de André-Jean Arnaud[339]

Como ressaltado, a sociologia jurídica tem dispensado significativa atenção à questão da governança. Diversos autores, sob as mais variadas perspectivas, enfocam tal fenômeno procurando, entre outras coisas, delinear seu contorno conceitual, suas diversas formas de manifestação e suas relações com a globalização e com uma participação mais ampla na tomada de decisões, o que, evidentemente, também acarreta sua inscrição no âmbito dos debates contemporâneos acerca da democracia.[340] Trata-se, portanto, de um tema extremamente complexo cujas vias de análise parecem, à primeira vista, inesgotáveis. Consequentemente, a primeira providência importante no tratamento da questão consiste em definir, ainda que em caráter introdutório, o que se está entendendo por governança.

A esse respeito, com o intuito de analisar, historicamente, a origem do termo governança, Moreau Defarges (2015) enfatiza que ele teria surgido na França, no século XII, consignando um sentido técnico de direção dos "bailiados" (*bailliages*).[341] Em seguida, os historiadores ingleses da Idade Média o teriam utilizado para caracterizar o modo de organização do

[338] Supiot (2010, p. 271) observa que "la *dura lex* du Droit romain laisse alors place à la douceur de règles conventionnelles (*soft law*) [...]". A respeito, ver também: Moreau Defarges (2015).

[339] Sobre essa questão, além de Arnaud (2014), ver: Villas Bôas Filho (2016a; 2016c; 2016d; 2018c; 2019b; 2021b).

[340] A respeito, ver, por exemplo: Rosanvallon (2009) e Arnaud (2014).

[341] Conforme o dicionário *Petit Robert*, Bailiado (*Bailliage*) refere-se a circunscrições administrativas e judiciárias da França medieval colocadas sob a autoridade de um *Bailli* (termo do francês antigo que, derivado do latim *bajulus*, servia para designar uma espécie de governador) que as administrava em nome do rei ou de um senhor.

poder feudal. Por fim, ele teria ressurgido no último quarto do século XX, na tradição anglófona, como uma noção fundamental no âmbito das empresas e das organizações.[342] Moreau Defarges (2015) assinala, assim, que a governança, inscrevendo-se em uma constelação de ideias produzidas na sociedade contemporânea, passaria a exprimir os novos modos de gestão social produzidos pelas revoluções da informação.[343]

Procurando fixar o sentido do termo "governança" no horizonte da sociedade globalizada, Arnaud (2014) enfatiza a importância de distingui-lo, conceitualmente, dos vocábulos "governo", "governabilidade" e "governamentalidade".[344] Consequentemente, após aludir especial-

342 Em sentido semelhante, Le Roy (1999, p. 294) observa que "la notion de gouvernance, d'origine française et anglo-normande, introduite dans le *common law*, transposée dans le droit américain puis redécouverte par les experts de la Banque mondiale peut apparaître comme un des nouveaux gadgets de la coopération internationale". Referindo-se à governança, Arnaud (2003, p. 330-331) percebe que "Dès le 13e siècle, sinon au 15e, l'usage en est attesté en français au sens de gouvernement, puis de juridiction. Dans le langage commun, c'est à la conduite personnelle que le mot se réfère, avant de désigner, sous la plume de Mme de Sévigné, la charge de gouvernante". Em sentido análogo, Supiot (2015, p. 45) afirma que "apparu en français au XIIIe siècle pour désigner l'art de gouverner, le mot gouvernance est passé à l'anglais avant de nous revenir chargé d'un sens nouveau". A respeito, ver também: Aguilar Villanueva (2006), Delmas-Marty (2004b; 2007; 2008), Eberhard (2008) e Villas Bôas Filho (2016a; 2016d; 2021b).

343 Sobre esse ponto, Arnaud (1997, p. 32-33) também nota que "le terme de 'governance' se révèle alors fort approprié. Ces acteurs, en effet, n'entrent pas dans le cadre de l'action gouvernementale au sens strict. Il s'agit de la mise en œuvre d'un processus complexe de prise de décision interactive, dynamique, projectif, appelé à évoluer constamment pour répondre à des circonstances changeantes. [...] Partenariat, réseaux, acteurs globaux deviennent des concepts qui se substituent à la vieille idée de prise de décision souveraine top-down au nom de la puissance publique". A respeito, ver: Arnaud (2014) e Delmas-Marty (2004b).

344 Após aludir à imprecisão da noção de "governamentalidade", especialmente na forma em que foi definida por Michel Foucault, Arnaud (2014, p. 22) ressalta que "tandis que 'gouvernement' désignera l'exercice du pouvoir lié à la souveraineté étatique, et 'gouvernabilité', le degré d'effectivité du précédent, 'gouvernance' va, tout en recouvrant des contenus divers, servir à désigner un ensemble de prescriptions en matière de gestion administrative e politique". Sobre essa questão, ver também: Arnaud (2003). Acerca da noção de "governamentalidade", ver: Foucault (1993). Para comentários dessa noção em Foucault, ver, por exemplo: Arnaud (2003; 2014), Chevallier (2008), Fonseca (2012), Fonseca, Gonçalves e Canaparo (2010), Hardt e Negri (2000) e Gros (2010). Para uma

mente às perspectivas de Jessop (1995) e Le Galès (1998),[345] Arnaud (2014) afirma que a governança poderia ser compreendida como uma forma de gestão e de administração de questões públicas e privadas não emanadas da ordem governamental ou de decisões fundadas em um ente soberano, na medida em que estaria baseada em uma autoridade partilhada. Chevallier (2008), ao referir-se às questões da "governabilidade" e da "ingovernabilidade", ressalta que, no âmbito do exercício do poder estatal nas "sociedades pós-modernas", a "governabilidade" se imporia como um problema estrutural a demandar o recurso a métodos distintos das técnicas clássicas de governo, em meio às quais estaria a governança.[346] Por sua vez, Moreau Defarges (2015), ao contrastar as noções de governo e de governança, sublinha que esta última caracterizar-se-ia por ser um sistema que rejeita toda e qualquer hierarquia e onde nada é fixo e tudo é fluido.[347] Ademais, relacionado a esse aspecto, Supiot (2015) salienta que governança não repousa sobre a legitimidade de uma lei

distinção, no âmbito da antropologia jurídica, entre governo, governança governamentalidade, ver Le Roy (2005). Para uma análise da passagem do governo à governança, ver Supiot (2005; 2010; 2015) e Villas Bôas Filho (2016a; 2021b).

[345] Jessop (1995) define o campo da governança como aquele que se dirige a "problemas parapolíticos" (*para-political problems*) a partir de configurações institucionais específicas, organizações e práticas governamentais (hierárquicas) e extragovernamentais (não hierárquicas). Por sua vez, Le Galès (1998) caracteriza a governança como um processo de coordenação de atores, de grupos sociais e de instituições para atingir determinados fins discutidos e definidos coletivamente em ambientes fragmentados e incertos. Braun e Papadopoulos (2001, p. 17-18), no bojo de uma análise direcionada à teoria dos sistemas de Niklas Luhmann, ressaltam que "comme le souligne un des rares théoriciens anglophones [Bob Jessop] qui intègre la pensée de Luhmann dans son schéma interprétatif, la 'gouvernance' des sociétés complexes devient dès lors 'l'art complexe' consistant à piloter des agences, des institutions et des systèmes multiples, autonomes sur le plan opérationnel les uns par rapport aux autres, mais en même temps structurellement couplés entre eux par le biais de formes diverses d'interdépendance réciproque". Acerca da governança global a partir da teoria dos sistemas de Niklas Luhmann, ver: Calliess e Renner (2013).

[346] É nesse horizonte que Supiot (2005; 2010; 2015) salienta o progressivo deslocamento da questão do poder do "governo soberano" para a "governança eficaz".

[347] Conforme Moreau Defarges (2015, p. 27), "la gouvernance n'est pas une entité, c'est un système rejetant toute hiérarchie. Rien n'est censé être fixe, tout est en flux. [...] À l'ère de la gouvernance, le politique, vidé de toute finalité, ne sert plus qu'à surveiller que le jeu social ne se déroule pas trop mal".

impositiva, mas sobre a capacidade comum de adaptação do comportamento às modificações do ambiente.

É nesse horizonte – marcado pela exaustão das experiências tradicionais e das concepções convencionais de governo – que se inscreve a questão da governança, entendida por Arnaud (2003; 2014), Chevallier (2011) e Moreau Defarges (2015), a partir da clássica definição de James Nathan Rosenau, como um conjunto de mecanismos complexos de interação que se desenvolvem entre uma multiplicidade de atores, públicos e privados, com o intuito de produzir regras elaboradas coletivamente. A respeito, Arnaud (1997; 1998a; 2003; 2004; 2014) destaca o impacto da governança – entendida como uma dinâmica complexa de relações e inter-relações transformadoras que articulam os mais diversos âmbitos – na erosão do modelo *top-down* de decisão e, especialmente, o seu potencial como instrumento de participação no exercício da autoridade política, econômica e/ou administrativa, na gestão dos negócios comuns, nos níveis global, regional, nacional, local/territorial e empresarial, abrangendo, ademais, todos os setores (público e privado), sobretudo a sociedade civil.[348]

É justamente por essa razão que várias abordagens sociológicas realçam a importância da governança como matriz conceitual para o diálogo interdisciplinar.[349] Simoulin (2003), por exemplo, analisa a sua relevância para a questão da ação pública, na medida em que ela permitiria esclarecer as práticas contemporâneas direcionadas a uma coordenação alheia às hierarquias tradicionais. Baron (2003) examina o caráter polissêmico do conceito de governança, ressaltando, entre outras coisas, seu potencial de apreensão das novas práticas e representações suscitadas pela globalização. Held (1995; 2006) enfatiza a relevância que a governança global

[348] A respeito, no âmbito da abordagem antropológica, ver: Eberhard (2008). Para uma breve reconstrução da questão da governança no pensamento de André-Jean Arnaud, ver: Villas Bôas Filho (2016a; 2016c; 2016d; 2021b).

[349] Acerca da interdisciplinaridade, Arnaud (1992, p. 25), já no início da década de 1990, destacava que: "le travail effectué dans toutes les disciplines concernées par cette interdisciplinarité dans les études juridiques s'avère fécond pour la recherche d'une épistémologie critique. Les anthropologues ne sont pas les derniers à participer à cette quête. [...] De toutes manières, les anthropologues ont permis de renouveler bien des approches sur le Droit 'non officiel' et sur le pluralisme des sources juridiques".

pode assumir como instrumento restaurativo da simetria e da congruência entre *decision makers* e *decision takers*. Isla (2003) a discute no plano da Comunidade Europeia procurando traçar, a partir daí, as relações entre direito e economia. Por sua vez, Dupuy, Leroux e Wallet (2003), partindo da constatação da emergência de novas formas de territorialidade, procuram mostrar a importância da noção de governança no âmbito dos "conflitos territorializados" a partir de uma discussão atenta aos atores locais e ao modo de atuação das autoridades públicas nessa seara.[350]

De todo modo, é possível sustentar que, apesar de ostentarem uma miríade de abordagens distintas acerca da governança, as análises sociológicas tendem a enfocá-la conceitualmente a partir da ênfase em suas diversas formas de expressão. Arnaud (2003; 2004; 2014), Chevallier (2008), Delmas-Marty (2007), Moreau Defarges (2015) e Supiot (2015) observam que a análise adequada da governança implica sua apreensão considerando os distintos níveis (internacional, regional, nacional e local) de ação coletiva (*multi-level Governance*).[351] Aliás, Arnaud (2003),

[350] Abordagens concisas, porém bastante elucidativas acerca da governança, podem ser encontradas no *Dictionnaire de la globalisation*, publicado sob a direção de André-Jean Arnaud. Nele, Arnaud e Simoulin (2010) tratam-na conceitualmente. Arnaud (2010b) enfoca a "boa governança", Delplanque (2010) aborda a "governança global" e Xue-Bacquet e Colletis (2010) examinam a "governança empresarial". Uma definição sintética da governança também pode ser encontrada em Duran (1998). Para análises mais extensas, ver: Arnaud (2003; 2004; sobretudo, 2014). No contexto da discussão anglófona ver, por exemplo: Held (1995; 2006), Held, McGrew, Goldblatt e Perraton (1999) e Held e Hervey (2009). Entre os autores brasileiros, Capeller (2009) analisa a responsabilidade social da empresa e da governança solidária no Brasil. Pucci (2015) enfoca a relação da governança ambiental com o sistema financeiro internacional. Lochagin (2014), a partir da experiência latino-americana, examina a questão da governança internacional da dívida pública. Oliveira (2014) examina as implicações da consolidação da Aliança do Pacífico no desenvolvimento econômico e social de seus países-membros e na capacidade de influência latino-americana relativamente à governança internacional. Capellini e Bonacim (2017) abordam as questões da governança e da governabilidade no que tange ao processo orçamentário brasileiro. Damiani e Fernández-Albertos (2017) enfocam a relação entre governança, poder e democracia representativa. No que concerne ao Mercosul e ao orçamento participativo, ver: Villas Bôas Filho (2018c; 2019b).

[351] Delmas-Marty (2007) sublinha a relação dos múltiplos níveis da governança com a busca por um "pluralismo ordenado". Por outro lado, quanto a essa questão, Delpeuch, Dumoulin e Galembert (2014, p. 167) ressaltam que "cette gouvernance multi-niveaux,

ao sublinhar as várias facetas do fenômeno da governança, ressalta, inclusive, o caráter problemático de se utilizar o termo no singular.[352] Assim, será feita a seguir uma breve reconstrução da análise empreendida por Arnaud (2014) acerca da governança, uma vez que ela, a partir de um amplo diálogo com a literatura especializada, consigna um profundo tratamento desse fenômeno, enfocando-o em suas múltiplas formas de expressão.[353]

6.3.1. A governança empresarial/corporativa

Arnaud (2014) enfoca, preliminarmente, a expansão e a imposição da governança empresarial como modelo de gestão da complexidade.[354] Assim, sublinhando que a ideia de um novo modelo de gestão empresarial provém do contexto norte-americano, ressalta que, nessa seara, a governança poderia ser entendida, em termos gerais, como a organização

dont il n'est pas rare qu'elle court-circuite le système de décision intergouvernemental, donne lieu à des 'boucles étranges' dans la chaîne de production des normes". A respeito, ver Villas Bôas Filho (2016a; 2016c; 2016c; 2021b).

352 Segundo Arnaud (2003, p. 333), "parler de gouvernance au singulier pourrait bien faire courir le risque d'entretenir l'ambigüité autour d'un concept qui doit largement son essor à la mode et n'est souvent pas utilisé à bon escient".

353 A questão da governança também é enfocada em outros textos do autor. A respeito, ver, por exemplo, Arnaud (1997; 1998a; 2003; 2004). Aliás, vale notar que, em um *e-mail* que me encaminhou em 22.04.2012, André-Jean Arnaud, ao analisar o projeto expresso em sua *Critique de la raison juridique*, ressaltava que "La CRJ-1 développait essentiellement un paradigme (au sens de Kuhn), celui de l'AVANT-DIRE-DROIT. La CRJ-2 a développé ce qui, dans l'avant-dire-droit concernait le rôle innovant de la société civile. A l'époque de la publication de la CRJ-1, j'évoquais surtout le rôle d'une sociologie juridique; avec mes recherches qui m'ont conduit à publier le vol 2 de la CRJ, j'ai pu développer, sur le même point, ce qui relève du paradigme de la 'gouvernance participative'. Un vol 3 de la CRJ pourrait éventuellement, si je mène mes recherches à bien, développer ce qui, dans la CRJ-1 concernait le rôle des spécialistes, observatoires, experts... Je développerais ainsi un 3e paradigme, celui d'INTELLIGENCE – ce que j'appelle la 'Policy Intelligence', intraduisible en français sinon sous l'expression, bien longue, d'Intelligence en matière de politiques publiques". Para uma análise do modo pelo qual Arnaud (2014) enfoca a governança, ver: Ferreira e Pedroso (2019), Ortiz (2019) e Villas Bôas Filho (2016a; 2016c; 2016d; 2018c; 2019b; 2021b).

354 Sobre a governança empresarial, ver, por exemplo: Xue-Bacquet e Colletis (2010) e Moreau Defarges (2015).

e a repartição de poderes entre diferentes instâncias de uma empresa.[355] Como decorrência, ela expressaria um conjunto de procedimentos e de estruturas cuja finalidade seria gerir eficazmente os negócios empresariais de modo a assegurar transparência e equilíbrio de poderes entre administradores, proprietários e seus representantes. Essa tendência de gestão, que manifestaria a superação da tradicional onipotência patronal mediante a introdução massiva de um conjunto de *stakeholders*, seria passível de implementação a partir da instauração de mecanismos internos e externos de controle.[356]

Trata-se, segundo Arnaud (2014), da superação de um modelo de gestão pautado pela ideia de um "patrão onipotente" (*patron tout-puissant*). Logo, a distinção entre funções de execução e de controle seria determinante para a consecução dessa finalidade. Portanto, o autor salienta que, para lidar com a complexa dinâmica empresarial, a governança de empresas, nascida da *corporate governance*, afigura-se como um instrumento de gestão que precisa garantir equilíbrio de poderes e de direitos, transparência e eficácia. Finalmente, aludindo à progressiva inserção da governança empresarial no contexto da globalização, Arnaud (2014) observa que o conjunto de dispositivos e de medidas implicados na governança empresarial não deriva necessariamente da lei. Por conseguinte, o autor aponta, com razão, a relação por ela mantida com a *soft law* (normatividade flexível que expressa o progressivo descentramento da regulação jurídica de sua forma estatal de expressão).[357]

Nessa perspectiva, Arnaud (2014) afirma que a governança empresarial, nascida da *corporate governance*, ter-se-ia imposto progressivamente como um modelo aplicável a todo sistema de gestão relacionado à complexidade. Os critérios de transparência, de eficácia e de equilíbrio de

[355] Vale notar que Arnaud (2014) baseia-se na definição de Gérard Andreck.

[356] Capeller (2011) realiza uma excelente análise da questão relativa aos *shareholders* e *stakeholders* no âmbito da obra de Anthony Giddens.

[357] Para uma análise da *soft law* como mecanismo de regulação flexível e de significativa incidência no contexto transnacional, ver, por exemplo: Arnaud (2003; 2014), Chevallier (2008), Delmas-Marty (2004a; 2004b), Delpeuch, Dumoulin e Galembert (2014) e Faria (2010; 2011). No âmbito de sua análise acerca da governança na União Europeia, Supiot (2005) enfoca a substituição progressiva da *dura lex*, herdada do direito romano, pela *soft law*.

poderes que a caracterizam estariam entremeados pela multiplicação de normas jurídicas, no sentido amplo do termo, sejam elas estatalmente fixadas ou não. Por esse motivo, o autor de *Entre modernité et mondialisation* enfatiza que a governança empresarial estaria inscrita no âmago da complexidade atinente à pluralidade de fontes do direito. É justamente o que sublinha Faria (2011, p. 56) em uma excelente síntese, ao correlacionar o "caráter policêntrico da governança corporativa" com os "sistemas de *soft law*".

6.3.2. A governança global

Feita essa análise, Arnaud (2014) enfoca a passagem (não ocasional) da *corporate governance* para a *global governance*, salientando a importância das contribuições dos economistas Oliver Williamson, John Williamson e Joseph Stiglitz à conceitualização da governança global. Para tanto, destaca que o estabelecimento das principais instituições financeiras internacionais em Washington, quando do término da Segunda Guerra Mundial, teria ocasionado a natural influência do ambiente e da cultura econômica dos EUA na montagem de tais instituições. Consequentemente, a governança global teria sido concebida, em seu conjunto, como a gestão dos negócios mundiais no nível das organizações e das agências internacionais. Nesse sentido, o funcionamento de tais instituições (egressas de *Bretton Woods*) consistiria essencialmente no enquadramento da atividade soberana dos Estados pelos regimes multilaterais de governança, a partir dos princípios componentes do que se convencionou denominar de "Consenso de Washington": disciplina fiscal; abertura comercial; estímulo a investimentos estrangeiros; privatização de empresas públicas; desregulação e respeito ao direito de propriedade.[358]

Segundo Arnaud (2014), tais princípios, oficialmente assumidos pelo Banco Mundial e pelo Fundo Monetário Internacional, foram convertidos em imperativos administrativos que passaram a nortear as políticas dos países (especialmente os endividados) em nome do que se convencionou chamar de *good governance*, noção, aliás, que se tornou fundamental

[358] A respeito, ver também: Delplanque (2010). Cumpre notar que Held (2006) sublinha especialmente a importância da governança para o enfrentamento de problemas e dilemas globais que se impõem na contemporaneidade.

no âmbito da governança global, na medida em que passou a desempenhar o papel de um paradigma de referência para a avaliação das economias dos países por parte das autoridades financeiras internacionais. A noção de *good governance*, com sua inequívoca carga prescritiva, encontra como contraponto a de *poor governance*, mobilizada para a avaliação dos Estados em matéria de corrupção e de criminalidade global.[359] Contudo, Delmas-Marty (2007, p. 73) aponta, com razão, a necessidade de estabelecimento de qual será a "bússola" para "pilotar" a *good governance*. Essa exigência é particularmente importante, pois não se pode descartar a instrumentalização retórica da noção de *good governance* para construção de um arcabouço regulatório que, na prática, serve à sustentação de trocas assimétricas entre países hegemônicos e subalternos.[360]

Entretanto, Arnaud (2014) enfatiza que a governança global não seria apenas um instrumento adstrito ao âmbito financeiro, uma vez que asse-

[359] A respeito, Arnaud (2014, p. 73) salienta que "à partir de la notion de '*good governance*', a été forgé celle de '*poor governance*'. Il ne s'agit plus d'une accusation, comme celle qu'implique la '*bad governance*' – vu, toujours, du point de vue des instances internationales – mais d'une appréciation portée sur les États en matière de corruption et de crime globalisé". Sobre a "boa governança" e a "governança global", ver também: Chevallier (2003), Eberhard, (2010), Moreau Defarges (2015) e Supiot (2015). Vale notar que Eberhard (2002, p. 463), ao relacionar "boa governança" e direitos humanos, ressalta que "si nous commençons par les statuts 'modernes' (selon la distinction d'Étienne Le Roy), il nous faut distinguer l'individu détenteur de droits de l'homme inaliénables et imprescriptibles d'avec le 'citoyen'. [...] S'il paraît pertinent de distinguer le citoyen de ce 'sujet de droits', c'est en référence à l'importance accrue que prend la notion de 'bonne gouvernance' dans les discours et pratiques internationaux. Si les droits de l'homme se réfèrent avant tout à l'individu en tant que tel, la bonne gouvernance, qui est intimement liée à la garantie du respect des droits de l'homme, se réfère, elle, plutôt à une gestion responsable des États par rapport à leurs citoyens qui auraient un droit de regard sur leur gestion".

[360] Mattei e Nader (2008, p. 143) afirmam que "notions of structural adjustment, comprehensive development, good governance, international human rights, and humanitarian intervention perform similar persuasive functions. Such notions, including that of 'lack,' are currently key elements of a strong rhetoric of legitimization of international corporate power determining the diffusion of oppressive institutions aimed at plunder: the imperial rule of law. These notions are today 'naturalized' in the global discursive practice, and are called the 'Washington Consensus'. Their uncritical use produces a state of denial of the way in which the rule of law, often shielding plunder, is produced and developed by professional 'consent-building' elites".

gurar boas relações no plano internacional permitiria, acima de tudo, garantir a "paz mundial".[361] Assim, nessa perspectiva, a governança global assumiria também, segundo o autor, a dimensão estratégica de promoção da segurança mundial a partir do impulso à cooperação, ao entendimento e à moderação mútua entre os Estados nacionais, o que estaria expresso nos capítulos VI e VII da Carta da Organização das Nações Unidas (ONU), que tratam da resolução pacífica dos conflitos e divergências e das ações relativas às ameaças à paz, ruptura da paz e atos de agressão.[362] De todo modo, Arnaud (2014) não ignora a relativa impotência da ONU na resolução dos problemas mundiais. Além disso, não se pode desconsiderar que, criada logo após a Segunda Guerra, a ONU remanesce marcada pelo papel preponderante desempenhado pelos países vencedores que, como se se sabe, são dotados do direito de veto no âmbito de seu Conselho de Segurança.[363] Trata-se, por conseguinte, de uma instituição que participa da construção da hegemonia das potências ocidentais.[364]

De todo modo, ao assinalar que a governança implica a superação de uma forma de gestão "piramidal" e "autoritária", Arnaud (2014) sublinha que ela expressaria a substituição progressiva de um sistema *top-down* de tomada de decisão por um sistema *bottom-up*, caracterizado pela ausência de uma produção normativa ordenada e sem atos de governo impostos a

[361] Como se verá a seguir, nesse particular, Mattei e Nader (2008) fazem sérias reservas à governança, associando o seu manejo retórico à prática da pilhagem.

[362] Vale notar que Arnaud (2004, p. 223) afirma que a governança global poderia ser considerada uma "estratégia de racionalização do processo de tomada de decisão" cujo propósito consistiria em substituir os modos nacionais de regulação e, inclusive, os regionais (tais como os blocos econômicos e políticos) por uma forma de regulação global capaz de abarcar o conjunto das atividades humanas.

[363] Sobre essa questão ver, especialmente, Delmas-Marty (2007).

[364] Mattei e Nader (2008, p. 151), ao enfocarem a ONU como uma "instituição ideológica de governança global", ressaltam que "viewing the process of centralization following the establishment of the United Nations in 1949, today we understand that international law is not natural but positive law; its fundamental sources are treaties and customs that need power to be enforced, as in any other branch of a legal system. Some observers assert today that international law is a worldwide legal system grounded in uniformity and in American-born ideals of law and order".

partir de instâncias centrais de modo verticalizado.[365] Estar-se-ia, assim, diante de uma passagem da "pirâmide" à "rede", em meio à qual agências multilaterais, ONGs e a sociedade civil tornam-se cada vez mais atuantes e decisivas no estabelecimento de pautas de interesse comum a serem implementadas, em nível global, entre as quais o autor realça, para fins de sua análise, a questão ecológica. No entanto, a governança global – diferentemente do que ocorre com os governos, cujas decisões se fundam em normas impositivas do direito positivo – enfrentaria, no que concerne aos instrumentos de que dispõem os atores que com ela operam, problemas decorrentes do fato de que a regulação produzida pelas organizações internacionais e globais teria apenas um caráter de *soft law*.[366] Assim, em diversas hipóteses, os *standards* e os indicadores que compõem a *soft law* demandam a intervenção dos Estados para se converterem em normas de direito impositivas. Não obstante, em vários domínios – da Organização Mundial do Comércio ao Banco Mundial, passando pelas normas de certificação ISO produzidas pela Organização Internacional de Normalização, pelos indicadores das Agências de Notação Financeira Internacional, tais como *Fitch Ratings*, *Moody's* e *Standard & Poors*, ou pelas normas criadas por entidades como a AFNOR –, a intervenção estatal não se mostra indispensável para que tais regulações assumam imposição efetiva.[367]

Desse modo, Arnaud (2004) define a governança global como um novo modo de gestão de assuntos públicos fundado sobre a participação de instituições não pertencentes ao setor público, notadamente empresas transnacionais e organizações não governamentais. Logo, Arnaud (2004) sustenta que a governança global, em virtude das vantagens específicas que oferece, desde que adimplidas algumas condições específicas

[365] Essa questão é também muito bem abordada por Arnaud (2003; 2004) e por Commaille (2015; 2016). No Brasil, ver: Faria (2011). Cumpre notar que, conforme observa Takamura (2007), no Japão, a noção de governança não tem o mesmo sentido que lhe atribuem autores como André-Jean Arnaud. Sublinha, assim, que, muito mais do que um sistema *bottom-up* de tomada de decisões, a governança aparece, no contexto japonês, como um mecanismo de prevenção de risco.

[366] Sobre essa questão, além de Arnaud (2014), ver, por exemplo: Delmas-Marty (2006).

[367] A respeito, ver também Faria (2010; 2011), Isla (2003) e Delpeuch, Dumoulin e Galembert (2014).

de implementação e de controle, poderia vir a constituir uma alternativa à concepção clássica do processo de tomada de decisão jurídica em matéria de relações internacionais. Todavia, como ressalta o autor de *Critique de la raison juridique*, tais condições ainda não teriam sido efetivamente realizadas. Por outro lado, Mattei e Nader (2008) criticam amplamente o que consideram ser um modelo de governança global comandado por agentes políticos transnacionais, inimputáveis e legiferantes.

6.3.3. A governança dos blocos regionais

Conforme Arnaud (2014), a governança também se faz presente no âmbito dos blocos regionais e, para demonstrá-lo, ele alude à experiência da *gouvernance européenne*, especialmente quando focaliza as instituições construídas para gerir os assuntos comuns aos Estados que passaram a compor a Comunidade Europeia. Assim, com o intuito de especificar a particularidade da experiência europeia diante da ocorrida nos demais blocos regionais, em que se observa uma articulação de caráter essencialmente econômico e sem pretensão política, Arnaud (2014) realça dois aspectos que, em seu entendimento, seriam decisivos: a) antes de consistir no berço do moderno pensamento jurídico e político, a Europa teria sido, ao longo de sua história, uma encruzilhada de diferentes tradições sociais e culturais. Consequentemente, ela teria se construído a partir da assunção desse pluralismo característico de sua história;[368] b) para além de uma simples coalizão econômica, a União Europeia constituiria uma "Federação plurinacional", fundada em um acordo cuja natureza decorreria do compromisso de preservação das identidades culturais e nacionais que lhe são constitutivas, não havendo, assim, um "povo europeu", muito menos um governo direcionado à sua administração.[369]

Portanto, segundo Arnaud (2014), em virtude dessas particularidades, a União Europeia não seria passível de ser gerida mediante o processo *top-down* que caracteriza o "governo" na tradição moderna dos regimes de democracia representativa. Impor-se-ia a ela, por conseguinte,

[368] Quanto a essa questão, ver, especialmente, Arnaud (1991c) e Lévi-Strauss (2001 [1952]).

[369] A respeito, vale ressaltar que Arnaud (2014), quando mobiliza a noção de "Federação plurinacional" (*Fédération plurinationale*), apoia-se no texto de Hugues Dumont, intitulado "L'Union européenne, une Fédération plurinationale fondée sur un pacte constitutionnel".

a governança como instrumento de gestão.[370] Aludindo ao *Livro branco sobre a governança europeia* – em que se encontra consignado que a noção de governança designa as regras, os processos e os comportamentos que influenciam o exercício dos poderes no âmbito europeu –, o autor distingue dois aspectos que, em seu entendimento, seriam fundamentais relativamente a esse contexto: a) a governança no plano da gestão da União e da participação dos Estados; b) a governança como participação mais efetiva e qualificada dos cidadãos europeus.

Entretanto, a análise empreendida por Arnaud (2014) não envereda por um otimismo ingênuo com relação à experiência da governança europeia. Ao contrário, elenca diversas dificuldades que expressam as defasagens entre o que se proclama no plano ideal e o que se realiza na realidade. Nesse particular, sobressai, especialmente, o caráter insatisfatório da participação da sociedade civil na gestão da União Europeia. Trata-se, segundo o autor, de um obstáculo expressivo, pois os cidadãos, impotentes a título individual, mostram-se pouco dispostos a ingressar em organizações que poderiam representá-los de modo mais efetivo. Além disso, em sua abordagem, evidenciam-se as ambivalências (e, por conseguinte, os perigos) das redes de ação pública e a importância atribuída à *expertise* no contexto da governança europeia. Como ressalta Arnaud (2014), a relevância conferida aos *experts* desempenha um papel de legitimação na elaboração de políticas públicas, mas também facilita a atuação de *lobbies*.[371]

Cumpre notar que, ao longo de seu exame acerca da governança no âmbito regional, Arnaud (2014) descentra-se da União Europeia e, a partir de uma abordagem contrastada, especialmente no que concerne ao déficit de participação dos cidadãos, volta-se para a experiência desenvolvida no Mercosul.[372] Considerando, evidentemente, as particularidades desses dois blocos, o autor aponta os paralelos existentes entre eles, particularmente no que tange à pretensão de construção de dois espaços

[370] Esse aspecto também é destacado por Supiot (2015).

[371] Entretanto, Arnaud (2014, p. 151) distingue a atuação dos *lobbies* da dos *think-tanks*.

[372] Aliás, Delmas-Marty (2007, p. 81) afirma que "imitée dans d'autres régions comme l'Amérique latine, cette conception européenne est aussi citée en exemple par les partisans d'un parlement mondial [...]".

regionais de cooperação transnacional com aspirações análogas de integração econômica e de constituição de um projeto político mais global. A esse respeito, Arnaud (2014) enfatiza que, apesar dos indiscutíveis avanços ocorridos tanto na União Europeia como no Mercosul, ambos os blocos constituiriam, ainda, laboratórios de experimentação para a governança regional. O déficit de participação real dos cidadãos aparece, nesse contexto, como o principal entrave a um desenvolvimento mais consequente da governança regional, entendida como dinâmica complexa das relações e inter-relações transformadoras que articulam instituições, Estados-membros, sociedade civil, grupos de interesse, *lobbies* e redes sociais.[373]

6.3.4. A governança nacional

Conforme Arnaud (2014), a governança no plano nacional seria a que mais diretamente se vincula às questões culturais, uma vez que estas desempenham um papel determinante na gestão dos assuntos públicos. Assim, a partir do contraste entre a experiência político-administrativa norte-americana e a francesa, o autor ressalta que a representação da governança como uma ameaça à soberania estatal expressa-se, sobretudo, em países com uma visão cultural centralista do Estado moderno. No entanto, procura sublinhar o fato de que o Estado não poderia mais ser visto como a única instância detentora do poder. Nessa perspectiva, a concepção do Estado como instância monopolizadora da violência legítima já não se sustentaria.[374] Por esse motivo, tornar-se-ia cada vez mais

[373] A respeito do Mercosul, ver, especialmente: Ventura (1996; 2003; 2005; 2010) e Villas Bôas Filho (2018c; 2019b). Vale notar que a experiência da governança nos blocos regionais tem sido afrontada pela retórica nacionalista de líderes populistas recentemente alçados ao poder. Para uma profunda análise recente do populismo, ver: Rosanvallon (2020). A respeito, ver também: Godin (2012) e Tarragoni (2013).

[374] É possível afirmar que, sob esse aspecto, a análise de André-Jean Arnaud problematiza concepções como a de Bourdieu (1993; 2012) que, inspirando-se em Max Weber, definem o Estado como instância detentora do monopólio legítimo da violência física e simbólica. A respeito do Estado no pensamento de Bourdieu, ver: Villas Bôas Filho (2021c). Para um conciso contraste entre as perspectivas de André-Jean Arnaud e de Pierre Bourdieu, ver: Villas Bôas Filho (2019e). A respeito, ver também: Commaille (2006; 2010b; 2015; 2016) e Chevallier (2008; 2011).

possível gerir os assuntos públicos para além da normatividade estatal, o que, em outras palavras, expressaria a diversificação dos mecanismos de regulação que escapam às categorias tradicionais que norteiam as representações positivistas acerca do direito.[375]

Por conseguinte, observar-se-ia a progressiva passagem de uma ação política outrora fundada no "governo" (*gouvernement*) para outra amparada na "governança" (*gouvernance*).[376] Resultaria daí, inclusive, o declínio da concepção *top-down* que atribui apenas aos governantes a criação do "dever-ser", com a decorrente substituição progressiva, no debate jurídico, dos conceitos clássicos de "governo", "lei" e "regulamentação" pelos de "governança", "políticas públicas", "ação direta", "resolução de conflitos" e, especialmente, de "regulação".[377] Feitas essas considerações, Arnaud (2014) assinala que, no plano nacional, a governança se manifestaria, essencialmente, a partir de três maneiras: a) pelo desenvolvimento de agências reguladoras; b) pela ingerência de uma normatividade advinda de *standards* e indicadores; c) pelo incremento de formas de intervenção participativa dos cidadãos.[378]

Para Arnaud (2014), as agências reguladoras, ao agirem em nome do Estado mediante competências a elas delegadas, das quais provém o seu poder regulamentar, afiguram-se como independentes e, portanto, não submetidas à hierarquia das estruturas administrativas convencionais da autoridade governamental. Os *standards* e indicadores constituem uma

[375] Arnaud (2014, p. 179) sustenta que "l'État ne peut plus tout maîtriser".

[376] Acerca dessa questão, ver também: Arnaud (2004), Chevallier (2008), Held (1995; 2006), Supiot (2015) e Villas Bôas Filho (2016a; 2021b). Quanto a esse aspecto, Commaille (2010b), aludindo a Alec Stone Sweet e Ran Hirschl, indica a "juridicização da política" como um dos fenômenos mais importantes da governança contemporânea. Sobre as questões da judiciarização e da juridicização no pensamento de Jacques Commaille, ver: Villas Bôas Filho (2015a; 2016b; 2020a).

[377] O conceito de regulação é de grande importância para a análise empreendida por Arnaud (2014) que o examina especialmente no âmbito da governança exercida no plano nacional. Para definições do conceito no âmbito da sociologia jurídica, ver, por exemplo: Arnaud (1997; 1998a; 2004), Chevallier (2001; 2008), Commaille (2019a) e Delpeuch, Dumoulin e Galembert (2014).

[378] No que concerne à intervenção participativa dos cidadãos, Arnaud (2014) destaca a atuação dos movimentos sociais. A respeito, ver: Dubet e Martuccelli (1998). Para uma excelente análise dessa questão no Brasil, ver: Campilongo (2012).

forma de *soft law* que frequentemente substitui a legislação estatal. Por fim, o desenvolvimento das tecnologias de comunicação e das redes sociais impulsiona a intervenção participativa dos cidadãos, de modo a subverter o clássico princípio da representatividade que os relega a uma posição ancilar. Como decorrência, a forma tradicional de governo passaria a ser impactada, entre outras coisas, pelo expressivo aumento das "coletividades organizadas", pela descentralização e, inclusive, fragmentação do Estado, pelo surgimento de novas dinâmicas regulatórias que acentuam o pluralismo jurídico, pela intervenção cada vez mais efetiva de novos atores na formulação de políticas públicas, com a consequente erosão das fronteiras entre o âmbito público e o privado.

Não há como recuperar aqui a complexidade das considerações por ele realizadas acerca dessas questões, uma vez que isso implicaria uma digressão incompatível com as dimensões comportadas por este capítulo. No entanto, cabe notar que, em meio a essa complexa e detalhada análise, é enfatizada a ideia de que a governança implica a redefinição das funções estatais. Para Arnaud (2014), tal como ocorre nos níveis empresarial, global e regional, também no nacional a governança se expressaria (e deveria ser estudada) como uma dinâmica complexa de relações e inter-relações transformadoras que se desenvolveriam entre os diversos âmbitos que constituem o Estado nacional. Nesse sentido, sua implementação pressupõe que se coloque em questão a concepção de Estado legada pela tradição ocidental.[379]

6.3.5. A governança territorial/local

Para analisar a governança territorial, Arnaud (2014) recupera a ideia de governança "subnacional", proposta por James Nathan Rosenau.[380] Nesse sentido, enfatiza, preliminarmente, que a governança territorial, apesar de enfrentar os mesmos desafios que se impõem à transnacional, caracte-

379 A respeito, ver, por exemplo: Arnaud (2014), Chevallier (2008), Commaille (2015; 2016), Faria (2002a; 2002b; 2010; 2011).

380 Conforme Arnaud (2014, p. 223), "dès la fin du siècle écoulé, James Nathan Rosenau, en même temps qu'il définissait la gouvernance transnationale – on le précisait en parlant de gouvernance globale –, donnait une définition de la gouvernance 'subnationale'". A respeito, ver: Rosenau (2000).

rizar-se-ia por não poder se estender além da jurisdição dos Estados em que ela se exerce. Assim, após realçar a dificuldade de definição do que seja a governança territorial – especialmente com o desaparecimento do que outrora se designava como "ordem territorial" em virtude da explosão das fronteiras locais, da multiplicação dos atores em interação e da complexidade engendrada pela progressiva desvinculação das políticas territoriais dos limites jurisdicionais e das escalas tradicionais –, o autor afirma que a expressão recobriria o conjunto de situações de cooperação entre autoridades públicas, atores privados, associações e cidadãos, não ordenados hierarquicamente, envolvidos na construção, na gestão ou na representação dos territórios em que vivem e com relação ao ambiente exterior.[381]

Referindo-se às abordagens que, há muito tempo, associam democracia local e participação dos cidadãos, Arnaud (2014) assinala que a governança territorial demandaria uma reconfiguração dos poderes entre governantes, sociedade civil e mercado, o que, por sua vez, engendraria o confronto de diversas "racionalidades políticas". Logo, a governança territorial suporia a construção e a manutenção permanente de novos quadros institucionais e o manejo de instrumentos complexos, tais como: procedimentos administrativos e jurídicos, finanças públicas etc. Nesse sentido, exigiria o engajamento dos representantes e a participação dos cidadãos e associações civis (daí, aliás, a necessidade de um processo progressivo de *empowerment*). Por conseguinte, também no plano territorial, a governança implicaria a redefinição das funções públicas como foram concebidas tanto pela filosofia jurídica quanto pela política da época

[381] Para ilustrar o modo pelo qual se desenvolve concretamente essa forma de governança, Arnaud (2014) se propõe a enfocar, inicialmente, seus efeitos transformadores na administração pública local e, em seguida, seu impacto na questão do desenvolvimento sustentável. Portanto, a partir de uma detalhada análise dirigida à realidade brasileira, focaliza, em primeiro lugar, a experiência do orçamento participativo de Porto Alegre, discutindo em que medida ela expressaria um modelo de governança local em meio ao qual se esboçaria um sistema de decisão de perfil *bottom-up* em substituição à lógica *top-down* que se manifesta na dinâmica tradicional das decisões governamentais, e, em segundo lugar, a experiência da governança no que concerne ao desenvolvimento sustentável na floresta amazônica. A respeito, ver também Arnaud e Simoulin (2010) e Villas Bôas Filho (2018c).

moderna (séculos XVII e XVIII), as quais teriam pautado, desde então, toda a conquista da democracia no Ocidente.[382]

Para ilustrar o modo pelo qual se desenvolve concretamente a governança territorial, Arnaud (2014) se propõe a enfocar, em primeiro lugar, os seus efeitos transformadores na administração pública local e, em segundo lugar, o seu impacto na questão do desenvolvimento sustentável. Portanto, a partir de uma detalhada análise dirigida à realidade brasileira, focaliza, em primeiro lugar, a experiência do orçamento participativo de Porto Alegre, discutindo em que medida ela expressaria um modelo de governança local em meio ao qual se esboçaria um sistema de decisão de perfil *bottom-up* em substituição à lógica *top-down* que se manifesta na dinâmica tradicional das decisões governamentais, e, em segundo lugar, a experiência da governança no que concerne ao desenvolvimento sustentável na floresta amazônica.

No que tange ao orçamento participativo, Arnaud (2014) assevera que tal experiência poderia ser definida em termos de um processo de participação comunitária fundado sobre um conjunto de instituições que funcionam como mecanismos ou canais aptos a assegurarem a participação no curso do processo de decisão em nível municipal. Seria, nesse sentido, a expressão de uma reforma política que ensejaria a participação dos cidadãos nos espaços de ação pública a partir de diversos mecanismos de democracia direta. Desse modo, o orçamento participativo permitiria aos cidadãos influenciarem as decisões relativas às despesas municipais. Feitas essas considerações, Arnaud sustenta que o orçamento participativo de Porto Alegre seria expressão de um modelo paradigmático de boa governança em nível territorial/local, pois promoveria um sistema de decisão de perfil *bottom-up* em substituição à dinâmica tradicional de viés *top-down*.

Arnaud (2014) também sublinha a importância da governança territorial relativamente à questão do desenvolvimento sustentável, tema que ganhou ainda mais centralidade nos últimos anos em virtude dos efeitos decorrentes da degradação do meio ambiente. Segundo o autor, a eficá-

[382] No âmbito da antropologia jurídica, Eberhard (2010), baseando-se na análise de Bernard Husson acerca do contexto africano, enfatiza a importância da transposição da governança para o plano local.

cia das iniciativas de preservação não é passível de ser garantida apenas mediante o estabelecimento de acordos e regulamentações internacionais.[383] Estes são, indubitavelmente, importantes, porém demandam o consórcio de atores locais para a sua efetiva implementação. Por conseguinte, torna-se imperativo o concurso de cidadãos, de organizações não governamentais e de funcionários públicos que, articulados entre si, passam a figurar como integrantes de uma "governança ambiental".[384] Para ilustrar essa situação, Arnaud (2014) enfoca a política de proteção da floresta amazônica.[385]

6.4. Governança, tomada de decisão e democracia

Após analisar as diversas formas de expressão da governança, Arnaud (2014) realça o seu caráter paradigmático no auxílio à tomada de decisão, ressaltando que ela constituiria, em primeiro lugar, uma nova maneira de enfocar a administração dos negócios, públicos e privados, que rompe com a tradição *top-down* desenvolvida no bojo do regime da democracia representativa e, em segundo lugar, um instrumento capaz de proporcionar uma gestão de tipo novo.[386] Consequentemente, estar-se-ia diante de

[383] Veja-se, por exemplo, o Relatório Final da COP 27, ocorrida em 2022, cujo esboço, veiculado ainda durante a redação deste livro, ressalta os efeitos deletérios da mudança climática.

[384] Como sustentam Jacobi e Sinisgalli (2012, p. 1473), a "governança ambiental" consiste na "construção muitas vezes, de forma controversa, das condições para a definição de novos espaços institucionais, para as relações entre peritos e leigos, técnicos e usuários, e entre os setores público e privado". No que concerne ao desenvolvimento da "governança ambiental" na região amazônica, cabe ressaltar a atuação dos povos indígenas e de suas organizações. Sistematicamente desconsiderados, os povos indígenas são atores de grande importância local relativamente à preservação ambiental. Para uma incontornável análise acerca da problemática que envolve os povos indígenas no Brasil ao longo do século XX e início do XXI, ver: Hemming (2003; 2008; 2019).

[385] Essa análise precisaria ser atualizada diante dos efeitos deletérios engendrados pela desmontagem dos órgãos de fiscalização do governo brasileiro durante a gestão de Jair Bolsonaro e pela ação violenta que, nesse mesmo período, desarticulou significativamente iniciativas que poderiam configurar uma efetiva "governança ambiental" na região amazônica.

[386] Sobre a predileção por uma democracia participativa como modo de governança dos regimes de regulação, ver, por exemplo: Commaille (2015) e Delpeuch, Dumoulin

uma espécie de reabilitação da sociedade civil, o que remete ao aspecto fundamental da governança, qual seja: figurar como um instrumento de participação na tomada de decisões complexas (públicas e privadas) e em todos os níveis, do global ao local. Nesse sentido, Moreau Defarges (2015) salienta que, no âmbito da governança, as decisões deixariam de figurar como propriedade e poder de um indivíduo ou grupo e passariam a resultar de uma negociação permanente entre os atores sociais que, concebidos como partícipes de um vasto jogo, articular-se-iam nos mais variados âmbitos. Aliás, Arnaud (2003, p. 328), enfatizando esse aspecto, aponta como característica de nossa época a tendência de progressiva substituição, em certo número de hipóteses, de um "direito imposto" por um "direito negociado".

Por conseguinte, o tema da governança entrelaça-se com os da globalização e do pluralismo jurídico, abordados nos capítulos precedentes.[387] Como visto, para Arnaud (1997; 1998a; 2003; 2004), o processo de globalização enseja, entre outras coisas, a corrosão do monopólio da coerção legítima por parte do Estado e, consequentemente, a impossibilidade de nele enxergar a única fonte de produção do direito.[388] Assim, como enfatizam Arnaud e Fariñas Dulce (1998), a tradicional pretensão de monopólio do direito por parte do Estado passaria a ser cada vez mais escassa no âmbito das relações jurídicas efetivamente existentes, uma vez que estas se implementariam crescentemente à margem do direito estatal. Ora, essa situação está relacionada a um progressivo deslocamento da forma de "regulação tradicional", centrada no governo, para uma forma de "regulação nova,"[389] marcada pela emergência de novos atores, com

e Galembert (2014). Sobre a questão da superação da democracia representativa, ver: Rosanvallon (2008; 2009).

[387] Note-se que essa relação, que já está presente em Arnaud (1997), é particularmente analisada por Arnaud (1998a; 2003; 2004; 2014).

[388] Arnaud (2003, p. 183) é enfático ao afirmar que o "direito estatal" não seria mais o único modo de "regulação jurídica da sociedade". No mesmo sentido, ver: Arnaud (1997; 1998a; 2004; 2014).

[389] Note-se que as expressões "regulação tradicional" e "regulação nova" são utilizadas pelo autor. A respeito, ver, especialmente, Arnaud (2003).

distintas dinâmicas de interação e de decisão, em meio à qual a governança se faz presente.[390]

Arnaud (2014) destaca, ademais, que, ao ensejar uma ampliação do rol de atores sociais na formulação de decisões complexas relativamente a assuntos de interesse comum e na elaboração de normatividade vinculativa, a governança se expressaria como um instrumento de participação democrática.[391] Nesse particular, cumpre notar que, segundo Rosanvallon (2008), a experiência democrática atual demandaria cada vez mais uma legitimação não restrita à esfera eleitoral-representativa,[392] motivo pelo qual correlacionar-se-ia diretamente com a ideia de governança. Aliás, no que tange a essa questão, Supiot (2015) evidencia a progressiva centralidade assumida pelo conceito de governança no campo semântico atinente à democracia. Contudo, não se pode considerar a governança uma espécie de panaceia no que concerne à participação mais alargada na tomada de decisões. Como observa Arnaud (2014), tratando-se da governança, é preciso saber dela se servir e querer fazê-lo. Desvios são, evidentemente, possíveis. A possibilidade de organização de *lobbies* com o intuito de instrumentalização da governança para fins escusos ou distanciados do interesse geral, por exemplo, não pode ser desconsiderada. Portanto, segundo Arnaud (2014), torna-se necessária uma vigilância

[390] Aliás, a questão da governança torna-se também central diante de temas fundamentais da atualidade, tais como a da "emergência climática", a do fluxo de pessoas, especialmente em um contexto marcado pela pandemia e pela guerra, e a do manejo de redes sociais como instrumentos de difusão de informações falsas e de manipulação ideológica por parte lideranças populistas que delas se valem para minar as bases institucionais das sociedades democráticas. Acerca dessas questões, ver, por exemplo: Delmas-Marty (2006; 2010; 2011), Rosanvallon (2008; 2009; 2020) e Wihtol de Wenden (2013).

[391] Referindo-se ao manejo do conceito de governança feito por André-Jean Arnaud, Ferreira e Pedroso (2019, p. 201) ressaltam que, entre outras coisas, "il l'associe aux problèmes posées par la participation démocratique [...]".

[392] Segundo Rosanvallon (2008, p. 19), "la vie des démocraties s'élargit donc de plus en plus au-delà de la sphère électorale-représentative. Il y a dorénavant bien d'autres façons, à la concurrentes et complémentaires de la consécration par les urnes, d'être reconnu comme démocratiquement légitime". A respeito, ver também: Rosanvallon (2014a; 2014b), Monod (2015), Arnaud (2003) e Villas Bôas Filho (2013). Acerca da degradação populista da democracia, ver: Rosanvallon (2020) e Villas Bôas Filho (2020a).

permanente para coibir desvios, o que, por sua vez, implica a presença das condições indispensáveis à plena implementação da cidadania.

Quanto a esse aspecto, vale ressaltar que, conforme observa Rosanvallon (2014a, p. 26-27), após a conquista fundamental do sufrágio universal, o desenvolvimento do ideal democrático articulou-se historicamente ao redor de duas grandes ambições. Em primeiro lugar, a de tornar a democracia mais participativa, ou seja, não restringir a intervenção dos cidadãos apenas ao momento eleitoral. Em segundo lugar, a implementação de uma democracia deliberativa, inserindo as decisões públicas em um "debate cidadão vivo". O objetivo, em ambos os casos, consistiria em passar de uma "democracia intermitente" (*démocratie intermitente*) a uma "democracia permanente" (*démocratie permanente*) e, simultaneamente, de uma "democracia de delegação" (*démocratie de délegation*) a uma "democracia de implicação" (*démocratie d'implication*). Evidentemente, como ressalta o autor, haveria ainda muito o que fazer nessas duas direções. Contudo, a sua posição é a de que seria necessário refundar a democracia não apenas como regime político, mas também como forma de sociedade.

Logo, para Rosanvallon (2008), a conjugação de todos esses aspectos teria conduzido ao progressivo enfraquecimento da "esfera eleitoral-representativa" como forma de legitimação institucional do sistema democrático. Nesse sentido, o autor propõe uma análise da legitimidade democrática descentrada dessa esfera,[393] pois, em seu entendimento, observar-se-ia, na atualidade, a emergência de outras formas de legitimação da democracia que seriam simultaneamente concorrentes e complementares à "consagração pelas urnas": a) a "legitimidade de imparcialidade" (*légitimité d'impartialité*); b) a "legitimidade de reflexividade" (*légitimité de réflexivité*); c) a "legitimidade de proximidade" (*légitimité de*

[393] Como enfatiza Rosanvallon (2008, p. 19), "la vie des démocraties s'élargit donc de plus en plus au-delà de la sphère électorale-représentative". Acerca da representação política, ver, especialmente, Bourdieu (2001a). Para uma abordagem crítica das relações complexas entre democracia, república e representação, ver: Rancière (2005). Para uma excelente síntese do pensamento de Jacques Rancière, ver: Ruby (2009). Para um elucidativo contraste das perspectivas de Jacques Rancière e de Catherine Colliot-Thélène, ver: Lacroix (2015).

proximité).[394] Não há como reconstruir aqui a profunda análise que o autor realiza acerca da complexificação da experiência democrática contemporânea decorrente do progressivo descentramento de sua legitimidade da esfera eleitoral-representativa.[395]

Importa notar que, de acordo com Rosanvallon (2008), a emergência dessas novas formas de legitimidade conduziria à progressiva impossibilidade de redução da experiência democrática apenas à sua dimensão eleitoral-representativa. É nesse sentido que o autor alude ao que chama de "democracia pós-eleitoral". Isso significa que, nessa perspectiva, a democracia não pode ser reduzida à participação periódica em eleições para a escolha de um governante que, ungido pelas urnas e respaldado pela vontade da maioria, seria portador de uma suposta "vontade geral".[396] E, como enfatiza Rosanvallon (2009), essas novas formas de legitimidade ("imparcialidade", "reflexividade" e "proximidade"), que seriam concorrentes e complementares à consagração de um governante pelas urnas e serviriam para o reconhecimento do que poderia ser considerado democraticamente legítimo, implicam a governança.[397]

Relacionando diretamente democracia e governança, Rosanvallon (2009) ressalta que uma "conduta democrática" implica que as decisões sejam devidamente argumentadas e tornadas públicas, que as responsabilidades sejam claramente estabelecidas, que as informações sejam apresentadas e que a participação das pessoas concernidas seja efetivamente garantida. Tudo isso implica uma exigência de transparência no que tange aos princípios e procedimentos e, sobretudo, um arranjo institucional que seja capaz de proporcionar uma prestação contas adequada. Nessa perspectiva, a democracia não se reduziria apenas a um modo de

[394] A respeito, ver também Rosanvallon (2015), Lacroix (2015), Monod (2015) e Villas Bôas Filho (2020a).

[395] Para uma análise da tese de Pierre Ronsavallon acerca da experiência democrática contemporânea e de seu comprometimento pelo populismo, ver: Villas Bôas Filho (2020a).

[396] Vale lembrar que, para Rosanvallon (2008), a regra da maioria constitui, simultaneamente, uma "técnica de decisão" e um "princípio de legitimação".

[397] Assim, conforme observa Monod (2015, p. 185), "être reconnu comme 'démocratiquement légitime' ne dépend pas seulement, ou plus seulement, des urnes, de l'élection, mais de ces 'qualités' – impartialité, réflexivité – auxquelles il faut ajouter une qualité liée à 'l'art de gouverner démocratique', au comportement des gouvernements: la 'proximité'".

tomada de decisão ou de eleição. Ao contrário, ela abrangeria igualmente um conjunto de condições de apropriação da vida pública que passa pela associação das pessoas para tomada de decisão, assim como pela estruturação de uma forma organizada de discussão pública que permita a todos a compreensão das questões e dos desafios políticos.[398] Ora, segundo Rosanvallon (2009), a governança corresponde, ao menos em parte, a tudo isso.[399] Entretanto, ao fomentar uma participação mais ampla na tomada de decisões comuns, a governança consigna questões complexas que precisam ser consideradas. Em seu âmbito, nada está previamente determinado, motivo pelo qual, parafraseando o poeta espanhol Antonio Machado, Arnaud (2014, p. 302) afirma que o caminho não está previamente traçado. Ele se faz ao ser percorrido.

[398] Rosanvallon (2020, p. 210-211) ressalta que "Il y a en effet une sorte de sourde résistance intellectuelle à considérer les choses de cette façon, tant reste dominante dans les esprits la conception étroitement électorale de la démocratie. Ce caractère démocratique doit d'abord s'attacher au mode de nomination de ceux qui composent ces institutions, les soumettant à diverses séries d'épreuves et de vérifications (conditions de compétence; critères d'indépendance; soumission à des auditions publiques; transparence de tous ces éléments et encadrement de l'intervention du pouvoir exécutif). La qualité démocratique d'une institution doit par ailleurs s'apprécier au regard de ses conditions d'organisation (le caractère collégial de ces institutions ayant une importance décisive). Elle doit enfin se lier à des règles spécifiques de fonctionnement (transparence; publicité des délibérations; reddition de comptes; évaluation; communication citoyenne; interaction avec des organismes de la société civile intervenant dans le même champ)".

[399] Relacionando diretamente democracia e governança, Rosanvallon (2009, p. 14) ressalta que "une 'conduite démocratique' de leur part se caractérise par le fait que les décisions soient argumentées et rendues publiques, que les responsabilités soient clairement établies, que l'information soit donnée, que l'implication des personnes concernées soit assurée. C'est une exigence de transparence des principes et des procédures, une obligation de rendre des comptes, la capacité des institutions d'être socialement plus appropriables, c'est-à-dire comprises par tous. La démocratie est toujours un mode de décision ou d'élection, mais également un ensemble de conditions d'appropriation de la vie publique qui passe par l'association des personnes à la prise de décision en même temps que par une méthode organisée de discussion permettant la connaissance par chacun des enjeux politiques. L'idée de gouvernance correspond en partie à cela". Sobre essa questão, ver também: Damiani e Fernández-Albertos (2017).

CONCLUSÕES

Especialmente no que concerne ao seu aspecto subversivo, a figura de André-Jean Arnaud lembra a do *flâneur* que se expressa na obra e na vida de Charles Baudelaire. Remetendo às célebres análises de Walter Benjamin acerca desse personagem, Gros (2009) sublinha que, mesmo criticando o mundo moderno, o *flâneur* nele se inscreve para subvertê-lo. Sem pretender, evidentemente, enveredar pelas complexas discussões que se dirigem a essa figura,[400] o que cabe reter é que, no pensamento de André-Jean Arnaud, há evidentes traços desse caráter subversivo ou transgressor que imprimem à sua obra um perfil crítico e inspirador.[401] Como observa Gros (2009), o *flâneur* não se confunde com o *promeneur galant*.[402] Ambos podem percorrer os mesmos lugares, mas o fazem com propósitos distintos. Não é, portanto, o itinerário que importa, mas o modo como ele é trilhado. Aliás, como mencionado, Arnaud apreciava o poema "Caminante, no hay caminho", do espanhol Antonio Machado. Como visto, ele inclusive o traduz para o francês e o cita no final de seu último livro quando, ao concluir sua análise sobre a governança, ressalta que "le chemin n'existe pas: il se fait en marchant" (ARNAUD, 2014, p. 302).

Por outro lado, o caráter subversivo que, tal como observa Gros (2009), caracteriza o *flâneur* relaciona-se ao fato de que ele é, por opção, uma espécie de marginal. Decorre daí, aliás, boa parte de sua postura crí-

[400] Ver, por exemplo, Kopp (2004).

[401] A respeito, ver, especialmente: Capeller (1991; 2019).

[402] Gros (2009, p. 235) ressalta que "Walter Benjamin a rendu célèbre, par ses études parisiennes, le personnage du flâneur, bien éloigné du promeneur galant des Tuileries. Il l'a analysé, décrit, capté en relisant Baudelaire: son *Spleen de Paris*, ses « Tableaux parisiens » dans *Les Fleurs du mal*, ses peintures de la *Vie moderne*".

tica que, entretanto, não implica a mera desqualificação.[403] Trata-se de outro aspecto que caracteriza a postura de Arnaud, pois este, ao contrário daqueles que são apenas pedantes imaginando que com isso são críticos, é crítico sem ser pedante. Ao longo de sua trajetória, Arnaud soube divergir sem desqualificar e, por essa razão, construiu sua "sociologia" percorrendo a senda da "amizade", pois, como observa Comte-Sponville (2000), a "amizade" (*philia*) constituiria um caminho no qual a carência se transforma em potência e a pobreza em riqueza.[404] Arnaud compreendeu bem o significado disso e trilhou esse caminho com desenvoltura, abrindo espaço aos demais, de modo a inspirá-los e a ajudá-los a suprir suas deficiências.

Esse aspecto da trajetória de André-Jean Arnaud evoca, à guisa de ilustração, uma bela passagem da biografia de Albert Camus. Em 1957, logo após receber o Prêmio Nobel de literatura, o autor de *L'étranger* enviou uma comovente carta de agradecimento ao seu professor Louis Germain. Nela, aproveitando o ensejo dessa homenagem, Camus dirigia-se ao seu antigo mestre afirmando que seus esforços e o seu trabalho permeado de generosidade remanesceriam vivos em um de seus pupilos que, apesar da idade, jamais teria deixado de ser seu agradecido aluno.[405] É possível afirmar que a trajetória intelectual de Arnaud e seus esforços na construção de uma comunidade fraterna de pesquisa entre iguais fazem com que muitos daqueles que tiveram o privilégio de tê-lo como interlocutor sintam-se justamente nessa posição de gratidão expressa por Camus com relação a seu mestre.

[403] A respeito, Gros (2009, p. 238) observa que "le flâneur est subversif. [...] La subversion, ce n'est pas de s'opposer, mais de contourner, détourner, exagérer jusqu'à altérer, accepter jusqu'à dépasser".

[404] Segundo Comte-Sponville (2000, p. 48), "*philia* est le chemin, ou la joie comme chemin: ce qui transforme le manque en puissance, et la pauvreté en richesse". A respeito, no que concerne à trajetória de André-Jean Arnaud, ver: Capeller (2019) e Villas Bôas Filho (2017b).

[405] O belo extrato dessa carta de Albert Camus, cuja expressividade é de difícil tradução para o português, é o seguinte: "vos efforts, votre travail et le cœur généreux que vous y mettiez sont toujours vivants chez un de vos petits écoliers qui, malgré l'âge, n'a pas cessé d'être votre reconnaissant élève" (CAMUS, 1994, p. 371-372).

Ademais, como sublinhado ao longo deste livro, a invulgar capacidade de André-Jean Arnaud em diagnosticar questões de impacto decisivo na regulação jurídica contemporânea torna sua obra incontornável à adequada compreensão de dinâmicas inelutáveis a ela relacionadas. Nesse sentido, sublinhou-se que sua empreitada teórica poderia ser considerada semelhante, ainda que a partir de outros pressupostos e visando objetivos distintos, à pretensão de Michel Foucault de desenvolver um "diagnóstico do presente". As análises desenvolvidas por André-Jean Arnaud acerca do impacto da globalização e da governança sobre a regulação jurídica são um claro exemplo de sua aguçada capacidade de percepção dos aspectos fundamentais que estruturam a sociedade atual. O mesmo pode-se afirmar acerca de sua proposta de modelização sistêmica que, alinhada ao debate do pluralismo jurídico, procura apreender as relações complexas que se travam entre o "direito" e os "sistemas jurídicos" que com ele interagem, por vezes conflituosamente, no que o autor denomina de "campo jurídico vulgar".

É possível afirmar que toda essa potencialidade expressa na obra de André-Jean Arnaud deriva também da assunção de uma perspectiva resolutamente interdisciplinar que, conjugando aportes provenientes da história, da filosofia e, especialmente, da sociologia, torna-se apta a apreender e descrever a complexidade social hodierna e seu impacto sobre o direito. A disposição de André-Jean Arnaud de expandir continuamente sua reflexão sobre o direito, mediante a abertura a novos campos, constitui um exemplo inspirador para todos aqueles que não se resignam com abordagens caracterizadas pelo dogmatismo estéril e pelo convencionalismo acadêmico. Por todos esses motivos, este livro elegeu a sua obra como o referencial fundamental para enfocar três questões às quais o próprio autor atribuiu grande centralidade: a) a abordagem do direito a partir de uma perspectiva pluralista; b) o impacto do processo de globalização sobre a regulação jurídica; c) a questão da governança como instrumento complexo e multifacetado de construção de decisões permeadas por maior participação.

Como ressaltam Capeller, Commaille e Ortiz (2019), inclusive com uma bela alusão ao poema "Ya somos el olvido que seremos", de Jorge Luis Borges, André-Jean Arnaud percorreu territórios desconhecidos e deixou traços que merecem ser seguidos. Muito mais do que um acadêmico de prestígio, e isso já não seria irrelevante, Arnaud foi um pensador de nosso tempo e um exímio ourives das palavras. Assumindo a "transgressão metodológica" como guia de seu itinerário, ele abriu sendas que, sem seus passos, não teriam sido traçadas. Por tudo isso, é possível considerar que em sua irrefreável disposição de expandir continuamente a reflexão sobre o direito, mediante a abertura a novos campos, estaria expresso o correlato do que se exprime no verso 18 do livro VIII das *Metamorfoses* de Ovídio, escolhido como epígrafe da obra *A portrait of the artist as a young man*, de James Joyce: *Et ignotas animum dimittit in artes.*[406]

[406] A tradução aproximada do verso de Ovídio é: "e ele põe a sua mente para trabalhar em artes desconhecidas"; no original, em inglês, consta a seguinte tradução: "and he sets his mind to work upon unknown arts" (JOYCE, 1994 [1916], p. 1).

POSFÁCIO

Inovação, renovação, provocação: Teoria social e direito

Orlando Villas Bôas Filho oferece-nos, como já é de seu costume, um livro instigante, inovador e necessário. Trata-se de um trabalho entre a monografia e o ensaio: monografia, porque se dispõe a tratar de um tema em particular, a governança nas sociedades contemporâneas, a partir da provocadora obra de André-Jean Arnaud; ensaio porque o autor move-se em mais de uma direção e explora com liberdade o tema. Não se trata, portanto, nem de exposição da obra de um só autor (Arnaud), nem de uma só linha de pensamento, mas de algo mais próprio e autoral.

Instigante o livro é, portanto, pelo seu próprio tema. A governança, que afinal aparece claramente no capítulo sexto, corresponde a um problema filosófico central na tradição ocidental, da qual o Brasil faz parte até certo ponto. Esse problema é o do governo das coisas humanas que só pode ser inventado pelos próprios homens. Uso a palavra homem, aqui, como ser humano, o equivalente do grego *anthropos* (que não se refere ao macho, *aner*) ou do latim *homo* (que também não se refere ao macho, *vir*). Entre as coisas humanas importantes esteve sempre, na filosofia, a instituição das comunidades políticas, as comunidades que ultrapassam os vínculos afetivos tradicionais da família ou dos companheiros e amigos próximos. O século XXI apresenta desafios particulares aos grupos humanos na sua tarefa de instituir, manter e reformar ao longo do tempo suas próprias formas de vida. Esse campo chamava-se de política, e abrangia ao mesmo tempo a organização da vida em comum e a organização da própria vida, da vida de cada um. Foi, assim, um campo da filosofia sempre aproximado ao que mais tarde se chamou de *humanidades*, incluindo os produtos humanos das artes (cênicas, como a tragédia, musicais, plásticas...) e dos discursos (se é que podemos separá-los: basta ver a respeito a discussão entre filósofos se a *Retórica* de Aristóteles deve estar ao lado da *Poética* ou do *Organon*).

A governança, que a meu juízo tem tudo a ver com essa tradição das humanidades, complica-se, segundo nos ensina Orlando, na medida em que delas se desgarrou, ao longo dos tempos, para aproximar-se da teoria social. Buscando alinhar-se ao que modernamente se conhece como *ciência política* e mais ainda como *ciências sociais*, o tema da governança ganhou autonomia. A história narrada por Orlando, história contemporânea, diga-se, sugere uma mistura mais complexa e, talvez a contragosto do próprio autor, permite a um leitor como eu perceber nessa complexidade, de um lado, os limites que o tratamento científico do tema exibe e, de outro lado, o potencial que uma discussão – que o autor chama de interdisciplinar – oferece para retomar o diálogo com quem trata do assunto sob um enfoque das humanidades, a começar pelo histórico.

O livro é ainda inovador. O que chama a atenção é justamente o tratamento amplo e de certo modo historicizado do assunto. Falei antes que a história, que serve de armadura ao texto, é contemporânea e a rigor toma a vida e a obra de André-Jean Arnaud como roteiro. A inovação consiste em apresentar, no fundo e de maneira sintética, quase que uma história do campo, o campo da *sociologia jurídica* se quisermos, mas que eu prefiro chamar de teoria social do direito. Nisso Orlando Villas Bôas Filho foi muito feliz. Faltava no Brasil uma exposição assim, que podemos encontrar em outras línguas, como por exemplo em francês e espanhol nas páginas de Maurício García, referido diversas vezes ao longo deste livro. Isso faltava entre nós e suprir essa lacuna é um dos grandes méritos da obra. Sou daqueles que pensam, com Paul Ricoeur e Alasdair MacIntyre, que qualquer pesquisa se insere em certa tradição, e sem inserir-se nela ninguém é capaz de fazer um bom trabalho. Inserir-se nela exige que expliquemos como a compreendemos. Afinal, não é isso o que vemos nos diálogos platônicos, em que Sócrates discute com os que o antecederam imediatamente na educação dos jovens? Não é isso o que Aristóteles faz quando começa seus tratados sempre a discutir com os que o precederam? E que papel jogam as autoridades nas *questiones* escolásticas senão o de antecessores com quem vale a pena aprender e, finalmente, discutir e contrariar? O livro é, portanto, inovador nesse sentido.

Gostaria, enfim, de ressaltar outra feliz escolha que Orlando Villas Bôas Filho faz. Trata-se de eleger André-Jean Arnaud como interlocutor privilegiado, se assim se pode dizer. Pertenço a uma geração que conheceu Arnaud, tanto pelos livros quanto pessoalmente. Arnaud teve um papel importante como grande incentivador e primeiro fundador do que veio a ser o Instituto Internacional de Sociologia do Direito de Oñati. Eu pessoalmente destacaria a trajetória inteira de Arnaud como animadora de minha geração. De certo modo, fiz um trajeto oposto ao dele: comecei a me interessar pela teoria social do direito, mas encontrei mais respostas na história do direito e na filosofia da ação, enquanto Arnaud começou na história do direito (sob a orientação do famoso Michel Villey) e se deslocou para a teoria social. Arnaud cobriu um vasto campo, como mostra a trajetória desenhada neste livro, e atravessou a vida intelectual francesa num tempo em que o estruturalismo exerceu naquele país uma influência enorme. Seguiu-se a exacerbação do estruturalismo, como diz François Dosse, no pós-modernismo e na de(s)construção de alguns, até chegarmos aos dias atuais. Em certo sentido, esse estruturalismo francês é compartilhado por Luhmann, autor da preferência de Villas Bôas Filho, descendente direto (segundo penso) da linhagem saussuriana. Não é de estranhar, portanto, que entre Arnaud e Orlando Villas Bôas Filho houvesse tanto o que conversar.

O livro que ora temos em mãos é como um convite para participarmos ou pelo menos ouvirmos essa conversa entre eles. Todos ganharemos ao estar presentes a ela por estas páginas.

JOSÉ REINALDO DE LIMA LOPES
Faculdade de Direito da USP

ANEXO

CLOSING SPEECH OF ANDRÉ-JEAN ARNAUD, HELD AT THE OFFICIAL CLOSURE OF THE 1991 OÑATI IISL POST-CONGRESS, 5 JULY 1991, AT THE OCCASION OF THE TRANSFER OF POWER TO THE NEW IISL SCIENTIFIC DIRECTOR, PAAVO UUSITALO (HELSINKI, FINLAND)*

Usually, during a closing speech, you expect to hear a long list of "thankyous". This is only fair. Nothing is done miraculously, and the will and generosity of more than one person is needed to be able to build an Institute such as the one you have just spent a week in.

These thanks I should like, therefore, to consciously give to those who have made it possible for this International Institute for The Sociology of Law to come to life, those whose names I mentioned during my opening speech, on the 24th of May 1989, and all of you, my dear colleagues, without whom this building would have been a meaningless empty place.

Thank you to the founders, and today I should like to give my special thanks above all. to the Minister of Justice of the Basque Government, who from the moment he took his charge has understood the importance of our project. Thanks once again to the *Diputación Foral* of Gipuzkoa (Guipuzcoa Regional Council), and to its new leader, Eli Galdos who, having been Mayor of Oñati, saw the birth of the Institute and knows. more than anyone else, its interest.

Thanks to the Town Hall of Oñati which, far from neglecting its new-born, spent two intense years putting all its efforts into building a university residence to fit the Institute, - this marvelous XVllth century Palace where several of us have already had the privilege of staying.

All of this has been brought together to form what one of our colleagues qualified, using solemn words, as an "international property"[407], an asset which we can all share and where we can all form what Kuhn called a "scientific community".

This common asset or property which I was put in charge of, two years ago, and which I am handing over today with the feeling of having carried out the tasks which were given me, and especially of having strengthened the structure, promoted meetings and exchanges and encouraged learning. I like to compare the Institute to a moving train on a railway track. Two well-set rails placed on solid foundations on which the convoy can make progress.

The "rails": these are our two program areas, on the one hand aimed at teaching students in an advanced studies course (the master and the doctorate), and on the other hand the exchanges which occur during meetings between established researchers, on specific subjects. For the construction of this railway track; I ought to mention here all the support which I have received not only from our Governing Board, but also, especially from Professor V. Gessner for his work on the Master program, and Professor P. Guibentif for the idea of future meetings and research projects.

The "sleepers" under the tracks are the departments which form part of the structure of the Institute and which all of you know only too well: the International Relations Department. the Library, the Centre for Computerized Documentation, the Publications, Press and Video Service, to which should be added the administrative and commercial services and a "de facto" department which looks after both the master and the doctorate.

My permanent collaborators at the Institute you already know very well, both due to their efficiency and dedication: our Administrative Director, José Antonio Goyenaga and Manttoni Kortabarria, his secretary, Susana Arrese, the Scientific Director's secretary. as well as secretary for the

* Agradeço à Professora Wanda Capeller pela autorização de reprodução deste discurso de André-Jean Arnaud na presente obra.

407 Prof. Sheldon Leader, Dean of the Faculty of Law of the University of Essex. Inauguration Ceremony, 24/05/89.

master and doctorate programs; and the various head's of departments: Serena Barkham Huxley, Sole de Aguirre Soto, Elvira Muñoz Moya and Jose Antonio Azpiazu; without forgetting Rakel Lizarralde and Mª José Alzelai, in charge of material operations, the type of work that does not appear on the big day, but which is absolutely vital.

We should also pay a small homage to our colleague Vittorio Olgiati; we should thank him for having accepted to come and spend his sabbatical year at the Institute. His presence, the innumerable tasks which he has taken on, have been shown to be invaluable. And we should also thank at the same time his family, who came with him, and the Italian National Centre for Research, which allowed him to come here. Allow me also to take this opportunity to thank the French National Centre for Scientific Research which, for two years has donated my work and my experience to the Institute.

We were talking about a train; and we should not forget the passengers. They are all of you. Without you, the tracks would be empty, useless. **But they are not empty**. During the two years that the Institute has been operating, more than a thousand people have spent time here. Between May 1989 and July 1991, 40 countries, from all the different continents have been represented here. The Pacific and the African areas are still, unfortunately, under-represented in this sense. However, on the other hand, our relationship with Eastern Europe has developed, whilst our colleagues in the United States have had no qualms about crossing the Atlantic to come and visit this Institute which has arisen in a way which perhaps may not conform to what they consider as being quite normal.

The creation of the Institute has attracted a great deal of attention from Latin- American countries, where democracies are constructed or reconstructed in spite of the geopolitical differences which determine their own democratization process. Perhaps they have found in the Institute, situated in the very heart of ancient Europe, a place in which to study the question of why the traditional lendings of democratic models have not known how or have not been able to provoke the desired effects in their countries.

Probably the numerous presences here today of colleagues who have come from countries with a non-Western judicial tradition, will allow us to make some advance on the subject of cultural exchange and legal transplants. Thanks are also therefore due to these colleagues for having almost gone all around the world to be able to join us in our quest of knowledge and progress in the subject of law and justice.

However, we should not underestimate some shadows in this quasi-dythrambic picture. They could already be sensed in 1989. It hardly needs to be said that the Institute, once it was created, appeared to some people (even though they were not right) to be a sort of threat. As if we have not repeated time and time again that our role does not consist at all of competing, although this may form part of its existence. The Institute is what it had always promised it would be... a place for learning and for convivial exchanges an exceptional observatory and a moderator of different opinions.

The IISL as a place of learning and convivial exchanges

Research, which is the primary aim of all legal sociologists, needs adequate learning and afterwards exchanges.

As for learning, you already know that we take great care to put as much interest as possible in this area. Our Master's and Doctorate programs have had a great impact in the Universities. You will have received the brochure of Advance Studies. As for the academic institutions who have agreed to collaborate in this task, the list is impressive. You already know it, therefore I am not going to go over it.

You already know, also, about the meetings that have taken place in the Institute, since the programs have been regularly sent to you, and you will also have recently received the annual report of the Institute's activities.

The most important aspect seems to me to be the spirit with which both the professors and the students of the Master's and the Doctorate courses participate in the work sessions.

Hence, from this point of view we have managed to create a real alternative to the usual University environment, here in the Institute. The existing Universities are irreplaceable. However, it is true that they can no longer cope with the demographic development which they are having to face up to and which is taking them away from their initial vocation. Without trying to compete with them on their own territory, the Institute tries to offer university students, professors and researchers, a place where they can recover some of their original vocation, and recharge their batteries; and at the same time, be able to find possibilities of collaboration, increased by the existence of this veritable turntable which is the Institute.

There is no doubt The Institution is now well-situated in the academic world. It has been so well received that everyone has understood that it is an exceptional observatory.

The IISL as an observatory

Let us look now at the subjects which. during these last two years have been dealt with under this roof. We are witnessing the revision of traditional disciplines.

The observatory which, in this respect the IISL has set up, has given it a future mission – which will be yours – of contributing to create the fields of research being developed: around the law, i.e. in the law, whose whole project makes up the aim of sociology of law.

It is true that, because of its very name, sociology of law is a challenge to strict disciplinary, and an invitation to interdisciplinarity.

But this provokes epistemological consequences. If it is true that researchers work in a field of knowledge where they are capable of freeing themselves of the hindrance of strict sociological categories as well as those of traditional legal categories, everything being accepted and assimilated, it means that something new really has been born. In the thesaurus on sociology of law which is being set up at the Institute you can find many matters relating to law and justice, but under categories which jurists do not recognize as being theirs. and which probably are also not satisfactory for sociologists.

Sociology of law appears clearly – after we have been taken for technical reasons, to the library and the documentation center – to explain more precisely its field of work and its methods, as a discipline which is apt to design alternative ways of regulating social and judicial relations in societies marked by the stamp of the "modern" western idea of the law and the State.

The IISL as a moderator of different viewpoints

The way the Institute is structured into autonomous departments which are linked together by a common aim has been conceived so as to give free reign to invention. Heads of departments, collaborators, participants and visitors are all invited to take the initiative. The Institute has been set up to allow them to carry out their desires.

Very little space, almost nothing at all has been left for competition and jealousy. The Institute does not pretend to be a seat of power. It is not a research center with exceptional possibilities which are likely to put in danger others with less. The rooms, the contents of the library, the data base, the piles of publications are, on the contrary, open to everyone, and are aimed at providing as many research and project results as possible, from amongst those which have been made known to the heads of the departments.

The taking up of certain key areas may appear tempting. But the Governing Board of the IISL watches over everything and nothing is done without its agreement, which minimizes the risks of appropriation of this common asset which is the Institute.

It is true that the Governing Board has the difficult task of making sure that there is an equal distribution of resources and responsibilities between the different cultures represented in the Institute, where coalition has been its greatest strength. From this point of view, a lot of effort still has to be made to avoid accentuating the gap which is opening between the different countries.

As Daniel Bertaux rightly expressed in a report on the World Sociology Congress (Madrid 9th-13th July, 1990), opposite extremes or poles are being created in world sociology, and especially an East-West axis of western sociology, from which is excluded – and which have the risk of becoming more and more excluded – the lateral cultures.[408] We find here, particularly acutely, the distinction which our colleague Boaventura de Sousa Santos has already made classic in our midst, between "central countries" and "peripheral countries", and even, there where one would

[408] In *Droit et Société*, n. 16/1990, pages 339-340. Daniel Bertaux is Vice-president of the International Sociology Association which he will represent from 1992 onwards in the Governing Board of the IISL.

have never thought to find central countries, amongst countries which are effectively "central" and those which are "semi-peripheral".

It should be pointed out that this is the actual course of things. But even if, as a famous author used to say "acts are stubborn", it is not impossible, using the Institute to achieve a reequilibrium of potentialities. I should like to finish with two examples. The first refers to the review Current Legal Sociology. Certain colleagues would like to see it more significant and more exhaustive. It is not uninteresting to note that this criticism comes from universities with rich libraries, which are well supplied and always being updated. We should be thinking of those of our colleagues who, for economic reasons do not have, or cannot get access to such excellent information; even with all the imperfections which it has – and do not forget that it has only been out for a year and a half – the review, composed as you know of references and abstracts, is already a very precious source of information. The data base is becoming richer as the weeks go by, I reckon that even our critics of today, will become our staunchest supporters of tomorrow.

Another example: the participation both in the master and the doctorate programs and in the work sessions. We had the choice of two different formulas: either offer a handful of "big names" to the Institute or help tens of colleagues and young researchers to move from one continent to another. We have opted for the latter solution with the aim of really making the Institute what Renato Treves called "an open window to the world".

Thank you.

REFERÊNCIAS

AGUILAR VILLANUEVA, Luis F. *Gobernanza y gestión pública*. México: Fondo de Cultura Económica, 2006.

ALTHUSSER, Louis. *Positions*. Paris: Éditions Sociales, 1976.

ALTHUSSER, Louis. *Sur la reproduction*. Paris: Presses Universitaires de France, 1995.

AMATO, Lucas Fucci; BARROS, Marco Antonio Loschiavo Leme de. Apresentação. Há uma teoria crítica dos sistemas? *In:* AMATO, Lucas Fucci; BARROS, Marco Antonio Loschiavo Leme de (org.). *Teoria crítica dos sistemas*: crítica, teoria social e direito. Porto Alegre, Editora Fi, 2018. p. 15-34.

ANDRINI, Simona; ARNAUD, André-Jean. *Jean Carbonnier, Renato Treves et la sociologie du droit*: archéologie d'une discipline. Paris: LGDJ, 1995.

ARNAUD, André-Jean. *Les origines doctrinales du Code Civil français*. Paris: LGDJ, 1969.

ARNAUD, André-Jean. *Essai d'analyse structurale du Code Civil français*: la règle du jeu dans la paix bourgeoise. Leçons d'histoire de la philosophie du droit et de l'État. Paris: LGDJ, 1973.

ARNAUD, André-Jean. *Les juristes face à la société*. Du XIXe siècle à nos jours. Paris: Presses Universitaires de France, 1975.

ARNAUD, André-Jean. Du bon usage du discours juridique. *Langages*, n. 53, p. 117-124, 1979.

ARNAUD, André-Jean. *Critique de la raison juridique 1*. Où va la sociologie du droit? Paris: LGDJ, 1981.

ARNAUD, André-Jean. La valeur heuristique de la distinction interne/externe comme grande dichotomie pour la connaissance du droit: éléments d'une démystification. *Droit et Société*, n. 2, p. 139-141, 1986.

ARNAUD, André-Jean. Droit et société: un carrefour interdisciplinaire. *Revue Interdisciplinaire d'Études Juridiques*, v. 21, p. 7-32, 1988.

ARNAUD, André-Jean. Le Droit: un ensemble peu convivial. *Droit et Société*, n. 11-12, p. 79-96, 1989.

ARNAUD, André-Jean. Du jeu fini au jeu ouvert. Réflexions additionnelles sur le Droit post-moderne. *Droit et Société*, n. 17-18, p. 39-55, 1991a.

ARNAUD, André-Jean. *O direito traído pela filosofia*. Tradução Wanda de Lemos Capeller e Luciano Oliveira. Porto Alegre: Fabris, 1991b.

ARNAUD, André-Jean. *Pour une pensée juridique européenne*. Paris: Presses Universitaires de France, 1991c.

ARNAUD, André-Jean. Sociologie et droit: rapports savants, rapports politiques. Notes brèves. *In*: CHAZEL, François; COMMAILLE, Jacques (dir.). *Normes juridiques et régulation sociale*. Paris: LGDJ, 1991d. p. 81-86.

ARNAUD, André-Jean. Droit et société: du constat à la construction d'un champ commun. *Droit et Société*, n. 20-21, p. 17-38, 1992.

ARNAUD, André-Jean. Droit: le système et l'ensemble. *In:* ARNAUD, André-Jean; GUIBENTIF, Pierre (org.). *Niklas Luhmann, observateur du droit*. Paris: LGDJ, 1993a. p. 147-167.

ARNAUD, André-Jean. Les juristes face à la société 1975-1993. *Droit et Société*, n. 25, p. 525-541, 1993b.

ARNAUD, André-Jean. Le droit comme produit. Présentation du dossier sur la production de la norme juridique. *Droit et Société*, n. 27, p. 293-301, 1994.

ARNAUD, André-Jean. De la régulation par le droit à l'heure de la globalisation. Quelques observations critiques. *Droit et Société*, n. 35, p. 11-35, 1997.

ARNAUD, André-Jean. La régulation en contexte globalisé. *In*: COMMAILLE, Jacques; JOBERT, Bruno (dir.). *Les métamorphoses de la régulation politique*. Paris: LGDJ, 1998a. p. 147-175.

ARNAUD, André-Jean. *Le droit trahi par la sociologie*. Une pratique de l'histoire. Paris: LGDJ, 1998b.

ARNAUD, André-Jean. *Critique de la raison juridique 2*. Gouvernants sans frontières. Entre mondialisation et post-mondialisation. Paris: LGDJ, 2003.

ARNAUD, André-Jean. *Entre modernité et mondialisation*. Leçons d'histoire de la philosophie du droit et de l'État. 2e éd. Paris: LGDJ, 2004.

ARNAUD, André-Jean. Chercheur et décideur au coude à coude: un modèle de gouvernance. *In:* SOLINIS, Germán (org.). *Construire des gouvernances:* entre citoyens, décideurs et scientifiques. Bruxelles: Peter Lang, 2005. p. 165-186.

ARNAUD, André-Jean. Globalisation. *In:* ARNAUD, André-Jean (dir.). *Dictionnaire de la globalisation*: droit, science politique, sciences sociales. Paris: LGDJ, 2010a. p. 229-234.

ARNAUD, André-Jean. Gouvernance (Bonne-). *In:* ARNAUD, André-Jean (dir.). *Dictionnaire de la globalisation*: droit, science politique, sciences sociales. Paris: LGDJ, 2010b. p. 269-270.

ARNAUD, André-Jean. *Jean Carbonnier*. Un juriste dans la cité. Paris: LGDJ, 2012.

ARNAUD, André-Jean. Regards croisés sur la notion de droit en contexte. *Revue Interdisciplinaire d'Études Juridiques*, v. 70, p. 45-53, 2013.

ARNAUD, André-Jean. *La gouvernance*. Un outil de participation. Paris: LGDJ, 2014.

ARNAUD, André-Jean; COTTERRELL, Roger. Comment penser le multiculturalisme en droit? *L'Observateur des Nations Unies*, v. 23, n. 2, p. 1-33, 2007.

ARNAUD, André-Jean; FARIÑAS DULCE, María José. *Introduction à l'analyse sociologique des systèmes juridiques*. Bruxelles: Bruylant, 1998.

ARNAUD, André-Jean; NOREAU, Pierre. The sociology of law in France: trends and paradigms. *Journal of Law and Society*, v. 25, n. 2, p. 257-283, jun. 1998.

ARNAUD, André-Jean; SIMOULIN, Vincent. Gouvernance. *In:* ARNAUD, André--Jean (dir.). *Dictionnaire de la globalisation*: droit, science politique, sciences sociales. Paris: LGDJ, 2010. p. 266-269.

ARON, Raymond; FOUCAULT, Michel. *Dialogue*. Analyse de Jean-François Bert. Paris: Lignes, 2007.

BAILLEUX, Antoine; OST, François. Droit, contexte et interdisciplinarité: refondation d'une démarche. *Revue Interdisciplinaire d'Études Juridiques*, v. 70, n. 1, p. 25-44, 2013.

BARON, Catherine. La gouvernance: débats autour d'un concept polysémique. *Droit et Société*, n. 54, p. 329-349, 2003.

BARROS, Marco Antonio Loschiavo Leme de. Um novo programa para o direito? Uma visão a partir da história da teoria das ciências humanas. *In:* AMATO, Lucas Fucci; BARROS, Marco Antonio Loschiavo Leme de (org.). *Teoria crítica dos sistemas*: crítica, teoria social e direito. Porto Alegre, Editora Fi, 2018. p. 281-320.

BERNHEIM, Emmanuelle. Le "pluralisme normatif": un nouveau paradigme pour appréhender les mutations sociales et juridiques? *Revue Interdisciplinaire d'Études Juridiques*, v. 67, n. 2, p. 1-41, 2011.

BERTHELOT, Jean-Michel. *La construction de la sociologie*. 6e éd. Paris: Presses Universitaires de France, 2008.

BOURDIEU, Pierre. Champ intellectuel et projet créateur. *Les Temps Modernes*, n. 246, p. 865-906, 1966.

BOURDIEU, Pierre. Le marché des biens symboliques. *L'Année Sociologique*, v. 22, p. 49-126, 1971.

BOURDIEU, Pierre. La spécificité du champ scientifique et les conditions sociales du progrès de la raison. *Sociologie et Sociétés*, v. 7, n. 1, p. 91-118, 1975.

BOURDIEU, Pierre. Le champ scientifique. *Actes de la Recherche en Sciences Sociales*, v. 2, n. 2-3, p. 88-104, 1976.

BOURDIEU, Pierre. *Le sens pratique*. Paris: Les Éditions de Minuit, 1980.

BOURDIEU, Pierre. Habitus, code et codification. *Actes de la Recherche en Sciences Sociales*, v. 64, p. 40-44, 1986a.

BOURDIEU, Pierre. La force du droit. Éléments pour une sociologie du champ juridique. *Actes de la Recherche en Sciences Sociales*, v. 64, p. 3-19, 1986b.

BOURDIEU, Pierre. Les juristes, gardiens de l'hypocrisie collective. *In:* CHAZEL, François; COMMAILLE, Jacques (dir.). *Normes juridiques et régulation sociale.* Paris: LGDJ, 1991. p. 95-99.

BOURDIEU, Pierre. Esprits d'État [Genèse et structure du champ bureaucratique]. *Actes de la Recherche en Sciences Sociales*, v. 96-97, p. 49-62, Mars. 1993.

BOURDIEU, Pierre. *Raisons pratiques.* Sur la théorie de l'action. Paris: Éditions du Seuil, 1994.

BOURDIEU, Pierre. *Langage et pouvoir symbolique*. Paris: Éditions Fayard, 2001a.

BOURDIEU, Pierre. *Science de la science et réflexivité*: cours du Collège de France 2000-2001. Paris: Éditions Raisons d'Agir, 2001b.

BOURDIEU, Pierre. Quelques propriétés des champs. *In:* BOURDIEU, Pierre. *Questions de sociologie.* Paris: Les Éditions de Minuit, 2002 [1984]. p. 113-120.

BOURDIEU, Pierre. *Méditations pascaliennes.* Paris: Éditions du Seuil, 2003 [1997].

BOURDIEU, Pierre. *Os usos sociais da ciência*: por uma sociologia clínica do campo científico. Tradução Denice Barbara Catani. São Paulo: Editora Unesp, 2004.

BOURDIEU, Pierre. *Sur l'État.* Cours au Collège de France 1989-1992. Paris: Éditions du Seuil, 2012.

BOURDIEU, Pierre. *Sociologie générale*: cours au Collège de France (1981-1983). Paris: Éditions du Seuil, 2015. v. 1.

BOURDIEU, Pierre. *Sociologie générale*: cours au Collège de France (1983-1986). Paris: Éditions du Seuil, 2016. v. 2.

BOURDIEU, Pierre. *Microcosmes*: théorie des champs. Paris: Éditions Raisons d'Agir, 2022.

BOURDIEU, Pierre; CHAMBOREDON, Jean-Claude; PASSERON, Jean-Claude. *Le métier de sociologue*. 5. ed. Berlin: Mouton de Gruyter, 2005 [1968].

BRAUDEL, Fernand. Histoire et sciences sociales: la longue durée. *Annales. Économies, Sociétés, Civilisations*, n. 4, p. 725-753, 1958.

BRAUN, Dietmar; PAPADOPOULOS, Yannis. Niklas Luhmann et la gouvernance. *Politix. Revue des Sciences Sociales du Politique*, v. 14, n. 55, p. 15-24, 2001. (Analyses politiques allemandes.)

CAILLOSSE, Jacques. La sociologie politique du droit, le droit et les juristes. *Droit et Société*, n. 77, p. 187-206, 2011.

CALLIESS, Gralf-Peter; RENNER, Moritz. À la croisée du droit et des normes sociales: l'évolution de la gouvernance mondiale. *Revue Interdisciplinaire de Droit Économique*, t. XXVII, p. 163-186, 2013.

CAMPILONGO, Celso Fernandes. *Direito e democracia*. 2. ed. São Paulo: Max Limonad, 2000a.

CAMPILONGO, Celso Fernandes. *O direito na sociedade complexa*. São Paulo: Max Limonad, 2000b.

CAMPILONGO, Celso Fernandes. *Política, sistema jurídico e decisão judicial*. São Paulo: Max Limonad, 2002.

CAMPILONGO, Celso Fernandes. *Direito e diferenciação social*. São Paulo: Saraiva, 2011.

CAMPILONGO, Celso Fernandes. *Interpretação do direito e movimentos sociais*. Rio de Janeiro: Elsevier, 2012.

CAMUS, Albert. *Le premier homme*. Paris: Gallimard, 1994.

CAPELLER, Wanda. André-Jean Arnaud: uma obra de transgressão. *In:* ARNAUD, André-Jean. *O direito traído pela filosofia*. Tradução Wanda de Lemos Capeller e Luciano Oliveira. Porto Alegre: Fabris, 1991. p. 7-21.

CAPELLER, Wanda. Un regard différent: l'Amérique latine, les juristes et la sociologie. *Droit et Société*, Paris, n. 22, p. 365-366, 1992.

CAPELLER, Wanda. *L'engrenage de la répression*: stratégies sécuritaires et politiques criminelles au Brésil. Paris, LGDJ, 1995.

CAPELLER, Wanda. La transnationalisation du champ penal: réflexions sur les mutations du crime et du contrôle. *Droit et Société*, n. 35, p. 61-77, 1997.

CAPELLER, Wanda. RSE et gouvernances solidaires au Brésil: entre nouvelles formes de socialité et nouveaux espaces publiques. *Sociologies Pratiques*, n. 18, p. 79-90, 2009.

CAPELLER, Wanda. *Relire Giddens*. Entre sociologie et politique. Paris: LGDJ, 2011.

CAPELLER, Wanda. De que lugar falamos? Retomando um velho papo sobre o direito e a sociologia. *Revista de Estudos Empíricos*, v. 2, n. 2, p. 10-25, 2015.

CAPELLER, Wanda. Du "cercle" à Droit et Société, une sociologie du droit semblable aux abeilles. *In:* CAPELLER, Wanda; COMMAILLE, Jacques; ORTIZ, Laure (dir.). *Repenser le droit*: hommage à André-Jean Arnaud. Paris: LGDJ, 2019. p. 21-33.

CAPELLER, Wanda. A emergência do campo penal global: desconstrução do direito penal moderno. *Passagens. Revista Internacional de História Política e Cultura Jurídica*, v. 12, n. 2, p. 180-196, maio/ago. 2020a.

CAPELLER, Wanda. Dronification of Power: on the (re)emergence of totalitarian semantics. *In*: BARROS, Marco Antonio Loschiavo Leme de; AMATO, Lucas Fucci; FONSECA, Gabriel Ferreira da (ed.). *World Society's Law*: systems theory and socio-legal studies. Porto Alegre: Editora Fi, 2020b. p. 540-560.

CAPELLER, Wanda. O estado de exceção sanitário: crises globais e (re)emergência das lógicas totalitárias. *Revista Brasileira de Sociologia do Direito*, v. 8, n. 1, p. 3-17, 2021.

CAPELLER, Wanda; COMMAILLE, Jacques; ORTIZ, Laure. Introduction. *In:* CAPELLER, Wanda; COMMAILLE, Jacques; ORTIZ, Laure (dir.). *Repenser le droit*: hommage à André-Jean Arnaud. Paris: LGDJ, 2019. p. 9-17.

CAPELLER, Wanda; SIMOULIN, Vincent. La gouvernance: du programme de recherche à la transdiciplinarité (Présentation). *Droit et Société*, n. 54, p. 301-305, 2003.

CAPELLINI, Gustavo de Almeida; BONACIM, Carlos Alberto Grespan. Governança, governabilidade e coalizão política no processo orçamentário brasileiro. *In:* GONZÁLEZ, Felipe (coord.); DAMIANI, Gerson; FERNÁNDEZ-ALBERTOS, José (org.). *Governança e democracia representativa*. São Paulo: Editora da Universidade de São Paulo, 2017. p. 459-476.

CARBONNIER, Jean. *Flexible droit*: pour une sociologie du droit sans rigueur. 10e éd. Paris: LGDJ, 2001 [1969].

CARBONNIER, Jean. *Sociologie juridique*. 2e éd. Paris: Presses Universitaires de France, 2004 [1972]. (Quadrige)

CAROCCIA, Francesca. In search of a juridical reason (remembering André-Jean Arnaud). *In:* CAPELLER, Wanda; COMMAILLE, Jacques; ORTIZ, Laure (dir.). *Repenser le droit*: hommage à André-Jean Arnaud. Paris: LGDJ, 2019. p. 141-147.

CHEVALLIER, Jacques. La régulation juridique en question. *Droit et Société*, n. 49, p. 827-846, 2001.

CHEVALLIER, Jacques. Doctrine juridique et science juridique. *Droit et Société*, n. 50, p. 103-120, 2002.

CHEVALLIER, Jacques. La gouvernance, un nouveau paradigme étatique? *Revue Française d'Administration Publique*, n. 105-106, p. 203-217, 2003.

CHEVALLIER, Jacques. *L'État post-moderne*. 3. ed. Paris: LGDJ, 2008.

CHEVALLIER, Jacques. *L'État*. Paris: Dalloz, 2011.

CHEVALLIER, Jacques. Globalisation et post-modernité. *In*: CAPELLER, Wanda; COMMAILLE, Jacques; ORTIZ, Laure (dir.). *Repenser le droit*: hommage à André--Jean Arnaud. Paris: LGDJ, 2019. p. 233-241.

CLAM, Jean. Une nouvelle sociologie du droit? Autour de *Das Recht der Gesellschaft* de Niklas Luhmann. *Droit et Société*, v. 33, p. 405-423, 1996.

CLAM, Jean. *Droit et société chez Niklas Luhmann*: la contingence des normes. Paris: Presses Universitaires de France, 1997.

COMMAILLE, Jacques. The law and science: dialectics between the prince and the maidservant. *Law & Policy*, v. 10, n. 2, p. 253-265, 1988.

COMMAILLE, Jacques. Normes juridiques et régulation sociale. Retour à la sociologie générale. *In*: CHAZEL, François; COMMAILLE, Jacques (dir.). *Normes juridiques et régulation sociale*. Paris: LGDJ, 1991. p. 13-22.

COMMAILLE, Jacques. *L'esprit sociologique des lois*: essai de sociologie politique du droit. Paris: Presses Universitaires de France, 1994.

COMMAILLE, Jacques. Transformations du droit et de l'action publique. *Économie Rurale*, n. 260, p. 20-25, 2000.

COMMAILLE, Jacques. Nouvelle économie de la légalité, nouvelles formes de justice, nouveau régime de connaissance. L'anthropologie du droit avait-elle raison? *In:* EBERHARD, Christoph; VERNICOS, Geneviève (éd.). *La quête anthropologique du droit*. Autour de la démarche d'Étienne Le Roy. Paris: Karthala, 2006. p. 351-368.

COMMAILLE, Jacques. La construction d'une sociologie spécialisée. Le savoir sociologique et la sociologie juridique de Jean Carbonnier. *L'Année Sociologique*, v. 57, n. 2, p. 275-299, 2007a.

COMMAILLE, Jacques. La justice entre détraditionnalisation, néolibéralisation et démocratisation: vers une théorie de sociologie politique de la justice. *In*: COMMAILLE, Jacques; KALUSZYNSKI, Martine (dir.). *La fonction politique de la justice*. Paris: La Découverte, 2007b. p. 295-321.

COMMAILLE, Jacques. O modelo de Janus da regulação jurídica: o caráter revelador das transformações do estatuto político da justiça. *Revista Crítica de Ciências Sociais*, Coimbra, n. 87, p. 95-119, 2009.

COMMAILLE, Jacques. De la "sociologie juridique" à une sociologie politique du droit. *In*: COMMAILLE, Jacques; DUMOULIN, Laurence; ROBERT, Cécile (dir.). *La juridicisation du politique*. Paris: LGDJ, 2010a. p. 29-51.

COMMAILLE, Jacques. Droit et sociologie: des rapports au risque de l'histoire. *In:* TERRÉ, François (dir.). *Regards sur le droit*. Paris: Dalloz, 2010b. p. 173-181.

COMMAILLE, Jacques. Justice. *In*: ARNAUD, André-Jean (dir.). *Dictionnaire de la globalisation*. Paris: LGDJ, 2010c. p. 302-310.

COMMAILLE, Jacques. La juridicisation du politique: entre réalité et connaissance de la réalité: en guise de conclusion. *In*: COMMAILLE, Jacques; DUMOULIN, Laurence; ROBERT, Cécile (dir.). *La juridicisation du politique*. Paris: LGDJ, 2010d. p. 199-210.

COMMAILLE, Jacques. Les vertus politiques du droit: mythes et réalités. *Droit et Société*, n. 76, p. 695-713, 2010e.

COMMAILLE, Jacques. Uma sociologia política do direito. *Revista da Faculdade de Direito da USP*, v. 108, p. 929-933, 2013.

COMMAILLE, Jacques. *À quoi nous sert le droit?* Paris: Gallimard, 2015.

COMMAILLE, Jacques. À quoi nous sert le droit pour comprendre sociologiquement les incertitudes des sociétés contemporaines? *SociologieS* [En ligne], Dossiers, Sociétés en mouvement, p. 1-12, 2016. Disponível em: http://sociologies.revues.org/5278. Acesso em: 7 mar. 2016.

COMMAILLE, Jacques. Les *Legal Consciousness Studies* selon Susan Silbey: une dissonance entre données empiriques et ressources théoriques? *Droit et Société*, n. 100, p. 657-664, 2018.

COMMAILLE, Jacques. Métamorphoses de la justice et nouveaux régimes de régulation sociale et politique des sociétés contemporaines. *In:* ALBE, Virginie; COMMAILLE, Jacques; LE BOT, Florent (dir.). *L'échelle des régulations politiques, XVIIIe-XXIe siècles*: l'histoire et les sciences sociales aux prises avec les normes, les acteurs et les institutions. Villeneuve d'Ascq: Presses Universitaires de Septentrion, 2019a. p. 223-245.

COMMAILLE, Jacques. Peut-on encore parler de régulation. *In*: ALBE, Virginie; COMMAILLE, Jacques; LE BOT, Florent (dir.). *L'échelle des régulations politiques, XVIIIe-XXIe siècles*: l'histoire et les sciences sociales aux prises avec les normes, les acteurs et les institutions. Villeneuve d'Ascq: Presses Universitaires de Septentrion, 2019b. p. 397-405.

COMMAILLE, Jacques. La *French touch* de la recherche sur le droit. *Droit et Société*, n. 107, p. 203-225, 2021.

COMMAILLE, Jacques; DUMOULIN, Laurence. Heurs et malheurs de la légitimité dans les sociétés contemporaines: une sociologie politique de la "judiciarisation". *L'Année Sociologique*, Paris, v. 59, n. 1, p. 63-107, 2009.

COMMAILLE, Jacques; DURAN, Patrice. Pour une sociologie politique du droit: présentation. *L'Année Sociologique*, Paris, v. 59, n. 1, p. 11-28, 2009.

COMMAILLE, Jacques; JOBERT, Bruno. Introduction: la régulation politique: l'émergence d'un nouveau régime de connaissance? *In*: COMMAILLE, Jacques; JOBERT, Bruno (dir.). *Les métamorphoses de la régulation politique*. Paris: LGDJ, 1998. p. 11-32.

COMMAILLE, Jacques; LACOUR, Stéphanie. Les Legal Consciousness Studies comme laboratoire d'un régime renouvelé de connaissance sur le droit. Présentation du dossier. *Droit et Société*, Paris, n. 100, p. 547-558, 2018.

COMTE-SPONVILLE, André. *Présentations de la philosophie*. Paris: Éditons Albin Michel, 2000.

CONDÉ, Pierre-Yves. Droit et société, ou le pluralisme d'une revue de théorie et sciences sociales du droit. *Droit et Société*, Paris, n. 91, p. 687-718, 2015.

CORCUFF, Philippe. *Les nouvelles sociologies*. 2e éd. Paris: Armand Colin, 2007.

CORTEN, Olivier. Éléments de définition pour une sociologie politique du droit. *Droit et Société*, Paris, n. 39, p. 347-370, 1998.

DAMIANI, Gerson; FERNÁNDEZ-ALBERTOS, José. Governança, poder e democracia representativa. *In:* GONZÁLEZ, Felipe (coord.); DAMIANI, Gerson; FERNÁNDEZ-ALBERTOS, José (org.). *Governança e democracia representativa*. São Paulo: Editora da Universidade de São Paulo, 2017. p. 25-32.

DELMAS-MARTY, Mireille. *Le flou du droit*. Paris: Presses Universitaires de France, 2004a.

DELMAS-MARTY, Mireille. *Les forces imaginantes du droit*. Le relatif et l'universel. Paris: Éditions du Seuil, 2004b.

DELMAS-MARTY, Mireille. *Les forces imaginantes du droit (II)*. Le pluralisme ordonné. Paris: Éditions du Seuil, 2006.

DELMAS-MARTY, Mireille. *Les forces imaginantes du droit (III)*. La refondation des pouvoirs. Paris: Éditions du Seuil, 2007.

DELMAS-MARTY, Mireille. Gouvernance et état de droit. *In:* BELLINA, Séverine; MAGRO, Hervé; VILLEMEUR, Violaine de (dir.). *La gouvernance démocratique*. Un nouveau paradigme pour le développement? Paris: Karthala, 2008. p. 213-250.

DELMAS-MARTY, Mireille. *Libertés et sûreté dans un monde dangereux*. Paris: Éditions du Seuil, 2010.

DELMAS-MARTY, Mireille. *Les forces imaginantes du droit (IV)*. Vers une communauté de valeurs? Paris: Éditions du Seuil, 2011.

DELMAS-MARTY, Mireille; IZORCHE, Marie-Laure. Marge nationale d'appréciation et internationalisation du droit: réflexions sur la validité formelle d'un droit commun pluraliste. *McGill Law Journal*, v. 46, p. 923-954, 2001.

DELPEUCH, Thierry; DUMOULIN, Laurence; GALEMBERT, Claire de. *Sociologie du droit et de la justice*. Paris: Armand Colin, 2014.

DELPLANQUE, Marc. Gouvernance globale. *In*: ARNAUD, André-Jean (dir.). *Dictionnaire de la globalisation*: droit, science politique, sciences sociales. Paris: LGDJ, 2010. p. 272-275.

DE SUTTER, Laurent. Louis Althusser et la critique du droit. *Droit et Société*, n. 75, p. 455-466, 2010.

DOISE, Willem. *Droits de l'homme et force des idées*. Paris: Presses Universitaires de France, 2001.

DUBÉ, Richard. Niklas Luhmann et l'observation empirique du droit: communication, fonction, code et programme. *Droit et Société*, n. 96, p. 381-399, 2017.

DUBET, François; MARTUCCELLI, Danilo. *Dans quelle société vivons-nous?* Paris: Éditions du Seuil, 1998.

DUMONT, Hugues; BAILLEUX, Antoine. Esquisse d'une théorie des ouvertures interdisciplinaires accessibles aux juristes. *Droit et Société*, n. 75, p. 275-293, 2010.

DUPRET, Baudouin. La nature plurale du droit. *Cahiers d'Anthropologie du droit 2003* (Les pluralismes juridiques). Paris: Karthala, 2003. p. 81-93.

DUPRET, Baudouin. What is plural in the law? A praxiological answer. *Égypte/Monde Arabe* [en ligne], v. 1, p. 1-22, 2005.

DUPRET, Baudouin. Droit et sciences sociales: pour une respécification praxéologique. *Droit et Société*, n. 75, p. 315-335, 2010.

DUPRET, Baudouin. Réflexions sur le concept de droit à partir de quelques cas limites. *Droit et Société*, n. 94, p. 645-661, 2016.

DUPUY, Claude; LEROUX, Isabelle; WALLET, Frédéric. Conflits, négociation et gouvernance territoriale. *Droit et Société*, n. 54, p. 377-396, 2003.

DURAN, Patrice. Gouvernance. *Revue Politiques et Management Public*, v. 16, n. 4, p. 3-4, 1998.

DURKHEIM, Émile. *De la division du travail social*. 7. ed. Paris: Presses Universitaires de France, 2007 [1893].

EBERHARD, Christoph. Towards an intercultural legal theory: the dialogical challenge. *Social & Legal Studies*, v. 2, n. 2, p. 171-201, 2001.

EBERHARD, Christoph. Les droits de l'homme face à la complexité: une approche anthropologique et dynamique. *Droit et Société*, n. 51/52, p. 455-486, 2002.

EBERHARD, Christoph. Penser le pluralisme juridique de manière pluraliste. Défi pour une théorie interculturelle du droit. *Cahiers d'Anthropologie du Droit 2003* (Les pluralismes juridiques). Paris: Karthala, 2003. p. 51-63.

EBERHARD, Christoph. Droit, gouvernance et développement durable. Quelques réflexions préliminaires. *Revue Interdisciplinaire d'Études Juridiques*, v. 53, p. 81-122, 2004.

EBERHARD, Christoph. O direito no mundo globalizado: em direção à "boa governança" através do diálogo intercultural. *Direito, Estado e Sociedade*, n. 33, p. 6-18, jul./dez. 2008.

EBERHARD, Christoph. Au-delà de l'universalisme et du relativisme: L'horizon d'un pluralisme responsable. *Anthropologie et Sociétés*, v. 33, n. 3, p. 79-100, 2009a.

EBERHARD, Christoph. L'approche pluraliste du droit: un défi central pour la gouvernance légitime. *Chroniques de la gouvernance 2009-2010*. Paris: Éditions Charles Léopold Mayer, 2009b. p. 87-92.

EBERHARD, Christoph. Préliminaires pour des approches participatives du droit, de la gouvernance et du développement durable. *Revue Interdisciplinaire d'Études Juridiques*, v. 62, n. 1, p. 125-151, 2009c.

EBERHARD, Christoph. *Le droit au miroir des cultures*. Pour une autre mondialisation. Paris: LGDJ, 2010.

EBERHARD, Christoph. Vers une gouvernance responsable? La justice face aux alternatives émergentes. *Cahiers d'anthropologie du droit – hors série* (Le courage des alternatives). Paris: Karthala, 2012. p. 249-271.

EBERHARD, Christoph. De l'autre côté... La juridicité. *Revue Interdisciplinaire d'Études Juridiques*, v. 70, p. 77-83, 2013a.

EBERHARD, Christoph. Dégager un horizon pluraliste. *In:* FOBLETS, Marie-Claire; SCHREIBER, Jean-Philippe (dir.) *Les assises de l'interculturalité*. Bruxelles: Éditons Lacier, 2013b. p. 131-145.

ELMAUER, Douglas. Direito global e responsividade: uma abordagem crítico-sistêmica do direito em face dos novos desafios da sociedade mundial. *Revista Brasileira de Sociologia do Direito*, v. 2, n. 2, p. 132-149, maio/ago. 2015a.

ELMAUER, Douglas. *O direito na teoria crítica dos sistemas*: da justiça autossubversiva à crítica imanente do direito. 2015b. 316 f. Dissertação (Mestrado em Direito) – Faculdade de Direito, Universidade de São Paulo, São Paulo, 2015b. Disponível em: http://www.teses.usp.br/teses/disponiveis/2/2139/tde-08042016-163250/pt-br.php. Acesso em: 7 mar. 2016.

EWICK, Patricia; SILBEY, Susan. *The common place of law*: stories from everyday life. Chicago: University of Chicago Press, 1998.

FABIANI, Jean-Louis. *Pierre Bourdieu*. Un structuralisme héroïque. Paris: Éditions du Seuil, 2016.

FARIA, José Eduardo. *Eficácia jurídica e violência simbólica*: o direito como instrumento de transformação social. São Paulo: Edusp, 1988.

FARIA, José Eduardo. *O direito na economia globalizada*. São Paulo: Malheiros, 2002a.

FARIA, José Eduardo. Estado, sociedade e direito. *In:* FARIA, José Eduardo; KUNTZ, Rolf. *Qual o futuro dos direitos?* Estado, mercado e justiça na reestruturação capitalista. São Paulo: Max Limonad, 2002b. p. 59-130.

FARIA, José Eduardo. *Sociologia jurídica*: direito e conjuntura. São Paulo: Saraiva, 2010.

FARIA, José Eduardo. *O Estado e do direito depois da crise*. São Paulo: Saraiva, 2011.

FARIA, José Eduardo. *Baú de ossos de um sociólogo do direito*. Curitiba: Juruá, 2018.

FARIA, José Eduardo; CAMPILONGO, Celso Fernandes. *A sociologia jurídica no Brasil*. Porto Alegre: Fabris, 1991.

FEBBRAJO, Alberto. *Sociologia do direito*: conceitos e problemas fundamentais: de Ehrlich a Luhmann. Tradução de Fernando Rister de Sousa Lima e Samantha Gabrielle Benedetti. São Paulo: WMF Martins Fontes, 2022.

FERREIRA, António Casimiro; PEDROSO, João. Pour une "sociologie du droit renouvelée": de la critique de la raison juridique à la gouvernance. *In:* CAPELLER, Wanda; COMMAILLE, Jacques; ORTIZ, Laure (dir.). *Repenser le droit*: hommage à André-Jean Arnaud. Paris: LGDJ, 2019. p. 193-204.

FISCHER-LESCANO, Andreas. La théorie des systèmes comme théorie critique. *Droit et Société*, n. 76, p. 645-665, 2010.

FONSECA, Márcio Alves da. *Michel Foucault e o direito*. 2. ed. São Paulo: Saraiva, 2012.

FONSECA, Márcio Alves da; GONÇALVES, Guilherme Leite; CANAPARO, Claudio. Gouvernabilité. *In:* ARNAUD, A.-J. (dir.). *Dictionnaire de la globalisation*: droit, science politique, sciences sociales. Paris: LGDJ, 2010. p. 263-266.

FOUCAULT, Michel. A governamentalidade. *In:* FOUCAULT, Michel. *Microfísica do poder*. Tradução Roberto Machado. 11. ed. Rio de Janeiro: Graal, 1993. p. 277-293.

FOUCAULT, Michel. *Surveiller et punir*. Paris: Gallimard, 2009 [1975] (Coll. Tel.)

GARCIA AMADO, Juan Antonio. Rationalité juridique. *In:* CAPELLER, Wanda; COMMAILLE, Jacques; ORTIZ, Laure (dir.). *Repenser le droit*: hommage à André-Jean Arnaud. Paris: LGDJ, 2019. p. 161-172.

GARCÍA VILLEGAS, Mauricio. On Pierre Bourdieu's Legal Thought. *Droit et Société*, n. 56-57, p. 57-70, 2004.

GARCÍA VILLEGAS, Mauricio. *Les pouvoirs du droit*: analyse comparée d'études sociopolitiques du droit. Paris: LGDJ, 2015.

GARCÍA VILLEGAS, Mauricio; LEJEUNE, Aude. La sociologie du droit en France: de deux sociologies à la création d'un projet pluridisciplinaire? *Revue Interdisciplinaire d'Études Juridiques*, v. 66, n. 1, p. 1-39, 2011.

GODIN, Christian. Qu'est-ce que le populisme? *Cités*, n. 49, p. 11-25, 2012.

GONÇALVES, Guilherme Leite. *O direito entre certeza e incerteza*: horizontes críticos para a teoria dos sistemas. São Paulo: Saraiva, 2013.

GONÇALVES, Guilherme Leite; VILLAS BÔAS FILHO, Orlando. *Teoria dos sistemas sociais*: direito e sociedade na obra de Niklas Luhmann. São Paulo: Saraiva, 2013.

GROS, Frédéric. *Marcher, une philosophie*. Paris: Carnets Nord, 2009.

GROS, Frédéric. *Michel Foucault*. 4. éd. Paris: Presses Universitaires de France, 2010.

GUERRA FILHO, Willis Santiago; CARNIO, Henrique Garbellini. *Introdução à sociologia do direito*. São Paulo: RT, 2016.

GUIBENTIF, Pierre. Après Niklas Luhmann. *Archives de Philosophie du Droit*, t. 43, p. 379-388, 1999.

GUIBENTIF, Pierre. *Foucault, Luhmann, Habermas, Bourdieu*: une génération repense le droit. Paris: LGDJ, 2010.

GUIBENTIF, Pierre. Oñati – l'expérience d'un commencement. *In:* CAPELLER, Wanda; COMMAILLE, Jacques; ORTIZ, Laure (dir.). *Repenser le droit*: hommage à André-Jean Arnaud. Paris: LGDJ, 2019. p. 49-71.

HADOT, Pierre. *La philosophie comme manière de vivre*: entretiens avec Jeannie Carlier et Arnold I. Davidson. Paris: Albin Michel, 2001.

HALPÉRIN, Jean-Louis. La contribution d'André-Jean Arnaud à la réflexion sur continuités et discontinuités dans l'histoire du droit. *In:* CAPELLER, Wanda;

COMMAILLE, Jacques; ORTIZ, Laure (dir.). *Repenser le droit*: hommage à André-Jean Arnaud. Paris: LGDJ, 2019. p. 183-192.

HARDT, Michael; NEGRI, Antonio. *Empire*. Massachusetts: Harvard University Press, 2000.

HELD, David. *Democracy and the Global Order*: from the Modern State to Cosmopolitan Governance. Stanford: Stanford University Press, 1995.

HELD, David. Reframing Global Governance: Apocalypse Soon or Reform! *New Political Economy*, v. 11, n. 2, p. 157-176, jun. 2006.

HELD, David; HERVEY, Angus Fane. Democracy, climate change and global governance. *Policy Network Paper*, p. 1-20, 2009. Disponível em: http://www.policy-network.net/event/3418/Democracy-climate-change-and-global-governance. Acesso em: 7 mar. 2016.

HELD, David; McGREW, Anthony; GOLDBLATT, David; PERRATON, Jonathan. Globalization. *Global Governance*, v. 5, n. 4, p. 483-496, Oct./Dec. 1999.

HEMMING, John. *Die if you must*. Brazilian Indians in the Twentieth Century. London: Macmillan, 2003.

HEMMING, John. *Tree of rivers*: the story of the Amazon. London: Thames & Hudson, 2008.

HEMMING, John. *People of the Rainforest*: The Villas Boas brothers, Explorers and Humanitarians of the Amazon. London: Hurst Publishers, 2019.

HESPANHA, António Manuel. *O caleidoscópio do direito*: o direito e a justiça nos dias e no mundo de hoje. Coimbra: Almedina, 2007.

HESPANHA, António Manuel. *Cultura jurídica europeia*: síntese de um milénio. Coimbra: Almedina, 2012.

ISLA, Anne. Pour une économie institutionnelle et organisationnelle du droit: la gouvernance dans l'Union européenne. *Droit et Société*, n. 54, p. 353-373, 2003.

ISRAËL, Liora. Usages militants du droit dans l'arène judiciaire: le *cause lawyering*. *Droit et Société*, Paris, n. 49, p. 793-824, 2001.

ISRAËL, Liora. Question(s) de méthodes. Se saisir du droit en sociologue. *Droit et Société*, n. 69-70, p. 381-395, 2008.

ISRAËL, Liora. L'arme du droit. *Inflexions*, Paris, n. 15, p. 101-108, 2010.

ISRAËL, Liora; PÉLISSE, Jérôme. Quelques éléments sur les conditions d'une 'importation' (note liminaire à la traduction du texte de S. Silbey et P. Ewick). *Terrains et Travaux*, Saclay, n. 6, p. 101-111, 2004.

JACOBI, Pedro Roberto; SINISGALLI, Paulo Antonio de Almeida. Governança ambiental e economia verde. *Ciência & Saúde Coletiva*, v. 17, n. 6, p. 1469-1478, 2012.

JESSOP, Bob. The regulation approach, governance and post-Fordism: alternative perspectives on economic and political change? *Economy and Society*, v. 24, n. 3, p. 307-333, 1995.

JOURDAIN, Anne; NAULIN, Sidonie. *La théorie de Pierre Bourdieu et ses usages sociologiques*. Paris: Armand Colin, 2011.

JOYCE, James. *A portrait of the artist as a young man*. New York: Dover Publications, 1994 [1916].

JUNQUEIRA, Eliane Botelho. *A sociologia do direito no Brasil*: introdução ao debate atual. Rio de Janeiro: Lumen Juris, 1993.

KALUSZYNSKI, Martine. Sous les pavés, le droit: le mouvement 'Critique du droit' ou quand le droit retrouve la politique. *Droit et Société*, n. 76, p. 523-541, 2010.

KAUFMANN, Arthur. A problemática da filosofia do direito ao longo da história. *In*: KAUFMANN, Arthur; HASSEMER, Winfried (org.). *Introdução à filosofia do direito e à teoria do direito contemporâneas*. Tradução Marcos Keel e Manuel Seca de Oliveira. Lisboa: Fundação Calouste Gulbenkian, 2002. p. 57-208.

KING, Michael; THORHILL, Chris. *Niklas Luhmann's theory of politics and law*. New York: Palgrave/Macmillan, 2003.

KOPP, Robert. *Baudelaire*: le soleil noir de la modernité. Paris: Gallimard, 2004.

KOSELLECK, Reinhart. *Vergangene Zukunft*. Zur Semantik geschichtlicher Zeiten. Frankfurt am Main: Suhrkamp, 1989.

KOURILSKY-AUGEVEN, Chantal. *Legal consciousness studies et sociologie juridique*: pour une dialogue franco-américain. *Droit et Cultures*, n. 35, p. 7-13, 1998.

KOURILSKY-AUGEVEN, Chantal. Socialisation, socialisation juridique et conscience du droit. *In*: RUDE-ANTOINE, Edwige; CHRÉTIEN-VERNICOS, Geneviève (coord.). *Anthropologies et droits*: état des savoirs et orientations contemporaines. Paris: Dalloz, 2009. p. 246-269.

LACROIX, Justine. Luttes de droits et complication démocratique: la démocratie intégrale selon Pierre Rosanvallon. *In*: AL-MATARY, Sarah; GUÉNARD, Florent (dir.). *La démocratie à l'œuvre*: autour de Pierre Rosanvallon. Paris: Éditions du Seuil, 2015. p. 145-164.

LASCOUMES, Pierre; LE BOURHIS, Jean-Pierre. Des' passe-droits' aux passes du droit. La mise en œuvre socio-juridique de l'action publique. *Droit et Société*, n. 32, p. 51-73, 1996.

LATOUR, Bruno. *La fabrique du droit.* Une ethnographie du Conseil d'État. Paris: La Découverte, 2004.

LE GALÈS, Patrick. Régulation, gouvernance et territoire. *In*: COMMAILLE, Jacques; JOBERT, Bruno (éd.). *Les métamorphoses de la régulation politique.* Paris: LGDJ, 1998. p. 203-240.

LE MOIGNE, Jean-Louis. *La théorie du système général*: théorie de la modélisation. Paris: Presses Universitaires de France, 1984.

LE MOIGNE, Jean-Louis. *La modélisation des systèmes complexes.* Paris: Dunod, 1990.

LE MOIGNE, Jean-Louis. Sur la méthode topico-critique: au service de la reconstruction scientifique. *Nouvelles Perspectives en Sciences Sociales*, v. 2, n. 2, p. 13-31, 2007.

LE MOIGNE, Jean-Louis. *Les épistémologies constructivistes.* Paris: Presses Universitaires de France, 2012. (Coll. Que sais-je? 2969.)

LENOIR, Rémi. Du droit au champ juridique. *In:* PINTO, Louis; SAPIRO, Gisèle; CHAMPAGNE, Patrick. *Pierre Bourdieu, sociologue.* Paris: Librairie Arthème Fayard, 2004. p. 231-253.

LENOIR, Rémi. Bourdieu avec Weber. *In:* LEBARON, Frédéric; MAUGER, Gérard (dir.). *Lectures de Bourdieu.* Paris: Ellipses, 2012a. p. 41-59.

LENOIR, Rémi. L'État selon Pierre Bourdieu. *Sociétés Contemporaines*, n. 87, p. 123-154, 2012b.

LE ROY, Étienne. L'hypothèse du multijuridisme dans un contexte de sortie de la modernité. *In:* LAJOIE, Andrée; MACDONALD, Roderick A.; JANDA, Richard; ROCHER, Guy. *Théories et émergence du droit*: pluralisme, surdétermination et effectivité. Bruxelles: Thémis/Bruylant, 1998. p. 29-43.

LE ROY, Étienne. *Le jeu des lois.* Une anthropologie "dynamique" du Droit. Paris: LGDJ, 1999.

LE ROY, Étienne. Le pluralisme juridique aujourd'hui ou l'enjeu de la juridicité. *In*: LE ROY, Étienne. *Cahiers d'anthropologie du droit 2003* (Les pluralismes juridiques). Paris: Karthala, 2003. p. 7-15.

LE ROY, Étienne. *Les africains et l'institution de la justice.* Entre mimétismes et métissages. Paris: Dalloz, 2004.

LE ROY, Étienne. Gouverner la néo-modernité africaine? *Cahiers d'anthropologie du droit – numéro spécial* (Droit, gouvernance et développement durable). Paris: Karthala, 2005. p. 183-196.

LE ROY, Étienne. Le tripode juridique. Variations anthropologiques sur un thème de flexible droit. *L'Année Sociologique*, v. 57, n. 2, p. 341-351, 2007.

LE ROY, Étienne. Place de la juridicité dans la médiation. *Jurisprudence – Revue Critique*, n. 4 *(La médiation. Entre renouvellement de l'offre de justice et droit)*, p. 193-208, 2013.

LE ROY, Étienne. *Une juridicité plurielle pour le XXe siècle.* Une approche anthropologique d'une propédeutique juridique. Sarrebruck: Éditons Universitaires Européennes, 2017.

LÉVI-STRAUSS, Claude. *Race et histoire.* Paris: Gallimard, 2001 [1952]. (Collection Folio Essais.)

LÉVY, Bernard-Henri. *Le siècle de Sartre.* Paris: Éditions Grasset & Fasquelle, 2000.

LÉVY-BRUHL, Henri. La science du droit ou "juristique". *Cahiers Internationaux de Sociologie*, v. 8, p. 123-133, 1950.

LOCHAGIN, Gabriel Loretto. Lições latino-americanas para um mundo em crise: apontamentos para a governança internacional da dívida pública. *In:* LAGOS, Ricardo (coord.). *A América Latina no mundo*: desenvolvimento regional e governança internacional. São Paulo: Edusp, 2014. p. 225-237.

LOPES, José Reinaldo Lima; FREITAS FILHO, Roberto. Law and society in Brazil at the crossroads: a review. *Annual Review of Law and Social Science*, v. 10, p. 91-103, 2014.

LUGAN, Jean-Claude. *La systémique sociale.* 5e éd. Paris: Presses Universitaires de France, 2012.

LUHMANN, Niklas. *Ecological communication.* Translated by John Bednarz, Jr. Chicago: The University of Chicago Press, 1989 [1986].

LUHMANN, Niklas. The autopoiesis of social systems. *In*: LUHMANN, Niklas. *Essays on self-reference.* New York: Columbia University Press, 1990a. p. 1-20.

LUHMANN, Niklas. The self-reproduction of law and its limits. *In*: LUHMANN, Niklas. *Essays on self-reference.* New York: Columbia University Press, 1990b. p. 227-245.

LUHMANN, Niklas. Clôture et couplage. *In:* ARNAUD, André-Jean; GUIBENTIF, Pierre (org.). *Niklas Luhmann, observateur du droit.* Paris: LGDJ, 1993. p. 73-95.

LUHMANN, Niklas. *Social systems.* Translated by Eva M. Knodt. Stanford, California: Stanford University Press, 1995 [1984].

LUHMANN, Niklas. La restitution du douzième chameau: du sens d'une analyse sociologique du droit. *Droit et Société,* n. 47, p. 15-73, 2001.

LUHMANN, Niklas. *Law as a social system.* Translated by Klaus A. Ziegert. Oxford: Oxford University Press, 2004 [1993].

LUHMANN, Niklas. *A sociological theory of law*. Translated by Elizabeth King-Utz and Martin Albrow. Abingdon: Routledge, 2014 [1972].

LYOTARD, Jean-François. *La condition postmoderne*. Paris: Les Éditions de Minuit, 1979.

MACDONALD, Roderick A. Here, there... and everywhere. Theorizing legal pluralism. Theorizing Jacques Vanderlinden. *In:* CASTONGUAY, Lynne; KASIRER, Nicholas (éd.). *Étudier et enseigner le droit*: hier, aujourd'hui et demain – études offertes à Jacques Vanderlinden. Montreal: Yvon Blais, 2006. p. 381-413.

MACDONALD, Roderick A.; KLEINHANS, Martha-Marie. What is a critical legal pluralism? *Canadian Journal of Law and Society*, v. 12, n. 2, p. 25-46, 1997.

MANAÏ, Dominique. Les juristes marxistes occidentaux face au phénomène juridique. *Déviance et Société*, v. 3, n. 3, p. 279-295, 1979.

MARTUCCELLI, Danilo. *Sociologies de la modernité*: l'itinéraire du XXe siècle. Paris: Gallimard, 1999.

MARTUCCELLI, Danilo. *Dominations ordinaires*: explorations de la condition moderne. Paris: Éditions Balland, 2001.

MARTUCCELLI, Danilo. Sociologie et posture critique. *In*: LAHIRE, Bernard (dir.). *À quoi sert la sociologie?* Paris: Éditions La Découverte, 2004. p. 137-154.

MATTEI, Ugo; NADER, Laura. *Plunder*: when the rule of law is illegal. Oxford: Blackwell Publishing, 2008.

MAUGER, Gérard. Bourdieu et Marx. *In:* LEBARON, Frédéric; MAUGER, Gérard (dir.). *Lectures de Bourdieu*. Paris: Ellipses, 2012. p. 25-39.

MIAILLE, Michel. Le droit-violence. *Déviance et Société*, v. 4, n. 2, p. 167-177, 1980.

MINHOTO, Laurindo Dias; GONÇALVES, Guilherme Leite. Nova ideologia alemã? A teoria social envenenada de Niklas Luhmann. *Tempo Social*, v. 27, n. 2, p. 21-43, dez. 2015.

MONOD, Jean-Claude. Les légitimités démocratiques en tension. *In:* AL-MATARY, Sarah; GUÉNARD, Florent (dir.). *La démocratie à l'œuvre*: autour de Pierre Rosanvallon. Paris: Éditions du Seuil, 2015. p. 181-195.

MONTAG, Warren. The threat of the outside: Althusser's reflections on law. *In*: DE SUTTER, Laurent (ed.). *Althusser and law*. Abingdon & New York: Routledge, 2013. p. 15-32.

MOORE, Sally Falk. Legal Pluralism as Omnium Gatherum. *FIU Law Review*, v. 10, n. 1, p. 5-18, 2014.

MOREAU DEFARGES, Philippe. *La gouvernance*. 5e éd. Paris: Presses Universitaires de France, 2015. (Que sais-je?)

MORIN, Edgar. *Introduction à la pensée complexe*. Paris: Éditions du Seuil, 2005 [1990].

MOUNIER, Pierre. *Pierre Bourdieu, une introduction*. Paris: Pocket/La Découverte, 2001.

NEVES, Marcelo. *Entre Têmis e Leviatã*: uma relação difícil: o Estado Democrático de Direito a partir e além de Luhmann e Habermas. São Paulo: Martins Fontes, 2006.

NEVES, Marcelo. *A constitucionalização simbólica*. São Paulo: Martins Fontes, 2007.

NEVES, Marcelo. *Constituição e direito na modernidade periférica*: uma abordagem teórica e uma interpretação do caso brasileiro. São Paulo: Martins Fontes, 2018.

OLIVEIRA, Alessandra Cavalcante de. Aliança do Pacífico: desenvolvimento regional e governança internacional. *In:* LAGOS, Ricardo (coord.). *A América Latina no mundo*: desenvolvimento regional e governança internacional. São Paulo: Edusp, 2014. p. 213-224.

OLIVEIRA, Luciano. *Manual de sociologia jurídica*. Petrópolis: Vozes, 2015.

ONFRAY, Michel. *L'ordre libertaire*: la vie philosophique d'Albert Camus. Paris: Flammarion, 2012.

ORTIZ, Laure. La gouvernance, l'outil d'une pensée juridique projective. *In:* CAPELLER, Wanda; COMMAILLE, Jacques; ORTIZ, Laure (dir.). *Repenser le droit*: hommage à André-Jean Arnaud. Paris: LGDJ, 2019. p. 223-232.

OST, François. In memoriam – André-Jean Arnaud (1936-2015). *Revue Interdisciplinaire d'Études Juridiques*, Bruxelles, v. 76, n. 1, p. 1-3, 2016.

OST, François. "À quoi sert le droit?", selon André-Jean Arnaud. *In:* CAPELLER, Wanda; COMMAILLE, Jacques; ORTIZ, Laure (dir.). *Repenser le droit*: hommage à André-Jean Arnaud. Paris: LGDJ, 2019. p. 173-182.

OST, François. *Le droit ou l'empire du tiers*. Paris: Dalloz, 2021.

OST, François; KERCHOVE, Michel van de. *Le système juridique entre ordre et désordre*. Paris: Presses Universitaires de France, 1988.

OST, François; KERCHOVE, Michel Van de. De la scène au balcon. D'où vient la science du droit? *In:* CHAZEL, François; COMMAILLE, Jacques (dir.). *Normes juridiques et régulation sociale*. Paris: LGDJ, 1991. p. 67-80.

PALLOTTA, Julien. Bourdieu face au marxisme althussérien: la question de l'État. *Actuel Marx*, n. 58, p. 130-143, 2015.

PÉLISSE, Jérôme. A-t-on conscience du droit? Autour des *Legal Consciousness Studies*. *Genèses*, n. 59, p. 114-130, 2005.

PERRIN, Jean-François. Jean Carbonnier et la sociologie législative. *L'Année Sociologique*, v. 57, n. 2, p. 403-415, 2007.

PERRIN, Jean-François. Jean Carbonnier. La référence comme héritage. *Droit et Société*, n. 84, p. 475-486, 2013.

PERRIN, Jean-François. Genèse de la revue *Droit et Société*. *In:* CAPELLER, Wanda; COMMAILLE, Jacques; ORTIZ, Laure (dir.). *Repenser le droit*: hommage à André--Jean Arnaud. Paris: LGDJ, 2019. p. 35-40.

PIERET, Julien. Droit, contexte et changement social dans la théorie des systèmes sociaux. *Revue Interdisciplinaire d'Études Juridiques*, v. 70, n. 1, p. 139-148, 2013.

PINTO, Louis. *Pierre Bourdieu et la théorie du monde social*. Paris: Éditions Albin Michel, 2002.

PINTO, Louis. Pierre Bourdieu et la sociologie d'Émile Durkheim. *In:* LEBARON, Frédéric; MAUGER, Gérard (dir.). *Lectures de Bourdieu*. Paris: Ellipses, 2012. p. 61-74.

PÖRKSEN, Uwe. *Plastic words*. Tradução Jutta Mason e David Cayley. Pennsylvania: Pennsylvania University Press, 1995 [1988].

PUCCI, Rafael Diniz. Governança ambiental e sistema financeiro internacional: significantes e significados de complexa comunicação na agenda contemporânea. *Revista da Faculdade de Direito da USP*, v. 110, p. 641-673, jan./dez. 2015.

RABAULT, Hugues. La politique comme sémantique. *Droit et Société*, n. 80, p. 213-214, 2012a.

RABAULT Hugues. *Un monde sans réalité? En compagnie de Niklas Luhmann*: épistémologie, politique et droit. Québec: Presses de L'Université Laval, 2012b.

RABAULT, Hugues. La sociologie juridique de Niklas Luhmann. *Droit et Société*, n. 94, p. 663-675, 2016.

RANCIÈRE, Jacques. *La haine de la démocratie*. Paris: La Fabrique, 2005.

REZA, Germán A. de la. *Sistemas complejos*: perspectivas de una teoría general. Rubí (Barcelona): Anthropos Editorial; México: Universidad Autónoma Metropolitana – Azcapotzalco, 2010.

ROSANVALLON, Pierre. *La légitimité démocratique*: impartialité, réflexivité, proximité. Paris: Éditions du Seuil, 2008.

ROSANVALLON, Pierre. Légitimité démocratique et gouvernance. *Chroniques de la gouvernance 2009-2010*. Paris: Éditions Charles Léopold Mayer, 2009. p. 13-18.

ROSANVALLON, Pierre. *Le parlement des invisibles*. Paris: Les Éditions du Seuil et Raconter la vie, 2014a.

ROSANVALLON, Pierre. La question de la légitimité démocratique: l'exemple de la justice. *Après-demain*, n. 30, v. 2, p. 5-6, 2014b.

ROSANVALLON, Pierre. *Le bon gouvernement*. Paris: Éditions du Seuil, 2015.

ROSANVALLON, Pierre. *Le siècle du populisme*: histoire, théorie, critique. Paris: Éditions du Seuil, 2020.

ROSENAU, James Nathan. Governança, ordem e transformação na política mundial. *In:* ROSENAU, James Nathan; CZEMPIEL, Ernst-Otto (org.). *Governança sem governo*: ordem e transformação na política mundial. Tradução Sérgio Bath. Brasília: Editora UnB/Imprensa Oficial do Estado, 2000. p. 11-46.

ROSS, Kristin. Démocratie à vendre. *In:* AGAMBEN, Giorgio *et al.* (org.). *Démocratie dans quel état?* Paris: La Fabrique, 2009. p. 101-121.

ROULAND, Norbert. *Anthropologie juridique.* Paris: Presses Universitaires de France, 1988.

ROULAND, Norbert. *L'anthropologie juridique.* Paris: Presses Universitaires de France, 1995.

ROULAND, Norbert. *Nos confins do direito.* Tradução Maria Ermantina de Almeida Prado Galvão. São Paulo: Martins Fontes, 2003.

ROULAND, Norbert. *Retour du Brésil*: impressions d'un juriste anthropologue français. Paris: L'Harmattan, 2018.

RUBY, Christian. *L'interruption:* Jacques Rancière et la politique. Paris: La Fabrique, 2009.

SABADELL, Ana Lúcia. *Manual de sociologia jurídica*: introdução a uma leitura externa do direito. 6. ed. São Paulo: RT, 2013.

SANTORO, Emilio. *Diritto e diritti*: lo stato di diritto nell'era della globalizzazione. Studi genealogici: Albert Venn Dicey e il Rule of law. Torino: G. Giappichelli, 2008.

SANTOS, Boaventura de Sousa. Droit: une carte de la lecture déformée. Pour une conception post-moderne du droit. *Droit et Société*, n. 10, p. 363-390, 1988.

SANTOS, Boaventura de Sousa. *Para um novo senso comum*: a ciência, o direito e a política na transição paradigmática. A crítica da razão indolente: contra o desperdício da experiência. 4. ed. São Paulo: Cortez, 2002. v. 1.

SANTOS, Boaventura de Sousa. Por uma concepção multicultural de direitos humanos. *In:* SANTOS, Boaventura de Sousa (org.). *Reconhecer para libertar*: os caminhos do cosmopolitismo multicultural. Rio de Janeiro: Civilização Brasileira, 2003. p. 429-461.

SARAT, Austin; SCHEINGOLD, Stuart A. (dir.). *The worlds cause lawyers make.* Structure and agency in legal practice. Stanford, California: Stanford University Press, 2005.

SARTRE, Jean-Paul. *Critique de la raison dialectique* : théorie des ensembles pratiques. Paris: Gallimard, 1960.

SCHLUCHTER, Wolfgang. La sociologie du droit comme théorie empirique de la validité. *In:* HEURTIN, Jean-Philippe; MOLFESSIS, Nicolas (dir.). *La sociologie du droit de Max Weber*. Paris: Dalloz, 2006. p. 3-26.

SCHWARTZ, Germano. André-Jean Arnaud and hist contribution to Brazilian Sociology of Law. *In:* CAPELLER, Wanda; COMMAILLE, Jacques; ORTIZ, Laura (dir.). *Repenser le droit*: hommage à André-Jean Arnaud. Paris: LGDJ, 2019. p. 85-92.

SCHWARTZ, Germano; COSTA, Renata Almeida da. André-Jean Arnaud e sua contribuição para a sociologia do direito brasileira. *Revista Brasileira de Sociologia do Direito*, v. 3, n. 3, p. 114-127, set./dez. 2016.

SCKELL, Soraya Nour. Os juristas e o direito em Bourdieu. A conflituosa construção histórica da racionalidade jurídica. *Tempo Social, Revista de Sociologia da USP*, v. 28, n. 1, p. 157-178, 2016.

SERVERIN, Évelyne. *Sociologie du droit*. Paris: La Découverte, 2000.

SIMOULIN, Vincent. La gouvernance et l'action publique: le succès d'une forme simmélienne. *Droit et Société*, v. 54, p. 307-326, 2003.

SOUBIRAN-PAILLET, Francine. Juristes et sociologues français d'après-guerre: une rencontre sans lendemain. *Genèses*, v. 41, n. 4, p. 125-142, déc. 2000.

SOUTO, Claudio; SOUTO, Solange. *Sociologia do direito*: uma visão substantiva. 3. ed. rev. e aum. Porto Alegre: Fabris, 2003.

SUPIOT, Alain. *Homo juridicus*. Essai sur la fonction anthropologique du Droit. Paris: Éditions du Seuil, 2005.

SUPIOT, Alain. *L'esprit de Philadelphie*. La justice sociale face au marché total. Paris: Éditions du Seuil, 2010.

SUPIOT, Alain. *La gouvernance par les nombres*. Cours au Collège de France (2012-2014). Paris: Fayard, 2015.

TAKAMURA, Gatuko. La justice comme vecteur d'un nouvel ordre: l'exemple du Japon. *In:* COMMAILLE, Jacques; KALUSZYNSKI, Martine (dir.). *La fonction politique de la justice*. Paris: La Découverte, 2007. p. 213-228.

TAMANAHA, Brian Z. A non-essentialist version of legal pluralism. *Journal of Law and Society*, v. 27, n. 2, p. 296-321, 2000.

TARRAGONI, Federico. La science du populisme au crible de la critique sociologique: archéologie d'un mépris savant du peuple. *Actuel Marx*, n. 54, p. 56-70, 2013.

TEUBNER, Gunther. How the law thinks: toward a constructive epistemology of law. *Law and Society Review*, v. 23, n. 5, p. 727-757, 1989a.

TEUBNER, Gunther. *O direito como sistema autopoiético*. Tradução José Engrácia Antunes. Lisboa: Fundação Calouste Gulbenkian, 1989b.

TEUBNER, Gunther. Global Bukowina: legal pluralism in the world-society. *In:* TEUBNER, Gunther (ed.). *Global law without a State*. Aldershot: Dartmouth, 1997. p. 3-28.

TOURAINE, Alain. *Critique de la modernité*. Paris: Fayard, 1992.

TROPER, Michel. André-Jean Arnaud, trahi para la philosophie du droit. *In:* CAPELLER, Wanda; COMMAILLE, Jacques; ORTIZ, Laure (dir.). *Repenser le droit*: hommage à André-Jean Arnaud. Paris: LGDJ, 2019. p. 149-159.

VACHON, Robert. L'Étude du pluralisme juridique: une approche diatopique et dialogale. *The Journal of Legal Pluralism and Unofficial Law*, London, v. 22, n. 29, p. 163-173, jan. 1990.

VANDERLINDEN, Jacques. *Anthropologie juridique*. Paris: Dalloz, 1996.

VANDERLINDEN, Jacques. *Les pluralismes juridiques*. Bruxelles: Bruylant, 2013.

VENTURA, Deisy. *A ordem jurídica do Mercosul*. Porto Alegre: Livraria do Advogado, 1996.

VENTURA, Deisy. *As assimetrias entre o Mercosul e a União Europeia:* os desafios de uma associação inter-regional. São Paulo: Manole, 2003.

VENTURA, Deisy. La gouvernance démocratique et l'intégration économique. Regards croisés entre le Mercosur et l'Union européenne. *Droit et Société*, n. 59, p. 93-103, 2005.

VENTURA, Deisy. Mercosur. *In:* ARNAUD, André-Jean (dir.). *Dictionnaire de la globalisation*: droit, science politique, sciences sociales. Paris: LGDJ, 2010. p. 269-270.

VERDIER, Raymond. Itinéraire d'un juriste humaniste dans la science des normes. *L'Année Sociologique*, v. 57, n. 2, p. 353-385, 2007.

VERDIER, Raymond (dir.). *Jean Carbonnier*. L'homme et l'œuvre. Nanterre: Presses Universitaires de Paris Nanterre, 2012.

VIEIRA, José Ribas; ALVIM, Joaquim Leonel de Rezende; FRAGALE FILHO, Roberto. La réception de la pensée d'André-Jean Arnaud au Brésil: un regard du champ académique brésilien à partir de la perception de son lien avec le mouvement critique du droit. *In:* CAPELLER, Wanda; COMMAILLE, Jacques; ORTIZ, Laure (dir.). *Repenser le droit*: hommage à André-Jean Arnaud. Paris: LGDJ, 2019. p. 93-100.

VILLAS BÔAS FILHO, Orlando. *O direito na teoria dos sistemas de Niklas Luhmann*. São Paulo: Max Limonad, 2006.

VILLAS BÔAS FILHO, Orlando. *Teoria dos sistemas e o direito brasileiro*. São Paulo: Saraiva, 2009.

VILLAS BÔAS FILHO, Orlando. A historicidade da dogmática jurídica: uma abordagem a partir da *Begriffsgeschichte* de Reinhart Koselleck. *In:* RODRIGUEZ, José Rodrigo; SILVA E COSTA, Carlos Eduardo Batalha; BARBOSA, Samuel Rodrigues (org.). *Nas fronteiras do formalismo*: a função da dogmática jurídica hoje. São Paulo: Saraiva, 2010a. p. 27-61.

VILLAS BÔAS FILHO, Orlando. Différentiation fonctionnelle. *In:* ARNAUD, André-Jean (dir.). *Dictionnaire de la globalisation*: droit, science politique, sciences sociales. Paris: LGDJ, 2010b. p. 144-148.

VILLAS BÔAS FILHO, Orlando. Direito e liberdade: algumas considerações acerca de uma abordagem atenta à historicidade dos conceitos. *In:* BITTAR, Eduardo Carlos Bianca; ADEODATO, João Maurício (org.). *Filosofia e teoria geral do direito*: homenagem a Tercio Sampaio Ferraz Junior. São Paulo: Quartier Latin, 2011. p. 917-941.

VILLAS BÔAS FILHO, Orlando. Democracia: a polissemia de um conceito político fundamental. *Revista da Faculdade de Direito da USP*, v. 108, p. 651-696, jan./dez. 2013.

VILLAS BÔAS FILHO, Orlando. Juridicidade: uma abordagem crítica à monolatria jurídica enquanto obstáculo epistemológico. *Revista da Faculdade de Direito da USP*, v. 109, p. 281-325, jan./dez. 2014.

VILLAS BÔAS FILHO, Orlando. A juridicização e a judiciarização enfocadas a partir da "sociologia política do direito" de Jacques Commaille. *Revista Brasileira de Sociologia do Direito*, ABraSD, v. 2, n. 2, p. 56-75, jul./dez. 2015a.

VILLAS BÔAS FILHO, Orlando. A regulação jurídica para além de sua forma ocidental de expressão: uma abordagem a partir de Étienne Le Roy. *Direito & Práxis*, v. 6, n. 12, p. 159-195, 2015b.

VILLAS BÔAS FILHO, Orlando. O direito de qual sociedade? Os limites da descrição sociológica de Niklas Luhmann acerca do direito a partir da crítica antropológica. *In:* FEBBRAJO, Alberto; LIMA, Fernando Rister de Sousa; PUGLIESI, Márcio (coord.). *Sociologia do direito*: teoria e práxis. Curitiba: Juruá, 2015c. p. 337-366.

VILLAS BÔAS FILHO, Orlando. A governança em suas múltiplas formas de expressão: o delineamento conceitual de um fenômeno complexo. *Revista Estudos Institucionais*, v. 2, n. 2, p. 670-706, 2016a.

VILLAS BÔAS FILHO, Orlando. A juridicização e o campo indigenista no Brasil: uma abordagem interdisciplinar. *Revista da Faculdade de Direito da USP*, v. 111, p. 339-379, jan./dez. 2016b.

VILLAS BÔAS FILHO, Orlando. As transformações da regulação jurídica na sociedade contemporânea: a governança como paradigma (resenha de ARNAUD, André-Jean. *La gouvernance*. Un outil de participation. Paris: LGDJ, 2014). *Revista Direito GV*, v. 12, n. 1, p. 251-259, jan./abr. 2016c.

VILLAS BÔAS FILHO, Orlando. O impacto da governança sobre a regulação jurídica contemporânea: uma abordagem a partir de André-Jean Arnaud. *REDES – Revista Eletrônica Direito e Sociedade*, v. 4, n. 1, p. 145-171, 2016d.

VILLAS BÔAS FILHO, Orlando. A mediação em um campo de análise interdisciplinar: o aporte da teoria do multijuridismo de Étienne Le Roy. *Revista Estudos Institucionais*, v. 3, n. 2, p. 1112-1162, 2017a.

VILLAS BÔAS FILHO, Orlando. André-Jean Arnaud: l'homme derrière l'œuvre. *Revista da Faculdade de Direito da USP*, v. 112, p. 323-343, 2017b.

VILLAS BÔAS FILHO, Orlando. Émile Durkheim e a análise sociológica do direito: a atualidade e os limites de um clássico. *REDES – Revista Eletrônica Direito e Sociedade*, v. 5, n. 2, p. 229-250, 2017c.

VILLAS BÔAS FILHO, Orlando. A análise antropológica no âmbito dos estudos sociojurídicos: aportes para a construção de um campo interdisciplinar. *Pensamento Jurídico*, v. 12, n. 2, p. 9-38, 2018a.

VILLAS BÔAS FILHO, Orlando. O desenvolvimento dos estudos sociojurídicos: da cacofonia à construção de um campo de pesquisa interdisciplinar. *Revista da Faculdade de Direito da Universidade de São Paulo*, v. 113, p. 251-292, jan./dez. 2018b.

VILLAS BÔAS FILHO, Orlando. Por um delineamento conceitual da complexidade social: as experiências do Mercosul e do orçamento participativo na análise de André-Jean Arnaud sobre a governança. *Novos Estudos Jurídicos*, v. 23, n. 2, p. 491-520, 2018c.

VILLAS BÔAS FILHO, Orlando. Uma proposta alternativa de modelização sistêmica para a análise crítica da regulação jurídica: a perspectiva de André-Jean Arnaud. *In*: AMATO, Lucas Fucci; BARROS, Marco Antonio Loschiavo Leme de (org.). *Teoria crítica dos sistemas?* Crítica, teoria social e direito. Porto Alegre, Editora Fi, 2018d. p. 321-360.

VILLAS BÔAS FILHO, Orlando. A interdisciplinaridade nos estudos sociojurídicos: a experiência editorial da revista Droit et Société. *Revista da Faculdade de Direito, Universidade de São Paulo*, v. 114, p. 275-297, 2019a.

VILLAS BÔAS FILHO, Orlando. Ce que la sociologie juridique de l'Amérique Latine doit à André-Jean Arnaud: l'exemple de l'analyse de l'expérience du Mercosur dans le cadre de son étude de la gouvernance. *In:* CAPELLER, Wanda; COMMAILLE, Jacques; ORTIZ, Laure (dir.). *Repenser le droit*: hommage à André-Jean Arnaud. Paris: LGDJ, 2019b. p. 101-110.

VILLAS BÔAS FILHO, Orlando. Desafios da pesquisa interdisciplinar: as ciências sociais como instrumentos de "vigilância epistemológica" no campo dos estudos sociojurídicos. *Revista Estudos Institucionais*, v. 5, n. 2, p. 530-558, 2019c.

VILLAS BÔAS FILHO, Orlando. *Direito e sociedade na obra de Émile Durkheim*: bases de uma matriz sociológica para os estudos sociojurídicos. São Paulo: Editora Mackenzie, 2019d.

VILLAS BÔAS FILHO, Orlando. Uma abordagem sociológica do pluralismo jurídico: a "teoria da polissistemia simultânea" de André-Jean Arnaud. *Quaestio Iuris*, v. 12, n. 2, p. 522-556, 2019e.

VILLAS BÔAS FILHO, Orlando. A judiciarização da política como instrumento de contenção da degradação populista da legitimidade democrática. *Revista da Faculdade de Direito da Universidade de São Paulo*, São Paulo, v. 115, p. 273-312, jan./dez. 2020a.

VILLAS BÔAS FILHO, Orlando. A "jurística" de Henri Lévy-Bruhl e a construção dos estudos sociojurídicos na França. *Prisma Jurídico*, v. 19, n. 1, p. 23-39, jan./jun. 2020b.

VILLAS BÔAS FILHO, Orlando. Taking "European anomaly" seriously: the limits of the empirical adequacy of Niklas Luhmann's sociological description of law in the world society. *In:* BARROS, Marco Antonio Loschiavo Leme de; AMATO, Lucas Fucci; FONSECA, Gabriel Ferreira da (org.). *World Society's Law*: rethinking systems theory and socio-legal studies. Porto Alegre: Editora Fi, 2020c. p. 35-70.

VILLAS BÔAS FILHO, Orlando. A "sociologia legislativa" de Jean Carbonnier: algumas considerações sobre um clássico. *Pensamento Jurídico*, v. 15, n. 3, p. 67-90, 2021a.

VILLAS BÔAS FILHO, Orlando. Governança e interculturalidade: a complementaridade entre a análise sociológica e a antropológica na apreensão de uma interação complexa. *Revista da Faculdade de Direito da Universidade de São Paulo*, São Paulo, v. 116, n. 2, p. 191-231, jan./dez. 2021b.

VILLAS BÔAS FILHO, Orlando. O Estado como instituição responsável pela (re) produção e canonização das formas de classificação social: notas sobre a tese de Pierre Bourdieu. *In:* FEBBRAJO, Alberto *et al.* (coord.). *Sociologia jurídica*: novas observações sobre problemas fundamentais. Curitiba: Juruá, 2021c. p. 119-136.

VILLAS BÔAS FILHO, Orlando; TIVERON, Julia Martins. A governança como instrumento de regulação jurídica. *RDF – Revista da Faculdade de Direito da UERJ*, n. 38, p. 42-80, 2020.

WALLERSTEIN, Immanuel. The heritage of sociology, the promise of social science. *Current Sociology*, v. 47, n. 1, p. 1-37, jan. 1999.

WIHTOL DE WENDEN, Catherine. *Le droit d'émigrer*. Paris: CNRS Éditions, 2013.

XUE-BACQUET, Beinan; COLLETIS, Gabriel. Gouvernance d'entreprise. *In:* ARNAUD, André-Jean (dir.). *Dictionnaire de la globalisation*: droit, science politique, sciences sociales. Paris: LGDJ, 2010. p. 270-272.